[그리스 로마 신화의 무대]

키르케의 섬

세이렌

스케리아

이타

아이올로스의
떠다니는 섬

퀴클롭스
폴뤼페모스

스퀼라 &
칼륍디스

트리나키아

헬리오스의 섬

로토파기(로토파고스)

칼륍소의 섬
오귀기아

로토파기

지 중 해

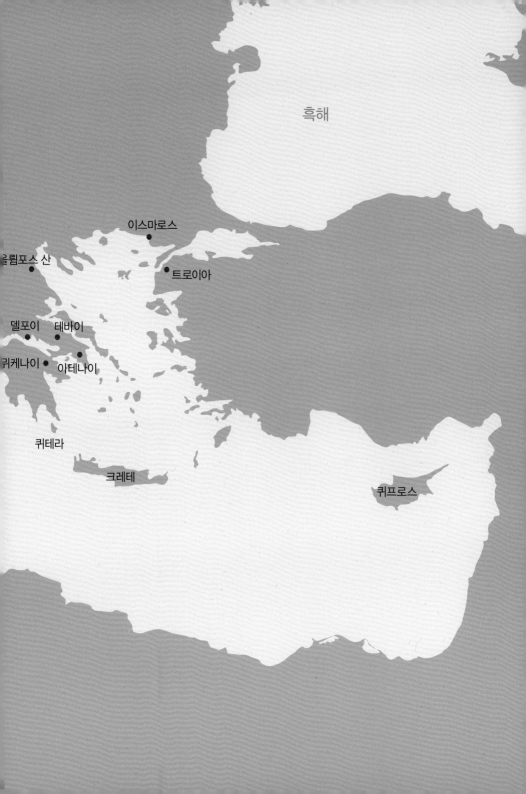

일러두기

1. 희랍 인명, 지명 등의 한국어 표기는 고전 희랍어 발음에 가깝게 했으며, 그 외 외래어는 외래어표기법에 따랐습니다.
2. 원어 병기는 해당 나라의 언어를 사용했으나 부득이한 경우에 영어를 썼습니다. 특히 희랍 고유명사의 원어는 실제 희랍어에 가까운 로마자로 표기했습니다.
3. 신神을 가리킬 때 주로 그리스 명칭을 사용하고 꺾쇠표([ ]) 안에 로마 명칭을 병기했으나, 상황(특히 16장)에 따라 반대로 표기하기도 했습니다.
4. 평면 작품의 크기는 세로×가로순으로, 입체 작품은 높이×너비×깊이순으로 표기했습니다.
5. 성경 구절은 개역개정판에서 인용했습니다.

그림이 있는 옛이야기 1

그리스 로마 신화

강대진 지음

지식서재

신들의 시대

영웅들의
시대

트로이아
전쟁과
귀향

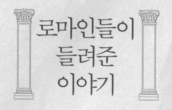

로마인들이
들려준
이야기

들어가며

이 책은 어린이나 청소년이 아닌 성인들이 그리스(희랍) 신화 내용을 얼른 찾아보고, 요점을 파악하는 데 도움을 주고자 썼였다. 이 책의 출발점이 된 것은 한 대학의 신화 수업 교재다. 하지만 그 책은 일반인들이 구하기 어렵고, 교과서 특유의 틀(예를 들면, 학습목표나 연습문제 따위)이 있어서 학교 밖의 사람들에게 불필요한 내용도 일부 있었다. 그런 점을 고려해서 다른 판본을 하나 만들었는데, 이번엔 청소년용으로 기획된 것이라서 할 말을 다 하지 못한 부분이 있었다. 더러 그 책을 대학에서 교재로 사용할라치면 학생들 가운데, 왜 청소년용을 쓰느냐는 항의가 나오기도 했단다. 그래서 다시 준비한 것이 지금 이 책이다.

　사실 신화의 기본적인 내용은 다 같으니 어느 책을 보건 큰 상관은 없다. 그저 이 책의 조금 다른 면모를 제시하자면, 이 판본에는 다른 저자들과 비교하는 대목이 많아졌다는 점이다. 어떤 신화 내용을 토마스 불핀치Thomas Bulfinch는 어떻게 소개했는지, 단테Dante Alighieri는 『신곡』에서 이 내용을 어떤 식으로 이용했는지, 단테 이전에 로마 시인 베르길리우스Publius Vergilius Maro는 전래의 이야기를 어떻게 변형했는지 하는 논의들이다. 이런 비교는 우리가 왜 신화를 공부해야 하는지에 대한 한 가지 답이기도 하다. 즉, 신화를 미리 공부해 두면 어려운 고전들이 읽기 쉬워진다는 점이다.

좀 멀리서부터 이야기하자면 이렇다. 우리가 책을 읽는 이유는 여러 가지가 있겠지만, 가장 중요한 것은 소통을 위해서가 아닌가 싶다. 서로 소통하기 위해서는 공통의 지식 기반, 즉 함께 알고 있는 어떤 것이 필요하다. 우리가 알아야 할 것들은 대개는 책에 나와 있다. 하지만 세상의 모든 책을 다 읽을 수는 없기 때문에, 모두가 꼭 읽어야만 하는 책들이 정해지고, 이것을 보통 고전이라고 부른다. 한데 고전들은 읽기가 어렵다. 이렇게 어려운 것은 우리가 고전 작가와 소통하지 못하기 때문이고, 이 말은 우리가 그 작가가 알고 있는 것을 알지 못한다는 뜻이다. 즉 그가 읽은 책을 읽지 않았기 때문이다. 가까운 시대의 고전을 이해하기 위해서는 그 앞 시대의 책을 읽어야 하고, 그것을 이해하기 위해서는 다시 더 앞 시대의 것을 읽어야 한다. 이렇게 거슬러 올라가면 맨 앞에 『일리아스Ilias』와 『오뒷세이아Odysseia』가 있다. 하지만 이것들도 이해하기 쉽지 않다. 더 앞에 문자화되기 이전 신화의 세계가 펼쳐져 있기 때문이다. 그래서 먼저 신화를 공부하면 다음으로 먼 시대의 고전을 이해하기 쉽게 되고, 그것들을 읽으면 그다음 시대 것이 어렵지 않게 된다. 이 책에서는 이런 과정을, 신화 내용의 수용과 변형이라는 점에 주목하면서, 큰 징검다리들에 중점을 두어 살펴보고자 한다.

이와 관련해서 이번 책이 이전과 조금 달라진 대목을 하나 더 꼽을 수 있다. 전에는 독자들의 부담을 줄이기 위해 각 이야기를 전하는 고전 작품 이름을 되도록 언급하지 않았지만, 이번에는 작품 제목을 좀 더 많이 넣었다는 점이다. 독자들께서 나중에 직접 작품을 찾아 읽으시라는 뜻에서다.

신화를 바탕으로 한 예술 작품들을 최대한 많이 소개하려 했다는 점도 이번 판본의 특징이다. 이 역시 신화의 수용과 변형이라는 측면에서 매우 중요하다.

그리고 이야기가 약간 복잡해지는 감이 없지 않지만, 다른 문화권의 신화들과의 비교도 약간 덧붙였다. 구약성경이나 근동 신화, 그리고 불교 설화와 한국 설화에서 비슷한 요소가 나타나는 경우들을 함께 언급한 것이다. 이는 신화 속의 이야기 요소가 여러 시대, 여러 지역에서 늘 되풀이된다는 것을 확인하기 위해서고, 희랍 신화가 다른 이야기들과 동떨어진 별세계는 아니라는 것을 보여 주기 위해서다. 말하자면 독자들께 시야를 넓히시라고 권고하는 대목이니, 이야기 진행에 다소 깔끔한 맛이 줄어들더라도 양해하시기 바란다.

이 책의 제목은 어쩔 수 없지만, 본문에서는 나는 '그리스'라는 말 대신 '희랍'이라는 명칭을 쓰려 한다. 그 이유는 '그리스'가 영어식 이름이기 때문이다. 보통 우리가 '그리스'라고 부르는 나라 사람들은 자신들의 나라를 '헬라스Hellas'라고 적어 왔고, 이것을 비슷한 음의 한자로 표현한 것이 '희랍希臘'이다(사실은 현재 희랍어에서 h 발음이 사라졌기 때문에 요즘 발음으로 하면 '엘라스'다. 이 밖에 '엘라다Hellada'라는 이름도 사용된다). 따라서 그 나라를 '헬라스'라고 부르거나, 아니면 아예 우리식으로 '희랍'으로 부르자는 것이 나의 제안이다.

말 나온 김에 '그리스'라는 이름의 어원을 설명하자면, 이것은 로마사람들이 희랍에서도 자기들에게 가까운 지역인 북서부 지역을 가리키던 이름 그라이키아Graecia에서 나온 것이다. 프랑스어식 이름인 '그레스Grèce'와 독일어식 이름 '그리헨란트Griechenland'도 거기서 나왔다. 누가 굳이 프랑스어식이나 독일어식 이름을 사용한다면 모두 이상하게 생각할 터인데, 영어식 이름에 대해서는 아무 저항감을 갖지 않는다는 것은 이상한 일이다. 엄연히 존재하는 우리식 이름을 사용하는 게 옳을 것이다.

물론 더 따지자면 '그라이키아'라는 이름이 전적으로 로마인들의 창작인 것은 아니다. 희랍인을 가리키던 옛 이름 중에 '그라이코이Graikoi'

라는 것이 있었고, 라틴어식 이름도 거기서 기인한 것이기 때문이다. 어쨌든 경합하던 두 이름 중 하나는 현대 유럽식 여러 이름들의 근원이 되었고, 다른 하나는 희랍인이 자기들을 가리키는 이름이 되었다. 우리가 그중 하나를 선택해야 한다면 희랍인들 자신이 사용하는 이름을 따라야 한다는 것이 나의 주장이다.

하지만 책 제목에는 '그리스'를 썼는데, 여기에도 사연이 있다. 요즘 독자들이 '희랍'이란 말을 몰라서, 이따금 그것을 '아랍'과 혼동한다는 점이다. 설마 그런 사람이 있을까 의심하는 이도 있겠지만, 대학에서 나에게 희랍 비극을 수강한 학생에게서 들은 이야기다. 대학을 졸업하기 전에 아랍 문학을 한번 들어 보려고 신청했는데, 아랍과 희랍이 다른 것이어서 깜짝 놀랐다고. 이런 오해를 피하기 위해 책 제목만큼은 '그리스'라고 쓰기로 했으니, 나의 일관되지 못함을 용서하시기 바란다.

고유명사들은 고전 희랍어 발음에 따라 적겠다. 이 방식이 보통 알려진 표기법과 다른 점은 희랍 글자 'υ'(윕실론이라고 부르며, 로마자로는 보통 y나 u로 적는다)을 '이'로 적지 않고 '위'로 적는다는 것이다. 그래서 포도주의 신은 '디오니소스'가 아니라 '디오뉘소스'로, 신들의 거처가 있는 산은 '올림포스'가 아니라 '올륌포스'로 적는다. 이런 표기법의 장점을 단적으로 보여 주는 것이 테티스Thetis와 테튀스Tethys의 구별이다. 전자는 아킬레우스Achilleus의 어머니이고, 후자는 모든 것을 낳은 옛 바다의 큰 여신이다.

그리고 중복되는 자음들을 모두 표기하는 것을 원칙으로 한다. 그래서 이 책에서는 '오디세우스'가 아니라 '오뒷세우스Odysseus', '오디세이아'나 '오디세이'가 아니라 '오뒷세이아'로 적는다.

지명들도 원래의 희랍어를 그대로 살려 적었다. 그래서 '테베'가 아니라 '테바이Thebai', '아테네'가 아니라 '아테나이Athenai', '트로이'가 아니라 '트로이아Troia'로 적는다. 앞의 두 도시는 원래 이름이 복수형이니, 그것을 살려 주어야 한다. 이 방법을 쓰면 여신 아테네Athene와 도시 아테나이를 쉽게 구별할 수 있다(우리나라에서는 보통 도시는 '아테네', 여신은 '아테나'로 적는데, 도시 이름을 '아테네'로 적는 것은 일본식을 따른 것이고, 여신을 '아테나'로 적는 것은 희랍식이 아니라 로마식이다). 그리고 '트로이'는 '그리스'와 마찬가지로 영어에서 사용하는 형태다. 원래 희랍어나 라틴어 형태는 '트로이아'이니 이것도 무작정 영어식을 따를 것이 아니라 원어 표기를 따라야 할 것이다.

사실 누구나 자신이 맨 먼저 접한 것을 옳다고 믿는 경향이 있기 때문에, 이런 낯선 표기법에 저항감을 가질 사람도 있을 것이다. 하지만 이런 표기법이 표준이 되어야 한다고 생각해서 여기 채택하는 것이니, 독자께서는 양해하시기 바란다.

이따금 '신화란 무엇인가' 하는 어려운 논의로 시작하는 책들도 있는데, 우리는 여기서 그냥 신화란 '신들과 영웅들의 이야기'라 하고 넘어가자. 그리고 영웅이란 '신들의 자식과 그 후손들'이라고 해 두자. 신화 강의가 다루는 범위는 대개 세계의 시작부터 영웅시대의 끝까지다. 여기서 영웅시대라는 것은 기원전 8세기에 살았던 작가 헤시오도스Hesiodos의 개념이다. 나중에 다시 보겠지만, 그는 인간들의 시대가 황금시대-은시대-청동시대-영웅시대를 거쳐서, 현재인 철시대에 이르렀다고 보았다. 영웅시대 사람들은 2개의 큰 전쟁에서 다 죽었는데, 테바이 전쟁과 트로이아 전쟁이 그것이다. 그래서 트로이아 전쟁의 마지막 생존자인 오뒷세우스가 죽는 시점이 영웅시대의 끝으로 되어 있다.

이러한 신화적 시간을 다시 크게 셋으로 나누어 '신들의 시대-영웅들의 시대-역사시대'로 구분 지을 수 있다. 마지막의 '역사시대'라는 것은 트로이아 전쟁과 그것의 후일담이다. 옛사람들은 인간의 기억이 거슬러 올라갈 수 있는 한 가장 오래된 사건이 트로이아 전쟁이라고 보고, 그것을 늘 역사 서술의 첫머리로 삼았다. 그래서 이 전쟁이 있었던 시대는 이른바 '역사시대'인 것이다.

한편 이러한 전통적인 내용에 덧붙여 로마인들이 추가한 이야기들이 있다. 오비디우스의 『변신 이야기』와 베르길리우스의 『아이네이스』 내용이 그것이다. 그래서 이 책에서는 일단 방금 말한 시대 구분에 따라 내용을 크게 세 부분으로 나누고, 거기에 로마 작가들의 이야기를 덧붙인 후, 그 부분들이 다시 16장이 되도록 짰다. 혹시 이 책이 대학에서 교재로 사용될 때를 위해서다. 물론 중간에 시험도 치러야 하고 공휴일도 끼어들기 때문에, 한 학기 16주를 모두 강의에 사용하기는 어렵겠지만, 중간 부분, 특히 영웅들에 대한 부분을 서로 묶기도 하고 나누기도 하면서 조절하면 대체로 16주 안에 맞출 수 있을 것이다.

이따금 신화가 어렵다고 하시는 분도 있는데, 그것은 이름들이 낯설기 때문이다. 이야기 자체는 사실 우리가 자주 듣던 것들이다. 그러니 신화를 즐기려면 이름을 모두 외우고 말겠다는 강박을 버리는 게 좋다. 내가 이따금 우스개로 하는 말인데, 그냥 편안하게 생각하라는 것이다. 중요한 이름이라면 자주 반복되어 저절로 외워질 것이고, 아무리 외우려 애써도 도무지 기억되지 않는 이름이라면 별로 중요하지 않은 이름이라고 생각하면 된다.

낯선 이름들에 대한 부담을 떨쳐 버리는 다른 방법도 있다. 이런 이름들이 기억력을 향상시키는 데 도움이 된다고 생각하는 것이다(서정주

시인께서 노년에 기억력을 유지하기 위해, 날마다 세계의 산 이름, 강 이름을 되풀이해 외웠다는 이야기를 들은 적이 있는데, 나는 그 재료로 신화 속 이름들을 이용하라고 추천하는 것이다).

수업용 교재로 이용하는 분이건, 재미 삼아, 또는 다른 공부를 위한 기초 작업 삼아 읽는 분이건, 이 책에서 유익함뿐 아니라 즐거움도 얻으시길 기원한다.

2017년 가을
강대진

신들의
시대

세계의 시작

지금까지 전해지는 신화 작품을 서양(유라시아 대륙의 서쪽, 대개는 보스포로스Bosporos 서쪽을 가리킨다. 물론 희랍 사람들이 소아시아 서부 해안까지 진출했고 거기서도 활발한 문화 활동을 하긴 했지만, 희랍 본토를 중심으로 말하자면 이렇다는 말이다) 최초로 만든 사람은 기원전 8세기의 호메로스Homeros와 헤시오도스다. 한데 호메로스는 독자/청중이 신화를 많이 알고 있다는 전제를 깔고 자기 이야기를 펼쳤기 때문에, 그가 전제로 삼고 있는 신화가 어떤 것인지 알기 위해서는 좀 더 조직적으로 신화를 기록해 놓은 헤시오도스를 참고해야 한다. 그의 작품 『신들의 계보Theogonia』에는 세상이 어떻게 시작되었는지에 대해 상세히 기록되어 있다.

물론 시기적으로 호메로스의 작품들이 헤시오도스의 것보다 먼저 만들어진 것으로 보인다. 하지만 현재 남아 있는 호메로스의 서사시들은 세계의 시작이나 신들의 탄생을 주제로 삼고 있지 않아서, 거기서는 아주 작은 암시만 얻을 수 있다. 원초적인 물의 신 오케아노스Okeanos와 테튀스Tethys가 모든 신들을 낳았다는 이야기가 『일리아스』에 얼핏 나오는 정도인 것이다.

카오스, 가이아, 에로스

헤시오도스의 『신들의 계보』에서는, 태초에 가장 먼저 생겨난 것은 카오스Chaos라고 가르친다. 이 '카오스'라는 말은 요즘은 보통 '무질서'라는 뜻으로 사용되고 있어서 많은 신화책들이 태초에 '혼돈'이 있었다고 적고 있지만(보통 신화 입문서로 많이 쓰이는 오비디우스의 『변신 이야기』의 영향이다), 원래 희랍어로 Chaos라는 말은 '하품하다chasko'와 연관된 말로 '큰 틈'을 의미한다(여기서 영어의 '틈chasm'이라는 단어가 나왔다). '틈'이라고 하면, 당장 그 틈의 가장자리를 이루는 것이 무엇이냐는 질문이 나오기 쉽지만 일단 여기서는 그냥 넓고 넓은 허공을 생각하면 된다. 물론 곧이어 땅(가이아Gaia)과 지하 세계의 심연(타르타로스Tartaros)이 생기기 때문에 이 틈은 그것들에 의해 한정되게 된다. 구약성경 「창세기」의 맨 앞에는 하느님께서 세계를 창조하시기 전에, "땅이 혼돈하고 공허하며 흑암이 깊음 위에 있고"라고 되어 있는데, 이 역시 카오스와 유사한 개념이라 하겠다.

카오스 다음으로 생긴 것은 가이아와 에로스Eros다. 이 둘이 어떻게 해서 생겨났는지는 소개되어 있지 않은데, 카오스가 스스로 분화하여 셋으로 나뉘었다고 보는 게 옳을 것이다. 태초의 이 세 존재에게 의미를 부여해 보자면, 카오스는 원초적 공간 또는 분리의 원리이고, 가이아는 모든 것의 원재료가 되는 원초적 질료이며, 에로스는 결합의 원리라 할 수 있겠다. 이들 말고도 타르타로스도 최초의 존재들 중 하나

카오스는 혼돈이 아니라 '큰 틈' 즉 '넓고 넓은 허공'을 뜻한다. 이 그림은 헤시오도스보다는 구약성경을 좇아서 그린 것으로 보인다. 맨 아래쪽에는 물결이 보이고, 중간에 놓인 어둠과 위쪽의 밝음 사이에 사람 모습의 빛나는 존재가 그려져 있다. 신께서 '수면 위로 운행'하면서 '빛과 어둠을 나누는' 장면이다.

이반 아이바좁스키Ivan Aivazovsky, 〈카오스(천지 창조)Chaos(The Creation)〉, 1841년, 캔버스에 유채, 106×75cm, 베네치아, 아르메노 미술관Museo Armeno.

로 꼽히고 있는데, 이 존재는 나중에 가이아와 결합해서 튀포에우스 Typhoeus(튀폰Typhon)를 낳게 하는 것 외에는 역할이 없으니 크게 신경 쓸 것 없다. 물리적으로 타르타로스는 땅속 깊은 곳에 있는 심연이라고 보면 되겠다(사실은 카오스도 나중에는 지하의 공간으로 여겨진다. 헤시오도스의 작품에서 처음에는 크고 형태가 불분명한 존재였던 것들이, 나중에는 규모는 줄어들고 형태나 위치는 좀 더 또렷해지는 경향이 있다).

카오스의 자손들

여기서 길은 두 갈래로 갈라진다. 카오스와 가이아가 각각 혼자서 자손을 낳기 시작하고, 그 자손들을 통해 새로운 존재들이 생겨나기 때문이다. 그래서 한 길은 카오스를 따라가고, 다른 쪽은 가이아를 따라가게 된다. 가이아 계통이 주류라고 할 수 있는데 우선 카오스 계통을 조금만 따라가 보자. 여기 소개되는 존재들은 신화 이야기의 중심 주제인 사건들의 주체라기보다는 그것의 배경 역할을 하는 것들이다(사건에만 관심이 있는 분이라면 이 부분은 다소 건성으로 읽거나 건너뛰어도 된다는 뜻이다).

　희랍 신화에서 어떤 존재가 생겨나는 원리는 결합과 출산이다. 하지만 처음에는 결합 없이 새로운 존재들이 나타난다. 일종의 '처녀생식'이다. 우선 카오스에게서는 뉙스Nyx(밤)와 에레보스Erebos(어둠)가 생겨난다. 그리고 이 둘이 결합해서 아이테르Aither(창공)와 헤메라Hemera(낮)를 낳는다. 앞에서 말한 것처럼 어려운 희랍어 이름들을 외우려 하지 말고, 그냥 우리말 뜻으로 대충의 그림을 그리고 지나가자. 카오스에서 밤과 어둠이 생겨나고, 거기서 다시 낮과 밝음이 생겨났다는 것이다. 이들은 인간과 신들이 활동할 무대 뒤편에서 희미한 배경 역할을 하게 된다. 좀 더 구체적인 배경은 조금 뒤에 나올 것이다.

(이름들에는 너무 신경 쓰지 말라 했지만, 이 이름들은 현재 일상까지 이어진다. '뉙스'는 라틴어 nox와 같은 어근에서 나온 말인데, '야상곡夜想曲'의 영어인 '녹턴Nocturne'을 낳는다. '아이테르'는 마취제로 쓰이는 화학물질 에테르ether, 그리고 현대에는 더 이상 그런 게 있다고 여겨지지 않지만 예전에는 우주를 채우고 있으면서 빛의 매질 역할을 하는 '제5원소' 이름으로 쓰였다. '헤메라'는 '하루살이의 ephemeral'란 단어에 들어 있다.)

이 과정에서 중요한 것은 카오스는 누구와도 결합하지 않고 혼자서 자식들을 낳았지만, 그 자식 세대부터는 대개 혼자서가 아니라 결합을 통해 새로운 존재를 낳는다는 점이다. 이것은 에로스의 작용이라고 보아야 할 것이다. 말하자면 처음에는 에로스가 영향력이 없었지만, 곧 활발한 활동을 시작한 것이다. 우리는 가이아의 경우에도 같은 일이 일어나는 것을 보게 된다. 즉, 처음에는 혼자서 자식들을 낳지만, 잠시 후에는 결합을 통해서 자식을 낳는다. 물론 이후에도 간간이 혼자서 자식을 낳는 존재들이 등장하긴 한다.

또 하나 주목할 점은 어두운 존재들이 밝은 존재를 낳는다는 것이다. 사실 어두움과 밝음 중 어느 하나가 먼저 있어서 거기서 다른 것이 태어난다면 지금 이 순서가 합당할 것이다. 어두움에서 밝음이 나오는 것은 그럴싸하지만, 밝음에서 어두움이 생기는 것은 좀 생각하기 어렵다(학자들은 대개, 밤이 지나고 아침이 밝아 오는 것에서 이런 발상이 떠올랐으리라고 본다. 하지만 낮이 지나고 밤이 오는 현상도 있으니, 이런 주장은 강하게 내세우기 어렵다).

귀스타브 모로Gustave Moreau, 〈뉙스, 밤의 여신Nyx, Night Goddess〉, 1880년, 구아슈와 수채, 26.4×
20.9cm, 모스크바, 푸시킨 주립미술관The Pushkin State Museum of Fine Arts.

카오스의 자식 중에서 가장 중요한 것은 뉙스(밤)다. 뉙스에게서 많은 자손이 태어나기 때문이다. 방금 우리는 뉙스가 에레보스와 결합한 것을 보았는데, 그 말고도 뉙스는 누구와 짝짓지 않고 혼자서 많은 존재들을 낳는다. 이들은 대개 죽음, 운명, 고통 따위의 추상적이고 부정적인 개념들이다. 하지만 좀 더 구체적인 모습을 띤 존재들도 이 가운데 포함되어 있는데, 헤스페리데스Hesperides와 운명의 여신들(모이라Moira)이 그들이다. 헤스페리데스는 세상 끝에서 황금 사과 나무를 돌보는 존재들로 뉙스의 자식들 중 유일하게 부정적인 면을 보이지 않는다. 우리는 헤라클레스의 마지막 모험에서 이들을 만나게 될 것이다.

한편 운명의 여신들은 셋으로, 각각 클로토Klotho('실을 잣다'), 라케시스Lachesis('몫을 나누다'), 아트로포스Atropos('뒤돌아보지 않는다')라는 이름을 갖고 있는데, 차례로 운명의 실을 잣고, 자로 재고, 그것을 끊는 역할을 맡는다. 기본적으로 인간의 수명을 관장하는 신들이어서 이런 역할이 부여된 모양이다. 운명은 기본적으로 수명이고, 그것은 실로 표현되기 때문이다(하지만 플라톤의 『국가』 등에서 이들의 역할은 약간 다르게 배정되어 있다. 신화의 내용은 원래 사람마다 다르게 이야기하기 마련이니, 가장 널리 알려진 판본을 우선적으로 기억해 두는 게 좋다).

뉙스(밤)의 자식들 가운데서 가장 중요한 것은 에리스Eris(불화)라고 할 수 있다. 독자들에게는 이 존재가 아킬레우스 부모의 결혼식장에 나타나서 황금 사과를 던져, 결국 트로이아 전쟁의 불씨를 만들었다는 이야기로 잘 알려져 있다. 하지만 지금 이 단계에서 에리스가 중요하다는 것은 그가 많은 자식을 낳았기 때문이다. 이 자식들도 모두 전쟁, 굶주림, 살인 따위의 부정적인 개념들인데, 밤의 자식들보다는 좀 더 구

운명의 여신 셋이 빛을 거두어 운명의 실을 잣는 듯 그려졌다. 그들 사이에 역할 분담은 따로 없는 듯 되어 있다.
엘리후 베더Elihu Vedder, 〈별을 거두는 운명의 여신들The Fates Gathering in the Stars〉, 1887년, 캔버스에 유
채, 113×82.6cm, 시카고, 시카고 미술관The Art Institute of Chicago.

체적이고 범위가 한정된 것들이다. 헤시오도스는 이 세계가 희미한 것에서 또렷한 것으로 변해 간다고 믿었던 듯하다.

요약하자면 가이아 곁에 카오스가 있었고, 거기서 밤(뉙스)으로, 다시 불화(에리스)로 계통이 이어지면서 희미하고 부정적인 개념들이 많이 나왔다는 것이다.

가이아의 자식들

앞에서 남겨 두고 온 다른 길로 가 보자. 가이아는 우선 다른 누구와도 짝짓지 않고 혼자서 여러 존재들을 낳는데, 이들은 하늘(우라노스 Ouranos), 산(우레아Ourea), 바다(폰토스Pontos)와 같이 이 세상을 구성하는 자연물들이다. 이들은 신들과 영웅들이 활동할 배경 중에서 좀 더 또렷한 모습의 것들이다.

가이아는 이 중에서 우선 우라노스와 짝을 지어 다른 존재들을 계속 낳아 간다. 우라노스는 가이아가 혼자서 낳은 존재이므로 가이아의 분신分身이라고 할 수 있다. 따라서 이 결합은 자기 자신과의 결합이니 여기서 굳이 '근친상간' 같은 부담스런 개념을 끌어들이지 않아도 된다.

가이아와 우라노스의 결합에서 태어난 존재들에는 괴물이라 할 것들도 있고, 좀 더 인간 형상에 가까운 것들도 있다. 인간에 가장 가까운 존재들은 아마도 12명의 티탄Titan들인 듯하다. 여섯은 아들이고 여섯은 딸이었는데, 이들에 대해서는 '황금 머리띠의', '사랑스런'같이 좋은 수식어만 붙어 있고 별다른 묘사가 없는 것으로 보아 특기할 만한 기괴한 점은 없었던 것 같다(아마도 이것이 올림포스 신들과 티탄들 사이의 전쟁을 묘사한 그림이 부족한 원인인 듯하다. 사실은 올림포스 신들과 싸운 티탄의 개인 이름이 전혀 나오지 않기 때문에, 정확히 누가 싸웠는지도 모른다. 반면에 거인과의 전쟁에는 뱀 다리를 지닌 존재들이 등장하고, 튀폰과의 전쟁에는 뚜렷하게 괴물이다 싶은 존재가 나온다).

티탄들 12명이 모두 중요한 것은 아니어서, 절반 정도는 뚜렷한 자기 색깔이 있지만 절반 정도는 그냥 계보를 채우는 역할만 하고 있다. 가장 뚜렷하게 개별화된 것은 크로노스Kronos인데, 그의 이야기는 잠시 후 하늘과 땅의 분리 부분에서 보자. 제법 특징적인 다른 티탄으로 우선 오케아노스와 테튀스를 들 수 있다. 이들은 앞에 말했듯 원초적인 바다의 신으로, 『일리아스』뿐 아니라 헤시오도스의 체계에서도 많은 후손을 낳는 것으로 되어 있다. 그 밖에 휘페리온Hyperion은 태양 신이거나 태양 신의 아버지로 등장하며, 이아페토스Iapetos는 티탄과 올림포스 신들의 전쟁 이후에 벌받는 존재로 잘 그려진다. 여성 중에 레아Rhea는 크로노스의 부인이 되어, 제우스가 신들의 왕이 되는 데 중요한 역할을 한다. 테미스Themis와 므네모쉬네Mnemosyne는 제우스의 아내가 된다. 이들이 어떤 자손을 낳았는지는 잠시 후에 다루기로 하자.

가이아가 낳은 존재 중, 티탄들 다음으로 인간에 가까운 것은 눈이 하나뿐인 퀴클롭스Kyklops들이다. 이들은 나중에 제우스에게 천둥, 번개, 벼락을 만들어 준 존재들로서, 3명의 퀴클롭스 각각에게 천둥(브론테스Brontes), 번개(아르게스Arges), 벼락(스테로페스Steropes)이라는 이름이 붙어 있다. 이들은 대개 대장장이 신 헤파이스토스와 함께 일하는 것으로 되어 있다. 우리에게 더 잘 알려진 것은 나중에 오뒷세우스의 모험에 등장하는 퀴클롭스들인데, 이들도 눈이 하나뿐인 것으로 되어 있긴 하지만, 우라노스의 자식이 아니라 야만적이고 거친 인간들인 것처럼 되어

12명의 티탄들

개별화된 존재들	크로노스(제우스의 아버지)
	오케아노스(세계를 두루 도는 강)
	휘페리온(태양 신의 아버지)
	이아페토스(제우스의 적수)
	레아(제우스의 어머니)
	테튀스(원초적 바다)
	테미스와 므네모쉬네(제우스의 부인들)
별로 개별화되지 않은 존재들	코이오스, 크레이오스, 테이아, 포이베

있다. 그중 하나로 오뒷세우스에게 눈을 찔려 장님이 되는 폴뤼페모스 Polyphemos는 포세이돈의 자식으로 되어 있다(이들은 원래 동화 속의 괴물인 데, 태초의 존재들과 같은 특성을 갖고 있어서 같은 이름을 얻게 된 것 같다).

가이아의 자식들 중 가장 괴물 같은 존재들은 3명의 헤카톤케이르 Hekatoncheir(복수는 헤카톤케이레스Hekatoncheires)다. 이들은 팔(cheir)이 100개 (hekaton), 머리가 50개씩 있는 존재들로서, 영어로는 hundred-handers 라 한다. 우리말로 '백팔이' 정도로 옮길 수도 있겠지만, 어감이 너무 이상해서 그냥 헤카톤케이르('팔이 100개 있는 존재')라고들 부르고 있다. 이들에게도 콧토스Kottos, 브리아레오스Briareos, 귀게스Gyges라는 개인 이름이 주어져 있지만, 이들이 개인 자격으로 등장하는 중요한 사건들은 거의 없고, 그저 브리아레오스가 테티스의 요청에 따라 제우스를 구해준 적이 있다는 이야기가 『일리아스』에 소개된 정도다(한편 헤시오도스는 브리아레오스가 포세이돈의 사위가 되었다는 이야기를 전해 준다. 호메로스와 헤시오도스 사이에 약간의 경쟁 심리가 있었던 듯한 대목이다. '당신이 그런 이야기를 한다면, 나는 다른 이야기를 하나 하지!' 하는 식으로).

하늘과 땅의 분리

한데 아버지 우라노스는 생겨난 자식들을 모두 가이아 깊은 곳에 감추고 햇빛으로 나오지 못하게 했단다. 결국 어머니 배 속에서 나오지 못하게 했다는 말인데, 그 이유에 대해서는 자식들이 무서운 존재여서 그랬다고만 나와 있다. 국내에 나와 있는 여러 신화책에서는, 이들이 너무 이상하게 생겨서 그랬다고 소개하고 있는데, 이것은 일부 저자들이 뒤에 나오는 헤카톤케이르들에 대한 언급을 자식들 전체에게로 확대 적용한 것이다. 위에 소개한 세 부류의 자식들 중 적어도 티탄들은 그리 이상하게 생긴 존재들이 아니었으니 말이다. 이 신화를 정신분석학의 입장에서 보는 학자들은, 아버지가 자식을 감금하는 이 사태를 세대 간의 경쟁과 증오로 해석한다. 헤시오도스도 크로노스가 아버지를 싫어했다고 전하고 있으니, 아버지가 그냥 일방적으로 자식을 미워한 것은 아닌 셈이다.

자식들이 밖으로 나오지 못하자 어머니인 가이아는 괴로워했다. 헤시오도스는 별다른 설명을 하고 있지 않지만, 이유를 추정해 보자면 자신의 배 속에 자식들이 꽉 차 있으니 본인 자신도 힘들었을 것이고, 자식들이 빛을 보지 못한다는 사실에도 괴로웠을 것이다(다음에 그려진 사건을 이해하기 위해서는, 옛사람들이 일종의 '이중 사고'를 했다고 보아야 한다. 가이아와 우라노스는 인간의 모습을 지녔으면서도, 동시에 우리가 보는 물리적인 땅과 하늘이라는 것이다. 그렇다면 우라노스의 자식들은 땅속의 동굴에 갇힌 꼴

중앙에는 우주의 운행을 보여 주는 듯한 틀이 그려져 있고, 젊은이 크로노스가 노인으로 그려진 우라노스를 낫으로 공격하고 있다. 오른쪽 위에 크로노스에게 월계관을 가져오는 존재는 승리의 여신. 오른쪽 아래 세 여성은 계절의 여신들이다. 왼쪽 구석에는 거세를 당한 후 움츠리고 있는 우라노스가 보인다(옛날 그림에는 같은 존재가 여러 번 등장하는 경우가 많다). 중앙과 왼쪽 사이에 개탄하듯 하늘로 손을 뻗은 여성들은 복수의 여신들로 보인다. 가족 간의 폭력을 응징하는 존재들이다.
조르조 바사리Giorgio Vasari, 크리스토파노 게라르디Cristofano Gherardi, 〈아버지 우라노스를 거세하는 크로노스Kronos Castrates his Father Ouranos〉, 약 1560년, 프레스코화, 피렌체, 베키오 궁전Palazzo Vecchio, 코시모 1세의 방Sala di Cosimo I.

이 된다). 그래서 가이아는 아다마스Adamas('제압되지 않는 것'이란 뜻인데, 보통 '강철'로 해석하고 있다. 청동기시대에도 이미 운석에 들어 있는 금속을 이용한 일종의 스테인리스강이 있었다. 투탕카멘 왕의 무덤에서도 니켈 합금 칼이 발견되었다)로 만들어진 낫을 자식 중 하나에게 맡겨 우라노스의 성기를 자르게 한다. 모두 이 일을 맡기를 두려워할 때 자진해서 나선 것이 크로노스다. 그는 막내였지만 이 일로 해서 티탄들의 우두머리가 된다. 크로노스는 숨어 있다가 우라노스가 성적 결합을 위해 가이아에게 다가왔을 때 그의 성기를 잘라 버린다.

신화를 어린 학생들에게 가르치는 경우도 많은데, 이 부분은 공적인 자리에서 입에 올리기가 좀 쑥스럽다. 왜 하필이면 성기 절단인가? 그 이유는, 이전에 자식들이 가이아의 배 속에서 나오지 못했던 것이 우라노스와 가이아가 성적인 결합 상태로 계속(또는 자주) 붙어 있었기 때문이다. 그러니 이런 결합을 끊어야 자식들이 어머니 밖으로 나올 수 있고, 그 방법은 성기 절단이 될 수밖에 없는 것이다.

이 성기 절단 사건은 하늘과 땅의 분리를 설명하는 역할을 한다. 이와 유사한 신화는 세계 도처에서 발견되고 있어서 아예 '분리신화 separation myth'라는 이름이 붙어 있다(우리가 잘 아는 다른 사례로 『자크[잭]와 콩나무』를 들 수 있다. 우리 전래 동화인 『해와 달 이야기』에서 썩은 동아줄이 끊기는 바람에 호랑이가 땅에 떨어지는 것도 분리신화라고 할 수 있겠다).

그리고 이런 신화가 필요한 이유도 있으니, 바로 왜 하늘이 무너지지 않는지에 대한 설명이 필요하기 때문이다. 하늘이란 것이 사실은 지구 중력에 붙잡힌 공기의 층이라는 것을 알고 있는 우리 현대인은 하늘이 무너질까 봐 두려워하지 않는다. 하지만 과거에는 달랐다(동양에도 이런 쓸데없는 걱정을 하는 사람이 있어서 '기나라 사람의 걱정[기우杞憂]'이란 말이 생겼다). 옛사람들은 하늘이 돌이나 금속으로 이루어졌다고 생각했기 때문이다. 이런 생각에도 또 이유가 있으니, 운석隕石의 존재가 그것이다. 그러니까 하늘에서 떨어지는 운석이 돌이나 금속으로 되어 있는 것을 보고서 하늘이 이런 물질로 이루어졌다고 생각했다. 그런데도 하늘이 무너지지 않는다면 거기에는 무엇인가 이유가 있으리라고 믿었던 것이다. 그래서 나온 설명이, 원래는 하늘과 땅이 붙어 있었는데 어떤 계기에 서로 나뉘었으며 그래서 다시는 만나지 않게 되었다는 것이다(이와 같이 어떤 현상을 설명하는 이야기들을 '원인설화etiology'라고 한다. 원인설화 중 우리에게 가장 익숙한 것은 '수수깡은 왜 빨간지?'에 대한 답, 즉 '호랑이가 엉덩이를 찔려서'라는 이야기다). 옛사람들은 한 가지 설명으로 만족하지 못하는 경향이 있어서, 하늘이 무너지지 않는 다른 이유들도 함께 제시된다. 바로 거인이 떠받치고 있다는 설과, 하늘과 땅 사이에 기둥이 있어서 그렇다는 설 등이 그것이다. 둘 다 잠시 후에 나온다.

아프로디테의 탄생

신적인 존재들이 흘리는 피나 체액은 결코 헛되이 없어지지 않는다. 우라노스의 성기가 최초의 예라 할 수 있다. 거기서 떨어진 핏방울로 인해서, 가이아가 복수의 여신들(에리뉘스Erinys, 복수형은 에리뉘에스Erinyes)과 기가스Gigas(거인, 복수형은 기간테스Gigantes)들, 그리고 물푸레나무 요정(멜리아Melia, 복수형은 멜리아이Meliai)들을 잉태했으며, 또 핏방울이 바다에 떨어졌을 때 거기서 아프로디테가 태어났던 것이다.

이들 중에 에리뉘에스는 보통 가족 간에 저질러진 죄를 벌하는 여신들로서, 특히 아가멤논의 아들 오레스테스에게 나타났던 것으로 유명하다. 오레스테스는 자기 어머니 클뤼타임네스트라가 아버지를 죽였기 때문에, 아버지의 복수를 하느라 어머니를 죽일 수밖에 없었다. 그 후에 오레스테스는 에리뉘에스에게 쫓겨 방황하게 된다.

거인족인 기가스들은 『신들의 계보』에서는 더 이상 언급되지 않는데, 다른 전승(아폴로도로스 신화집인 『도서관Bibliotheke』 등)에 따르면 이들도 올림포스의 신들과 전쟁을 벌인 것으로 되어 있다. 이것을 '거인과의 전쟁(기간토마키아Giganthomachia)'이라고 한다. 도기 그림을 보면 이 거

아버지의 복수를 위해 어머니를 죽인 오레스테스는 복수의 여신들에게 시달린다. 오레스테스를 제외한 나머지 존재들은 일종의 환각이기 때문에 약간 흐릿하게 그려졌다. 죽은 사람은 살았을 때보다 더 큰 모습으로 나타난다는 개념에 맞춰, 가슴에 칼이 꽂힌 어머니는 건장한 청년 오레스테스보다 약간 더 크게 그려져 있다.
윌리앙아돌프 부그로William-Adolphe Bouguereau, 〈오레스테스를 쫓아다니는 복수의 여신들Orestes Pursued by the Furies〉, 1862년, 캔버스에 유채, 227×278cm, 버지니아, 크라이슬러 컬렉션Chrysler Collection.

왼쪽 도기에서는 거인들이 사람처럼 묘사된 반면, 오른쪽 조각에서는 뱀 다리를 가진 것으로 묘사되었다.
왼쪽 : 거인과의 전쟁을 묘사한 도기, 기원전 약 490~480년, 높이 35.56cm, 런던, 영국박물관The British Museum.
오른쪽 : 거인과의 전쟁을 묘사한 페르가몬의 신전 제단 조각, 기원전 2세기, 페르가몬. ⓒ Claus Ableiter

인들은 보통 인간과 별로 다르지 않게 생겼고 인간들처럼 완전무장을
했거나, 아니면 창과 방패는 갖췄지만 가죽옷을 걸친 것으로 되어 있
다. 하지만 후대의 작품들, 예를 들면 유명한 페르가몬의 신전 제단 조
각에는 이들의 발이 뱀 모양으로 그려져 있다. 이는 땅에서 태어난 존
재들의 특성을 보여 주는 것으로서, 이전같이 사람 모양으로 그리면 별
로 차이가 없다고 생각해서 이렇게 처리한 듯하다(땅에서 태어난 존재들
은 다리가 불편한 것으로 되어 있고, 그것을 뱀으로 표현했다. 사실은 뱀 자체가
땅에 속한 짐승, 거의 땅의 상징으로 되어 있다).

　　멜리아들은 보통 물푸레나무의 요정들로 되어 있지만, 헤시오도스
자신은 이 요정들을 그냥 나무들 일반의 요정으로 생각했던 듯하다.

그리고 헤시오도스의 저작에서는 이 요정들이 언급되는 대목이 여기 밖에 없는데, 혹시 인간들의 탄생을 암시하려는 것일 수도 있다. 헤시오도스의 다른 서사시 『일들과 날들Erga kai Hemerai』에 보면 청동시대 인간들이 물푸레나무에서 태어나는 것으로 되어 있기 때문이다. 근동 신화들에서는 보통 인간들이 신들 대신 여러 어려운 일들을 하도록 만들어진 것으로 되어 있다. 반면 희랍 신화에는 인간의 탄생에 대해 별다른 이야기가 없으며, 이따금 옛 부조 작품 등에 프로메테우스가 아테네 여신의 도움을 받아 흙으로 인간을 조성하는 것으로 되어 있다(오르페우스파派의 문헌에 인간들은 티탄들의 시신으로 만들어졌다는 이야기가 전해진다. 헤라의 사주를 받은 티탄들이 제우스의 자식인 자그레우스Zagreus를 잡아먹었는데, 제우스가 벼락으로 그 티탄들을 죽이고 그 시체를 인간을 만드는 데 재료로 썼다는 것이다. 그래서 인간에게는 티탄들의 나쁜 본성도 들어 있고, 방금 티탄에게 잡아먹힌 신의 본성도 일부 있다는 것이다. 하지만 이런 이야기는 아무래도 후대에 생겨난 것으로 보인다).

우라노스의 성기에서 태어난 마지막 존재가 아프로디테다. 우라노스의 성기가 바다에 떨어져 거품(희랍어로 '아프로스aphros')이 일고 거기서 아름다운 처녀가 생겨났기 때문에 그 이름이 아프로디테Aphrodite[베누스Venus]가 되었다는 것이다. 흔히 〈베누스의 탄생〉이라는 제목으로 널리 알려진 보티첼리의 그림이 전해 주는 상황이다.

이 대목에서 헤시오도스가 전하는 이야기는 약간 혼란되어 있는데, 앞뒤를 맞춰 보자면 이 여신은 우선 지중해 동쪽의 퀴프로스Cypros 섬 근처에서 태어나서, 펠로폰네소스 반도에 가까운 퀴테라Cythera 섬으로 갔다가, 다시 퀴프로스 섬으로 돌아갔다는 것이다. 아마도 이 두 섬이

프로메테우스가 인간을 만들고 있다. 중앙에는 아직 생명을 불어넣기 전인 듯 흙으로 빚은 조각상이 서 있고, 왼쪽 아래에는 조각상의 관절을 펴는 프로메테우스가 보인다. 오른쪽 아래에는 그의 조수로 보이는 이가 막 만들어진 인간에게 뭔가 가르치고 있으며, 오른쪽 위에는 간단한 도구를 쥔 인간을 그 조수가 데려가고 있다. 피에로 디 코시모Piero di Cosimo, 〈프로메테우스 신화Storie di Prometeo〉, 16세기 초, 패널에 유채, 68× 120cm, 뮌헨, 알테 피나코테크Alte Pinakothek.

아프로디테의 숭배 중심지이고, 여신의 탄생지로 경합 관계였다가 이렇게 조정된 듯하다. 아프로디테는 이 두 섬의 이름을 따서 '퀴테레이아Kythereia' 또는 '퀴프리아Kypria'라는 별칭으로도 불린다(퀴테라 섬은 사람들이 잘 모르는데, 영어식으로는 '시테라Cythera'라고 표기한다. 장앙투안 와토Jean-Antoine Watteau의 그림에도 〈시테라 섬으로의 여행〉이란 것이 있고, 테오도로스 앙겔로풀로스Theodoros Angelopoulos 감독이 만든 같은 제목의 희랍 영화도 있다).

아프로디테 여신에게 자주 붙어 다니는 수식어는 '웃음을 좋아하는

아프로디테 여신은 바다에서 태어났기 때문에 조개 위에 서 있다. 왼쪽에는 서풍의 신이 볼을 부풀려서 바람을 보내고 있다. 서풍 신의 품에는 그의 애인으로 보이는 여성이 안겨 있다. 오른쪽에는 봄의 여신이 아프로디테를 맞이하고 있다. 온 세상에 생명을 주는 여신이 태어났으므로 꽃비가 내리고 있다.

산드로 보티첼리Sandro Botticelli, 〈베누스의 탄생Nascita di Venere〉, 1483-1485년, 패널에 템페라, 172.5×278.5cm, 피렌체, 우피치 미술관Galleria degli Uffizi.

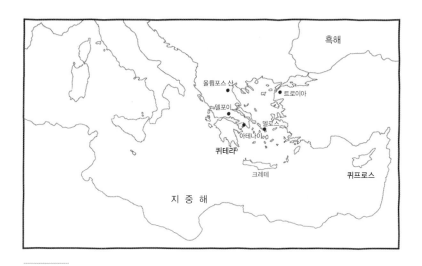

퀴테라와 퀴프로스의 위치. 두 섬 모두 아프로디테의 탄생지로 알려져 있다.

philommeides'인데, 사실 이 형용사는 '남근을 좋아하는philommedes'이란 표현과 너무나 비슷해서, 어떤 학자들은 아프로디테의 탄생 설화 자체가 그 이름과 수식어에서 파생된 것이라고 주장한다. 아프로디테라는 이름 때문에 거품에서 태어났다는 이야기가 생겨났고, 웃음을 좋아한다는 수식어에서 성기 절단 이야기가 파생되었으리라는 것이다. 이런 설명 방식은 이 여신과 퀴테라 섬의 연관성도 밝혀 주는데, 희랍어로 '퀴-'라는 어근은 '임신'과 연관되어 있기 때문이다(희랍어로 kyo가 '임신하다'이다).

　실제로 어떤 과정을 거쳐 이 여신의 탄생 설화가 생겨났는지는 모르지만, 그 이름이 '거품'에서 비롯되었다는 것은 일종의 민간 어원설이라는 것이 학자들의 중론이다. 그보다는 오히려 근동에서 널리 섬겨지던 여신 아스타르테Astarte(또는 아스다롯Astaroth)에서 변형되어 생긴 이름이 아닌가 싶은 것이다.

헤시오도스가 이런 기이한 탄생 설화를 전해 주는 데 반해, 이상한 이야기를 싫어했던 호메로스는 아프로디테를 그냥 제우스와 디오네 Dione 사이에서 난 딸로 소개하고 있다. 하지만 디오네라는 이름은 제 우스의 소유격 '디오스Dios'에서 나온 여성형이니까, 아프로디테는 결국 그냥 제우스의 딸이라는 말이다(디오네는 희랍 북서쪽의 도도네Dodone에서 제우스와 함께 숭배를 받았는데, 어쩌면 땅의 여신이었을 수도 있지만, 인도-유 럽족의 신화에서는 제우스의 부인이었을 수도 있다. 희랍인들이 희랍 땅에 정착 한 뒤, 이미 이 지역에서 섬겨지던 강력한 여신 헤라가 제우스의 짝으로 정해지자, 디오네는 좀 희미한 존재가 되어 버렸다는 것이다).

한편 아프로디테가 태어나고 나니 이제 에로스의 지위가 문제된다. 둘의 역할이 겹치기 때문이다. 그래서 헤시오도스는, 아프로디테가 태 어날 때 에로스가 그 자리에 있었으며, 이후에 그녀가 신들에게로 갈 때도 동행한 것으로 꾸몄다. 보통 에로스라는 이름을 들었을 때 우리 가 떠올리는 상은 날개 달린 어린이지만, 그런 모습으로 형상화된 것은 헬레니즘 시대 이후, 특히 로마 시대에 이르러서다. 그래서 고전기 도 기 그림에서 보이는 에로스의 모습 중에는 청년으로 그려진 것도 있다 (사실은 이것이 좀 더 합리적이다. 에로스는 에로틱한 행동을 할 수 있어야 하고, 그러려면 사춘기는 지난 모습이어야 한다. 우리는 이런 모습을 '에로스와 프쉬케' 이야기에서 보게 될 것이다). 우리가 이 장의 맨 앞에서 본 에로스는 아직 인간 형상을 갖추지 않은 거대한 힘이나 어떤 원리 같은 것이었다. 세 계와 신들이 인간 모습과 가까운 것이 되어 감에 따라 에로스도 점차

에로스 하면 흔히 날개 달린 아이를 연상하지만, 고전기에는 에로스가 성인 남자로 표현되었다. 아탈란테가 결혼을 미루고 있기 때문에, 에로스가 그녀를 채찍으로 때려 재촉하는 장면이다.
두리스Douris, 〈아탈란테를 재촉하는 에로스Eros and Atalanta〉, 기원전 약 500−495년, 오하이오, 클리블랜드 미술관Cleveland Museum of Art.

인간의 모습을 갖추게 된 셈이다.

다른 티탄의 자손들

여기까지 우리는, 우라노스가 어떤 자식을 낳고 어떻게 권좌에서 쫓겨 났는지 알아보았다. 우라노스의 자식들 중 크로노스를 통해 올림포스 신들로 이어지는 계보는 좀 나중에 보기로 하고, 다른 자식들(티탄들)에 게서 어떤 신들이 태어났는지 살펴보자. 이들은 신화에서 중요한 위치 를 차지하지는 않지만 올림포스 신들이 활동하는 세계의 배경을 이루 기 때문에 빼놓을 수 없다.

열두 티탄 중에 원초적인 물의 여신 테튀스는 오케아노스와 짝을 지 어 수많은 강을 낳았다. 희랍에서 강의 신들은 거의 모두(저승의 강 스튁 스Styx만 빼고) 남성으로 되어 있고, 도상적으로 대개 물이 쏟아지는 항 아리를 갖고 있거나 노를 옆에 끼고 있는 모습으로 그려진다.

헤시오도스가 꼽는 강 중에는 세계의 동서남북을 상징하는 큰 강들 이 끼어 있는데, 남쪽의 네일로스Neilos(이집트의 나일 강), 서쪽의 에리다 노스Eridanos(이탈리아의 포 강), 북쪽의 이스트로스Istros(도나우 강) 등이다. 세계의 동쪽에는 파시스Phasis 강이 있는데, 이것은 아르고호號 이야기에 서 영웅들의 항해 목표가 된다. 희랍인들에게 친숙한 지역의 강으로는 칼뤼돈 곁으로 흐르는 큰 강 아켈로오스Acheloos가 소개되는데, 이 강의 신이 황소 모습으로 헤라클레스와 겨루었다는 이야기가 유명하다.

테튀스와 오케아노스에게서 수많은 요정(뉨페Nymphe)들도 태어나는 데, 이들은 소년들을 키우는 역할을 맡고 있다. 이 역할은 강의 신들도 하고 있어서, 희랍에서는 남성이 성년에 도달하면 자신의 머리카락을

강의 신들은 흔히 물이 쏟아지는 항아리를 가지고 있는 것으로 표현된다.
조반니 안젤로 몬토르솔리Giovanni Angelo Montorsoli, 〈티베리스〉, 16세기 초(고대 로마 조각상을 복원함), 바티칸시국, 바티칸 박물관.

고향의 강의 신과 요정들에게 바치는 관습이 있었다. 요정들은 대개 다른 신의 아내가 되는데, 이들 중 독립적인 다른 역할로 가장 유명한 존재가 신들의 맹세 대상이 되는 스튁스와, 오뒷세우스를 7년 동안 잡아두는 칼륍소Kalypso다. 스튁스는 요정이지만 저승의 강(강의 신 중 유일한 여성)이기도 하다. 요정과 신이 어떤 차이가 있는지에 대해 대개, 요정은 오래 살긴 하지만 불사의 존재는 아니라는 설명이 유포되어 있는데, 희

아켈로오스와 헤라클레스가 데이아네이라를 차지하기 위해 싸우고 있다.
〈강의 신 아켈로오스와 싸우는 헤라클레스〉, 기원전 약 475-425년, 파리, 루브르 박물관Musée du Louvre.

람에서는 신분이 낮은 여성 신을 요정이라고 부르는 게 보통이다.

다른 티탄인 휘페리온에게서는 빛나는 하늘의 존재들이 태어난다. 우선 해(헬리오스Helios), 달(셀레네Selene), 새벽(에오스Eos)이 그들이다. 나중에 태양 신은 아폴론과, 달의 신은 아르테미스와 동일시되었지만, 희랍의 옛 계보에서 이들은 각기 다른 신으로 존재했다. 그리고 휘페리온은 때로는 태양의 아버지가 아니라, 바로 태양이라고 이야기되기도 한다(『오뒷세이아』에 나오는 구절이다). 독일 시인 프리드리히 횔덜린Friedrich

Hölderlin이 〈휘페리온〉이란 작품을 쓴 게 유명하고, 예전에는 클래식 음반 레이블 중에 상당히 고급에 속하는 것으로 '하이페리온'이란 것이 있었다.

새벽의 여신 에오스는 여러 방향으로 부는 바람들과 샛별, 그리고 다른 별들을 낳은 것으로 되어 있다. 아마도 동이 트면 기온이 달라지면서 바람들이 새벽에 일어나는 현상이 고대인들에게 깊은 인상을 남긴 모양이다.

별로 두드러지지 않는(즉, 별로 개별화되지 않은) 티탄들에게서 태어나서 두드러진 지위를 얻게 된 여신들로 레토Leto와 헤카테Hekate가 있다. 레토는 아폴론과 아르테미스의 어머니가 되며, 헤카테는 신화에서는 별로 중요하지 않지만 일반 종교에서는 큰 섬김을 받던 중요한 여신이다. 여성들의 신이고, 저승, 밤, 삼거리, 마술, 때로는 달의 신이다. 도기 그림에서는 대개 횃불을 들고 있는 모습으로 그려지는데, 달이 3가지 모습(초승달, 반달, 보름달)을 띠고 있으므로 이 여신도 3가지 모습을 지닌 것으로 그려지기도 한다. 그럴 경우 뱀이나 열쇠를 지니고 있는 경우도 있다. 이 3가지 모습의 이유로는 여신이 삼거리의 3길을 모두 보고 있기 때문이라고 설명하기도 하고, 하늘, 땅, 저승 모두에 큰 영향을 미치기 때문이라고 설명하기도 한다(아르고호 이야기에 나오는 메데이아가 헤카테의 여사제로 되어 있다).

티탄의 자손들 중 마지막으로 이아페토스Iapetos의 자식들이 있다. 이들은 주로 제우스의 원수가 되는 존재들이다. 하늘을 떠받들고 있는 아틀라스Atlas, 인간에게 불을 가져다주는 프로메테우스Prometheus, 판도라를 받아들여 인간에게 재앙을 가져오는 에피메테우스Epimetheus, 그리고

헤카테는 3가지 모습으로 자주 표현되며, 손에는 횃불, 뱀, 열쇠 등을 쥐고 있다. 스테판 말라르메Stéphane Mallarmé, 『고대 신들Les Dieux Antiques』(Paris, 1880)에 실린 삽화.

별로 알려지지 않은 메노이티오스Menoitios다. 메노이티오스는 방종하고 지나치게 용맹하여 제우스가 벼락으로 쳐서 에레보스(어둠)로 보내 버렸다니, 그는 다음 장에 다룰 '티탄과의 전쟁' 뒤에 벌받는 존재의 대표라고 할 수 있겠다.

폰토스(바다)의 자손들

우리는 앞에서 맨 처음에 생겨난 존재들 중, 카오스의 자손들 쪽으로 약간 가 보고는 방향을 가이아의 자손들 쪽으로 돌렸다. 그래서 우선 하늘(우라노스)과 그의 자손들을 살펴보되, 크로노스에서 올림포스 신들로 이어지는 계열과 그 밖의 티탄들로 나눠서 다뤘다. 이제 별다른 자손이 없는 산(우레아)은 그냥 지나가고, 바다(폰토스Pontos)의 자손들을 살펴볼 차례다. 이들은 세계를 구성하는 물리적 자연물이거나 그것의 힘이 형상화된 것이기 때문에, 이후의 이야기 전개에 그다지 중요하진 않다. 물론 앞으로 다른 이야기와 연관되어 등장하는 존재들도 있는데, 대개는 괴물이나 요정으로서 영웅들을 돕거나 방해하는 역할을 하는 것들이다. 『신들의 계보』는 일종의 '족보'이기 때문에 신화에 등장하는 모든 존재에게 혈통상의 자리를 부여하고 있다. 그래서 앞으로 다른 이 야기에 나올 존재들이 여기 소개되는데, 그들의 사연을 다 이야기할 수 는 없고 여기서는 그저 중요한 사항들만 조금 살펴보자.

폰토스의 자식들도, 대개는 다른 괴물들의 선조가 되어 계보를 이 어 주는 역할만 하고 있어서 개별화된 존재는 드물다. 그들 가운데 가 장 유명한 이가 네레우스Nereus다. 그는 모든 것을 알고 늘 진실만 말하 는 '바다의 노인'으로 알려져 있지만, 몇몇 물의 신이 그러하듯이 모습 을 바꿔 가면서 상대에게 쉽게 잡히지 않는 것으로 되어 있다. 헤라클 레스가 헤스페리데스에게 갈 때 네레우스를 붙잡아 길을 물은 사건이 꽤 유명하다. 그는 바다의 신이니까 마치 물고기처럼 매우 생산적인 존 재로, 50명이나 되는 바다의 요정들을 낳은 것으로 되어 있다.

헤시오도스는 네레우스의 어머니가 누구인지는 밝히지 않았다. 하 지만 그에 뒤이어 폰토스의 자식으로 태어난 동생들이 모두 가이아의 자식들인 것으로 보아, 네레우스도 가이아의 자식으로 보는 게 옳을 듯하다(가이아는 자신에게서 나뉘어 나간 우라노스[하늘]와 결합하고, 또 폰토 스와도 결합하고 있다). 폰토스의 자식은 아들 셋, 딸 둘로, 네레우스 외에

헤라클레스가 물고기를 들고 있는 바다의 신 네레우스를 붙잡고 길을 묻고 있다.
〈헤라클레스와 네레우스Heracles and Nereus〉, 기원전 약 500−480년, 런던, 영국박물관.

도 타우마스Thaumas와 포르퀴스Phorcys, 케토Keto, 에우뤼비에Eurybie가 있다. 옛 작가들의 글에 보면, 이들이 각각 누구와 짝이 되었는지 여러 가지로 나와 있는데, 그냥 널리 알려진 경우만 알아 두면 되겠다.

　네레우스의 딸 50명 중 가장 유명한 이는, 아킬레우스의 어머니가 되는 테티스와 포세이돈의 아내가 되는 암피트리테Amphitrite다. 테티스는 『일리아스』에 뚜렷한 개성을 가진 것으로 그려졌지만, 암피트리테는 등

포세이돈과 암피트리테 너머에 소금을 담는 오목한 부분이 있다.
벤베누토 첼리니Benvenuto Cellini, 〈포세이돈과 암피트리테가 있는 소금 그릇Saliera〉, 1540–1543년, 금과 에나멜, 높이 26cm, 빈, 미술사박물관Kunsthistorisches Museum.

장하는 일화가 많지 않아서 별로 두드러진 성격을 보이지 않는다. 그밖의 다른 딸들은 대체로 바다의 특성을 나타내는 이름들로 되어 있다. 말하자면 오케아노스라는 원초적인 물과, 폰토스라는 원초적인 바다가 한편에 있고, 중간 연결 고리인 네레우스를 거쳐 이제 분화된 바다의 여러 성격이 나타나게 된 셈이다.

타우마스Thaumas('놀라움')는 이리스Iris와 하르퓌이아Harpyia들, 그리고 폭풍 정령들을 낳은 것으로 되어 있다. 신들 특히 헤라 여신의 전령으로 되어 있는 이리스는 무지개의 여신이기도 하니('눈동자'를 뜻하는 아이리스Iris라는 말도 여기서 왔다. 홍채가 무지갯빛으로 보이기 때문이다), 그녀를 낳은 아버지를 '놀라움'이라고 부르는 것도 이해할 만하다. 하르퓌이아들은 나중에 이아손과 아르고호 영웅들 이야기에 등장할 괴물들로, 날개 달린 존재들이니 이리스와 폭풍 정령들과 공통점이 있다.

포르퀴스는 케토와 결합하여 여러 괴물 같은 존재들을 낳는다(하지만 그다음 세대와 비교하면 그나마 이들이 좀 더 인간의 모습에 가깝긴 하다). 케토라는 이름이 '괴물'(또는 '고래')이라는 뜻이니 그럴 법도 하다. 그의 자손 가운데 가장 덜 괴물 같은 존재들이 그라이아이Graiai('회색 여인들')라는 이름의 노파들이다. 나면서부터 백발이기 때문에 노파라고 한 것이지, 사실은 이들의 미모를 암시하는 수식어('볼이 예쁜')도 있다. 이들은 나중에 소개될 페르세우스의 모험에 등장하는데, 이들 셋이서 이와 눈 하나를 돌아가며 사용하는 것을 페르세우스가 중간에 가로채서 그것을 없애 버리겠다고 위협하여 길 안내를 받았다고 한다. 그러니 적어도 나중에는 정말로 눈과 이가 불편한 노인들로 생각되었던 모양이다.

이들보다 더 괴물 같은 존재들은 고르고Gorgo(또는 고르곤Gorgon)들이다. 여신들이 셋으로 이루어지는 희랍 신화의 경향에 따라서 이들도 셋으로 구성되어 있는데, 보통 이들의 얼굴을 보는 사람은 돌로 변한다고 알려져 있다. 이들도 각자 이름이 있지만 별로 중요하지 않고, 그중 하나, 메두사Medusa만 유명하다. 그녀는 세 자매들 중 유일하게 죽을 수 있는 존재였고, 페르세우스에게 목을 베였다. 그녀는 죽을 때에 이미 포세이돈의 자식들을 잉태하고 있어서, 그녀의 목이 베이는 순간 날개 달

무지개의 여신 이리스가 모르페우스에게 다가가고 있다. 이 그림은 『변신 이야기』 내용을 따른 것으로,
이리스가 꿈의 신 모르페우스를 찾아와 헤라의 명을 전하려는 참이다. 모르페우스는 이제 알퀴오네에
게 그녀의 남편 케윅스가 죽었다는 소식을 전하게 될 것이다(15장 참고). 모르페우스는 아직 잠에 취해
있고, 이리스는 무지개를 배경으로 그려졌다.
피에르나르시스 게랭Pierre-Narcisse Guérin, 〈모르페우스와 이리스Morpheus and Iris〉, 1811년, 캔버스
에 유채, 251×178cm, 상트페테르부르크, 에르미타주 미술관Hermitage Museum.

린 말 페가소스Pegasos와 크뤼사오르Chrysaor('황금의 칼')라는 아이가 목에서 튀어나왔다고 한다. 아마도 포세이돈의 여러 특성이 이런 식으로 표현되었을 것이다. 즉, 포세이돈은 말과 연관되어 있고, 인간 모습을 잘 취하는 신적 존재(황금)인 것이다. 크뤼사오르는 나중에 몸뚱이가 셋인(또는 머리가 셋인) 게뤼온Geryon(게뤼오네우스Geryoneus)의 아버지가 된다. 우리는 게뤼온을 헤라클레스의 모험에서 다시 만나게 될 것이다.

아직 케토의 중요한 자식 하나가 남아 있다. 뉙스의 자식 중 다른 자식을 많이 낳는 에리스가 있듯, 케토의 자식 중 여러 괴물을 낳는 자식이 있었으니, 바로 에키드나Echidna다. 그녀는 상체는 아름다운 소녀였으나 하체는 거대한 뱀이었다. 희랍의 괴물들은 대개 여성으로 설정되어 있는데, 특히 가슴까지는 아름다운 여인이고 그 밑은 뱀 따위로 되어 있는 게 일반적이다. 이것을 여성 혐오증의 반영으로 설명할 수도 있겠지만, 정신분석학적인 설명도 있다. 젖가슴까지는 우리가 어려서 젖을 먹을 때 보아 익숙하지만, 그 밑은 어린아이들에게 금기의 영역이기 때문에 판타지가 개입하게 되고 그래서 뭔가 무시무시한 것이 거기 있다고 상상하게 되었다는 것이다.

에키드나는 튀폰과 결합해서 주로 개와 뱀의 모습을 지닌 괴물들을 낳는다. 게뤼온의 가축을 지키는 오르토스Orthos(또는 오르트로스Orthros). 이것은 머리가 둘 달린 개인데, 나중에 헤라클레스에게 죽는다. 또 헤라클레스가 저승에서 끌고 오게 될 케르베로스Kerberos. 이 개는 일반적으로는 머리가 셋인 것으로 알려져 있지만, 머리가 50개라는 주장도, 100개라는 주장도 있다. 그리고 헤라클레스에게 죽게 되는, 머리 여럿 달린 물뱀 휘드라Hydra. 벨레로폰에게 제압되는 키마이라Chimaira. 이것은

헤라클레스가 게뤼온과 싸우고 있다. 중앙 아래쪽에 머리 둘 달린 개 오르토스가 죽어 있고, 게뤼온의 세 몸
뚱이 중 하나는 이미 죽어서 뒤로 넘어가 있다.
〈게뤼온과 헤라클레스Geryon and Hercules〉, 기원전 약 510-500년, 도기, 뮌헨, 국립고대미술박물관
Staatliche Antikensammlun-gen und Glyptothek.

사자, 염소, 뱀(또는 용)의 머리를 가진 괴물이다. 에키드나는, 헤라클레
스에게 제압될 네메아Nemea의 사자와, 헤스페리데스의 황금 사과 나무
를 지키는 뱀 라돈Ladon도 낳는다. 그러니 에키드나의 자식들은 대부분
헤라클레스와 연관된 셈이다. 헤라클레스의 12가지 위업 중 처음 2가
지(사자와 휘드라)와 마지막 3가지(게뤼온의 소, 케르베로스, 황금 사과)가 그
것들이다.

요약하자면 괴물을 많이 낳은 케토의 자식 중 하나인 에키드나가 또 많은 괴물을 낳았는데, 그 괴물들이 대부분 헤라클레스에게 죽었다는 것이다.

올림포스 신들의 탄생과 신들의 전쟁

계속해서 희랍 신화의 중심 계통이라고 할 수 있는 우라노스의 자손들을 따라가 보자.

아버지 우라노스를 권좌에서 몰아내고 신들 세계의 우두머리가 된 것은 크로노스였다(이와 같이 신들의 왕 자리가 다음 세대로 이어지는 이야기를 '계승신화succession myth'라고 한다. 단군 신화에 단군 한 분만 덜렁 나오지 않고, 환인, 환웅도 등장하는 이유가 바로 계승이기 때문이다). 크로노스는 자신의 누이인 레아를 아내로 취하여 올림포스 신들 중에서 위 세대라고 할 수 있는 존재들을 낳는다. 아들로는 제우스, 포세이돈, 하데스, 딸들로는 헤라, 데메테르, 헤스티아를 낳은 것이다.

이들 중에서 헤스티아Hestia[베스타Vesta]는 특히 로마에서 높이 섬겨졌지만, 인간 모습으로 잘 그려지지 않은 신이다. 공식적으로는(예를 들면 아테나이 아고라에 제단이 있는지 여부와 관련해서는) 올림포스의 주요 신 중 하나로 꼽히긴 하지만, 신화적으로는 거의 없는 듯 여겨지는 존재다

(옛사람들의 주거에서 중심적인 위치를 차지하던 화덕이 형상화된 신이다. 국가는 가정이 확장된 것이라고 본다면, 국가의 화덕인 헤스티아 신전은 나라의 중심이 되겠다. 로마가 베스타 여신을 높이 섬긴 것도 그런 이유에서다). 어떤 때는 올림포스 12신에서 헤스티아를 빼고 대신 디오뉘소스를 넣기도 한다. 시각 효과가 중요한 조형미술에서 자주 그러한데, 예를 들면 파르테논 신전의 프리즈에 그려진 12신에는 디오뉘소스가 들어가 있다.

제 자식을 삼키는 크로노스

크로노스Kronos[사투르누스Saturnus]의 자식들은, 막내인 제우스를 제외하고는 모두 아버지 배 속에 들어갔다 나온 존재다. 크로노스가 자기 자식들이 태어나는 대로 모두 삼켜 버렸기 때문이다. 이것은 사실 우라노스가 했던 짓과 매우 유사한데, 이번에는 그 이유가 자기 운명을 피하기 위해서인 것으로 나와 있다. 즉 다음 세대 신들에게 권력을 빼앗기리라는 예언을 듣고서 그랬다는 것이다.

사실 크로노스가 자식들을 삼킨 것은 이전의 경험에서 배운 바가 있어서다. 우라노스의 경우 선택지는 2가지였다. 자식을 어머니 속에 두거나 아니면 자기 속에 두는 것이다. 당시에는 이 세상이 사실상 하늘과 땅만으로 구성되어 있었으니, 자식을 어딘가에 가두려면 그곳은 땅속이거나 하늘 속이거나 둘 중 하나일 수밖에 없었다. 그래서 우라노스가 선택했던 것은 다들 보았다시피 땅이었다. 그다음 세대의 신으로서, 전 세대의 전략이 여성의 배신으로 실패하는 것을 본 크로노스가 택한 것은 남아 있는 다른 선택지, 즉 자식들을 자기 속에 감추는 것이다.

크로노스가 아들을 잡아먹고 있다. 헤시오도스는 그냥 삼킨 것으로 전하지만, 화가들
은 대개 이렇게 찢어 먹는 모습으로 그린다.
프란시스코 데 고야Francisco de Goya, 〈사투르누스[크로노스]Saturn〉, 1820-1824년.
캔버스에 유채, 146×83cm, 마드리드, 프라도 미술관.

크로노스가 제우스 대신 삼켰다고 전해지는 돌인 옴팔로스. 원래는 이 자리를 운석이 차지하고 있었던 듯한데, 기원전 4세기에 이 돌로 교체되었다. 돌에는 양털로 짠 그물이 새겨져 있는데 그에 대한 해석은 학자마다 다르다.
〈옴팔로스Omphalos〉, 델포이, 델포이 고고학박물관Delphi Archaeological Museum.

하지만 이 전략 역시 아내의 배반으로 실패하게 된다. 아비가 자식들을 차례로 삼키는 것을 본 레아는 제우스가 태어났을 때는 돌을 포대기에 싸서 아기인 양 넘겨주고, 아기는 빼돌려서 크레테의 동굴에서 몰래 키웠던 것이다(헤시오도스는 그 동굴이 아이가이온Aigaion 산에 위치한다고 말하고 있는데, 그것이 어느 산을 가리키는지 불분명하다. 후대의 작가들 중 어떤 이는 크레테 동부의 딕테Dikte 산을, 어떤 이는 크레테 중부의 이데Ide 산을 지지한다).

제우스는 얼른 자라서 큰 힘을 갖추게 되었다(제우스는 원래 식물의 생장을 상징하는 신이었을 가능성이 큰데, 그럴 경우 그는 다 성장하는 데까지 1년이 걸렸을 것이다). 그리고 계략을 사용하여 크로노스가 삼킨 자식들을 다시 토하게 만들었다. 제일 먼저 토해져 나온 것은 제우스 대신 삼켰던 돌인데, 이 돌은 세계의 배꼽(옴팔로스Omphalos)을 상징하여 델포이에 세워졌다 한다.

이렇게 해서 제우스는 형제들을 이끌게 된다. 태어나기로는 그가 제일 막내였지만, 아버지 배 바깥에, 즉 세상에 있기로는 첫째였던 것이다(그래서『일리아스』15권에 나온 것처럼, 제우스는 형제 중 맏이라고 할 수도 있다. 호메로스는 아비가 자식을 삼켰다가 토했다는 것 같은 이상한 이야기를 싫어한다). 그와 형제들은 이 세상의 권력을 제비 뽑아 나누게 되는데, 그 이전에 해결해야 할 일이 있었다. 아버지 세대인 티탄들과 전쟁을 치르는 것이다.

티탄들과의 전쟁

헤시오도스는『신들의 계보』에서 신들의 혈통뿐 아니라, 올륌포스 신들의 통치권이 안정되기까지의 과정도 그리고 있다. 이 과정에서 적어도 2번의 전쟁이 있었다. 하나는 티탄들과의 전쟁이고, 다른 것은 튀폰과의 전쟁이다.

티탄들과의 전쟁은 크로노스가 자식들을 토해 낸 사건에 뒤이어 기술되고 있어서, 아마도 그 구토 사건이 세대 간 전쟁의 시초였던 것으로 보인다. 이 전쟁은 10년을 끌었던 것으로 되어 있는데, 자세한 진행 상황은 그려지지 않는다. 다만 마지막에 올림포스 신들이 가이아의 충고에 따라 우라노스의 자식들 중 티탄이 아닌 존재들을 풀어 주고 이들의 도움을 받은 것으로만 해 놓았다. 크로노스는 우라노스를 거세한 다음에 형제들을 다 풀어 주었지만, 퀴클롭스들과 헤카톤케이르들은 그냥 땅속에 버려 둔 것처럼 되어 있다. 이제 이들이 드디어 땅 밖으로 나와서 활약을 하게 된 것이다. 퀴클롭스들은 제우스에게, 앞서 말했던 것처럼 천둥, 번개, 벼락을 주었고, 헤카톤케이르들은 올림포스 신들의 편에서 앞장서서 싸웠다. 올림포스 신들은 제우스와 헤카톤케이르들의 활약에 힘입어 승리하게 된다.

티탄과의 전쟁은 여기저기 다른 데서도 조금씩 이야기되는데, 저승의 강인 스튁스가 자기 자식들을 이끌고 제우스 진영에 합류했다는 이야기가 『신들의 계보』 앞부분에 나와 있다. 그 자식들 중에는 승리의 여신인 니케와, 힘(크라토스Kratos), 그리고 완력(비아Bia)이 있어서 이들이 평소에 제우스의 권력 기반인 것으로 되어 있다. 구체적 묘사는 없지만 아마 이들도 그의 승리에 한몫했을 것이다.

티탄과의 전쟁 이야기는 그들이 받은 징벌 묘사로 이어지는데, 벌을 받았다고 확실하게 이름이 나온 경우는 하늘을 떠받들고 있는 아틀라

올륌포스 신과 티탄 사이에서 일어난 전쟁의 결과로 아틀라스는 하늘을 떠받드는
벌을 받게 된다. 아틀라스가 들고 있는 것은 지구가 아니라, 둥근 모습으로 형상화
된 하늘이고 거기 새겨진 그림들은 별자리다. 특히 아르고호가 크게 보인다.
〈파르네세 아틀라스Farnese Atlas〉, 헬레니즘 작품을 2세기에 모사한 복사본, 나폴
리, 나폴리 국립고고학박물관Museo Archeologico Nazionale. ⓒ Lalupa

스뿐이다. 아틀라스의 형제들은 특히 제우스의 미움을 많이 받는 것으로 되어 있는데, 프로메테우스와 그의 형제 에피메테우스가 그렇고, 또 제우스의 벼락에 죽은 메노이티오스가 그렇다. 아마도 이들의 아버지인 이아페토스가 올림포스 신들과 맞서 싸웠을 법한데, 확실한 언급이 없으니 그저 그랬으리라고 짐작할 뿐이다. 사실 『신들의 계보』에 이름이 나오는 여러 티탄들은 대개 올림포스 신들과 가까운 관계여서 과연 누가 그들과 싸웠을지 궁금할 지경이다. 여기서 중요한 것은 두 세대 간에 전쟁이 있었다는 점이지, 그 전쟁의 주체가 구체적으로 누구였는지는 아닌 듯하다.

사실은 이 전쟁 후에 벌을 받았다는 아틀라스도, '우라노스의 자식들'을 가리키는 좁은 의미의 티탄은 아니다. 그렇다면 티탄과의 전쟁은 세대 간의 전쟁이 아니라, 크로노스의 자식들인 올림포스 신들과 다른 티탄의 후손들 사이의, 또는 올림포스 신들과 다른 모든 신적 존재들 사이의 전쟁이 된다. 스튁스가 제우스 진영에 가담한 것도 이런 해석을 지지한다. 스튁스는 좁은 의미의 티탄인 오케아노스에게서 태어났기 때문이다.

튀폰과의 전쟁

제우스가 통치권을 확립하는 과정에서 가장 무서운 적은 튀폰이었다 (『신들의 계보』에는 튀폰과 튀포에우스, 두 이름이 다 쓰이고 있다). 그는 머리가 하늘의 별들에 부딪칠 정도로 덩치가 크고, 그의 어깨에는 100개의 뱀 머리가 돋아나 있으며, 눈에서는 불이 번쩍이는 것으로 되어 있다. 보통 도기 그림에는 두 다리가 뱀 모양으로 그려져 있다. 어찌 보면, 그

제우스가 날개와 뱀 다리를 가진 튀폰과 싸우고 있다.
기원전 약 540-530년, 도기, 높이 46cm, 뮌헨, 국립고대미술박물관.

가 불을 뿜을 수 있었다고 해석할 만한 구절도 나오는데, 정말 그런지
는 불분명하다.

　이 괴물은 올림포스 신들이 티탄족들을 몰아낸 후에, 가이아가 타르
타로스와 결합해서 낳은 것으로 되어 있다. 조금 전에 가이아가 올림포
스 신들을 도와 중요한 충고를 한 것으로 나와서 조금 혼란스러울지 모
른다. 하지만 가이아는 늘 세대교체를 찬성하는 쪽에 속해 있으며, 또
한 그 속을 알 수 없는 무서운 존재로 되어 있으니 그리 놀랄 일도 아

니다. 『호메로스의 찬가』 중 하나인 「아폴론 찬가」에 따르면 튀폰은 헤라가 혼자서 낳은 것으로 되어 있기도 한데, 이런 판본을 모두 다 비교해 보거나 기억할 수는 없다. 그냥 튀폰은 가이아의 자식이라고 알아 두면 될 것이다.

한편, 『신들의 계보』에는 별 탈 없이 제우스가 튀폰을 제압하는 것으로 되어 있지만, 아폴로도로스의 『도서관』에는 제우스가 처음에 상당히 고전하는 것으로 되어 있다. 처음에 튀폰에게 상처를 입히고는 안심하고 다가갔다가, 오히려 그에게 붙잡혀서 온 몸의 건腱이 끊기고 동굴에 갇히게 된 것이다. 하지만 헤르메스가 그 끊긴 건을 훔쳐 내어 다시 제우스에게 붙여 주었고, 제우스는 말하자면 2차전에서 튀폰을 제압한 것으로 되어 있다. 결국 튀폰은 엄청난 산 밑에 묻히게 되는데, 그 묻힌 곳은 보통 시칠리아의 아이트나Aitna 산으로 되어 있다. 예부터 지금까지 활발한 분화를 계속하고 있는 이 화산은 튀폰에게서 에너지를 공급받고 있는 셈이다(튀폰이 아이트나 산 밑에 묻혔다는 것은 아폴로도로스를 좇은 것이다. 우리가 지금 대체로 따라가고 있는 『신들의 계보』를 근거로 삼는다면, 그 산이 아이트나라고 확언하긴 어렵다. 튀폰이 쓰러지는 장면에 '아이드네'라는 지명 혹은 형용사가 나오지만, 이것이 정말 아이트나를 가리키는 것인지 의문이 있다. 또한 튀폰은 최종적으로 타르타로스에 던져진 걸로 되어 있기 때문이다).

한편 아폴로도로스에 따르면, 처음에는 튀폰의 위세가 너무 무섭고 위협적이어서 모든 신들이 짐승 모습으로 꾸미고 도망쳤다 하는데, 제우스는 이때 숫양의 모습을 취했다고 한다. 그래서 이집트의 오아시스에서는 실제로 숫양의 모습을 한 제우스도 섬겨졌다. 나중에 알렉산드로스 대왕이, 자신이 이 '암몬 제우스Ammon Zeus'의 아들이라는 신탁을

왼쪽 : 알렉산드로스 대왕이 스스로를 암몬 제우스의 아들로 선전하기 위해 주화에 자신의 모습을 숫양 뿔을
단 모습으로 표현했다.
기원전 323–281년, 코르푸, 알파뱅크 화폐박물관Alpha Bank Numismatic Museum.
오른쪽 : 미켈란젤로가 만든 〈모세〉에도 숫양 뿔이 달려 있다.
미켈란젤로 부오나로티Michelangelo Buonarroti, 〈모세〉 부분, 약 1513–1515년, 대리석, 높이 235cm, 로마, 산
피에트로 인 빈콜리 성당San Pietro in Vincoli.

받고서, 그것을 선전하기 위해 주화에 자기 초상을 머리에 숫양 뿔이
돋은 모습으로 새기게 했단다. 미켈란젤로가 만든 〈모세〉 상에도 머리
에 뿔이 돋은 것으로 되어 있는데, 이것 역시 도상적으로 알렉산드로
스의 초상에서 일부 영향을 받은 것으로 알려져 있다.

제우스에 의해 제압된 후에 튀폰은 세상의 여러 바람들을 제공하는
존재가 되었다고 한다. 여름철이면 동아시아에 찾아오는 태풍의 로마자
표기가 'typhoon'이 된 데도 튀폰 이름의 영향이 크다고 한다.

거인들과 알로아다이

헤시오도스는 그저 암시만 하고 지나갔지만 다른 문헌들에 전해지는 신들의 전쟁이 있다. 우선 앞에 조금 소개했던 거인과의 전쟁이다. 앞에서는 우라노스의 피가 땅에 떨어져 거기서 거인들이 태어났다고 했지만, 대개는 그들을 낳은 어머니가 가이아라는 점이 강조된다. 이들은, 테바이 조상들이 그랬던 것처럼, 태어날 때부터 무장을 하고 있었던 것으로 알려져 있다. 후대에는 무장도 없고 다리도 인간의 것이 아니라 뱀으로 그려지지만, 고전기에는 그냥 무장한 인간들처럼 표현되는 게 관행이었다.

전투가 벌어진 곳은 플레그라Phlegra 벌판이다. 같은 이름을 가진 곳이 여럿이어서 정확히 어디라고 꼭 찍어 말할 수는 없지만 대개는 희랍 북부 트라케 지역의 벌판을 가리키는 것으로 보고 있다. 하지만 이탈리아의 베수비오(베수비우스) 화산 근처에도 이 이름을 가진 벌판이 있어서, 그 지역 정착자들이 일찍부터 이 유명한 전쟁 이야기를 자기 땅에 수용하고자 했다. 가이아는 자기 자식들을 돕기 위해 마법적인 힘이 있는 약초를 돋아나게 했지만, 제우스가 먼저 그것을 차지했다고 한다. 이 싸움에는 헤라클레스가 참여하여 공을 세운 것으로 알려져 있다. 패배한 거인들은 여기저기 산 밑에 깔렸다고 하는데, 대개는 화산들이다. 그들 중 엥켈라도스Enkelados라는 거인은 시칠리아에 묻힌 것으로 되어 있어서, 거기에 튀폰이 묻혔다는 이야기와 충돌한다. 둘 중 어느 쪽이 맞다고 할 수 없으니, 그저 옛사람들이 화산 밑에는 어떤 거대한 괴물이 묻혀 있다고 생각했다는 점만 기억하면 될 것이다.

흔히 거인들과 혼동되지만 다른 부류에 속하는 거대한 존재들이 있

거인과의 전쟁을 다룬 두 작품. 위는 거인을 무장한 인간 모습으로 표현한 반면에 아래는 거인의 다리를 뱀 꼬리로 나타내고 있다.

위 : 왼쪽 위에서 아레스와 디오스쿠로이가 오른쪽 아래에서 맞서는 거인들과 싸우고 있다. 기원전 약 400년, 도기, 아테나이, 아테나이 국립고고학박물관National Archaeological Museum.

아래 : 왼쪽에서 아테네 여신이 오른쪽에 있는 거인들을 공격하고 있다. 〈거인과의 전쟁〉, 기원전 2세기, 대리석, 이스탄불, 이스탄불 고고학박물관Istanbul Archaeology Museums.

거인들이 바위를 쌓아 올림포스로 올라가려 하고 있다.
주세페 체사리Giuseppe Cesari, 〈올림포스 산을 습격하는 거인들Giants Storming Olympus〉, 1620–1625년,
캔버스에 유채, 77.5×62.5cm.

다. 이들도 신들을 공격하려 했다는 이야기가 있으니 여기서 같이 살펴
보자. 이들은 보통 알로아다이Aloadai라고 불리는 형제로서, 개인 이름은
오토스Otos와 에피알테스Ephialtes다. 원래 포세이돈의 자식들이지만, 그
들의 어머니가 알로에우스의 아내이기 때문에 알로아다이('알로에우스의
자식들')라는 이름을 얻어 가졌다(신들에게 도전한 다른 존재들은 모두 가이
아의 자식인데, 이들만 인간 여성이 낳은 것으로 되어 있어서 특이하다 할 수 있
지만, 그들의 어머니 이피메데이아Iphimedeia['강력한 여왕']가 이름 뜻으로 보아 사
실은 땅의 여신이라는 해석도 있다. 그렇다면 결국 이들도 가이아의 자식이 변형
된 것이라 보아야 할 것이다).

『오뒷세이아』에 따르면 이들은 날마다 엄청난 비율로 자라나서, 결국
하늘의 신들을 공격하려고 산 위에 다른 산을 쌓다가 아폴론의 화살에
죽었다고 한다. 한편 『일리아스』는, 그들이 전쟁의 신 아레스를 청동 항
아리에 가두어서 거의 죽게 만들었는데, 헤르메스가 아레스를 구해 주
었다는 이야기를 전한다. 이 이야기는 튀폰에게 잡힌 제우스 이야기와
비슷한데, 이런 식으로 이야기들이 서로 섞이기 마련이어서, 알로아다이
가 산을 쌓아 하늘에 올라가려 한 일이 거인들의 짓으로 변하기도 한다.

이런 거대한 존재들은 쉽게 죽일 수 없기 때문에, 흔히 스스로 죽게
하는 방법이 쓰인다. 아르테미스가 사슴을 그들 사이로 뛰어들게 해서
그들이 그것을 겨냥해서 날린 무기에 서로 맞아 죽었다는 이야기도 전
해진다.

판도라와 프로메테우스
앞서 말했듯 희랍 신화에서 인간의 탄생에 대한 설명은 매우 드물다.

하지만 인간들이 왜 이렇게 어렵게 살게 되었는지에 대한 설명은 꽤 자세히 되어 있다.

그 설명 방식은 2가지인데, 하나는 '판도라의 상자'로 알려진 판본이다.

처음에는 신들과 인간들이 섞여 살았던 것으로 되어 있다. 하지만 어떤 계기에 신들과 인간들이 서로 몫을 나누게 되었는데, 이때 인간을 돕는 존재인 프로메테우스가 속임수를 썼단다. 한쪽에는 아주 좋은 고기를 내장 따위로 싸서 별로 좋지 않은 것처럼 보이게 만들어 놓고, 다른 쪽에는 쓸모없는 뼈들을 좋은 기름으로 싸서 아주 좋은 것인 양 보이게 해 놓은 후, 제우스에게 아무 쪽이나 먼저 선택하게 했다는 것이다. 제우스는 기름에 싼 뼈를 선택했고, 나중에야 속은 것을 알고 분노하여 불을 숨겨 버렸단다. 하지만 프로메테우스는 불마저 훔쳐다가 인간에게 주었고, 그래서 제우스가 다시 생각해 낸 보복책이 여자를 만드는 것이었다(이전까지는 남자들만 있었다).

여기에 등장한 프로메테우스의 속임수는 사실은 '원인설화' 중 하나다. 예전부터 신들에게 기름에 싼 뼈를 태워 바치는 관습이 있었는데, 그 이유를 여기서 설명하는 것이다. 하지만 원래 그 관행은 뼈에 생명이 깃들여 있다는 믿음, 뼈를 신에게 바치면 죽은 생명이 부활할 수 있다는 믿음에서 나온 것으로 보인다.

이런 믿음과 관련된 일화로, 미르치아 엘리아데Mircea Eliade가 『샤머니즘』(국내에는 『샤마니즘』이란 제목으로 출간되었다)이라는 책에서 소개한 것은 다음과 같다. 어떤 샤먼이 궁벽한 지방을 말을 타고 여행하다가, 먹을 것이 없어서 자기 말을 잡아서 원주민들과 나눠 먹었단다. 다 먹고 나서 뼈를 모아 가죽으로 싸서 주문을 외자 다시 말이 되었는데, 그 말

자신이 창조한 피조물인 인간에게 불을 가져다주는 프로메테우스.
장시몽 베르텔레미Jean-Simon Berthélemy, 장밥티스트 모제스Jean-Baptiste Mauzaisse, 〈프로메테우스가 만든 인간 앞에 나타난 미네르바[아테네]L'Homme formé par Prométhée et animé par Minerve〉, 1802-1826년, 파리, 루브르 박물관.

이 다리를 절더란다. 알아보니 원주민 중 한 사람이 멋모르고 다리뼈를 쪼개서 골수를 빼 먹었기 때문이었단다. 한편 이와 비슷한 이야기가 구약성경에도 나오는데, 에스겔이라는 선지자가 본 환상이 그것이다. 메마른 골짜기에 사람 뼈가 쌓여 있다가, 그것들이 모여서 골격을 이루고 거기에 살이 입혀진 후, 마침내 살아 있는 군대로 변했다는 내용이다.

한데 여자가 만들어지는 과정에 대해서도 2가지 판본이 있다.

헤시오도스가 쓴 서사시 중, 먼저 나온 것으로 보이는 『신들의 계보』에는 약간 단순한 판본이 나온다. 여기서는 여자에게 특별한 이름이 주어져 있지 않으며, 그녀가 단지('판도라의 상자')를 가져오는 것도 아니어서 그냥 여성 자체가 재앙으로 되어 있다. 제우스는 헤파이스토스를 시켜서 진흙으로 여자를 만들게 했고, 아테네 여신은 그녀를 치장해 준다. 그녀에게 특별히 마법적인 매력을 부여했다고 나와 있지는 않지만, 그녀가 갖춘 사랑스런 화환이나 황금의 머리띠에 그런 매력이 포함되어 있지 않나 싶다. 신들이 그녀를 보고 모두 경탄했기 때문이다. 그녀가 인간들에게 재앙이 되는 것은, 수벌이 일은 하지 않고 꿀만 축내듯 집안에서 식량만 축내기 때문이란다. 그래도 결혼을 통하여 노년에 돌봐 줄 후손을 얻을 수 있으니, 좋은 아내를 얻으면 적어도 복과 고통이 섞인 상태는 된다고 했다(고대 사회에서 여성 혐오는 거의 보편적인 것이었다. 수렵채집 경제에서 농업 경제로 바뀌면서 여성이 바깥일을 하지 않게 된 상황이 반영된 듯하다).

『신들의 계보』는 제우스의 통치를 정당화하고 있기 때문에, 프로메테우스의 속임수가 완전히 통하지는 않은 것처럼, 즉 제우스가 알고도 속아 준 것처럼 되어 있다. 여자가 만들어진 사연은 그 이야기를 완결짓기 위해 하는 것인 듯, 약간 부차적으로 덧붙여져 있다. 반면 헤시오도스의 다른 서사시 『일들과 날들』에는 같은 이야기가, 어쩌다가 인간이 불행한 삶을 살게 되었는지에 대한 설명으로 나오기 때문에 좀 더 강한 판본으로 등장한다.

거기서도 제우스의 명에 따라 여성을 만드는 것은 헤파이스토스지만, 여러 신들이 모여 이 여성에게 선물을 주는 것으로 되어 있다. 그래서 그녀의 이름이 판도라Pandora가 되었다는 것이다(희랍어로 '판pan'은 '모든'이란 뜻이고, '도론doron'은 '선물'이란 뜻이다. 하지만 일부 학자들은 판도라가 원래는 땅의 여신으로서 '모든 선물을 주는 자'란 뜻이었으리라고 해석한다). 신들이 그녀에게 준 그 선물이란 것이 남자의 마음을 호리면서 교활한 짓을 꾸미는 성품인 까닭에, 이 판본에서도 여성이 그 자체로 '사랑스런 재앙'이라는 것은 변함이 없다. 전에 비해 좀 더 강해진 내용은, 여기에 더하여 단지가 주어졌다는 점이다. 이 단지에는 온갖 질병과 불행, 고통이 가득했는데, 판도라가 이 단지를 열어서 거기서 그것들이 쏟아져 나왔고 그 후로 인간들은 괴로운 삶을 살게 되었다는 것이다.

보통 알려진 판본에는 신들이 판도라에게 절대로 상자를 열지 말라고 했는데, 판도라가 호기심을 못 이겨 연 것으로 되어 있다. 하지만 이런 이야기는, 로마 시대 작가인 루키우스 아풀레이우스Lucius Apuleius의 『변신 이야기Metamorphoses』(또는 『황금 당나귀』)에 나오는 프쉬케와 혼동되어 생긴 것이다(유럽에서 가장 똑똑한 사람으로 소문났던 에라스무스가 잘못 말한 것을 사람들이 모두 그대로 따라서 이렇게 되어 버렸단다. 미술사학자 에르빈 파노프스키Erwin Panofsky가 밝혀낸 사실이다). 프쉬케는 아프로디테의 명을 받아 저승에 가서 '아름다움'이 담긴 상자를 가져오다가, 호기심에 못 이겨 그것을 열어 보았던 것이다.

그러나 헤시오도스의 작품에서 판도라의 호기심은 전혀 거론되지 않는다. '열어 보지 말라'는 주의는커녕, 신들이 단지를 주어 보냈다는 말조차 나오지 않는 것이다. 판도라가 왜 그것을 열었는지, 그 안에 아직도 남아 있다는 희망이 좋은 것인지, 아니면 다른 나쁜 것들과 함께 있었으니 그것도 나쁜 것인지, 또 그것이 거기 남아 있으니 이 세상에 희망이 있다는 것인지, 아니면 나오기 전에 뚜껑이 닫혔으니 이 세상에는 희망이 없다는 것인지 모두 분명하지 않다.

왼쪽 : 흔히 알려진 대로, 판도라가 호기심에 못 이겨 신들의 명을 어기고 상자를 열었다는 판본을 따른 그림이다.
존 윌리엄 워터하우스John William Waterhouse, 〈판도라Pandora〉, 1896년, 캔버스에 유채, 152×91cm, 개인 소장.
오른쪽 : 프쉬케는 정말로 호기심 때문에 상자를 열어 본 것으로 알려져 있다.
존 윌리엄 워터하우스, 〈황금 상자를 여는 프쉬케Psyche Opening the Golden Box〉, 1903년, 캔버스에 유채, 117×74cm, 개인 소장.

제우스는 인간을 도와준 프로메테우스에게 형벌을 가한다. 독수리 뒤에 쓰러져 있는 사람 모습의 조각상은,
프로메테우스가 인간을 만들다가 중단했음을 보여 준다.
야코프 요르단스Jacob Jordaens, 〈묶여 있는 프로메테우스Der gefesselte Prometheus〉, 1640년, 쾰른, 발라프
리하르츠 미술관Wallraf-Richartz-Museum.

또 하나 기이한 것은 판도라를 받아들인 것이 프로메테우스의 형제인 에피메테우스라는 점이다. 에피메테우스라는 이름 뜻을 '나중에 생각하는 자'라고 볼 수도 있으니, 그가 이런 어리석은 짓을 하는 것도 이해가 된다. 하지만 에피메테우스는 티탄의 자손인데, 그가 한 행동 때문에 왜 인류가 괴로움을 당하는지에 대해서는 아무런 설명도 없다. 다만 프로메테우스가 인간들을 특별히 챙겨 주고 있으니, 그의 형제 에피메테우스도 인간들과 함께 살고 있었다고 볼 수는 있겠다(여기서 그는 인간들의 대표처럼 되어 있는데, 이는 구약성경에서 아담과 그의 아내가 잘못해서 인류 전체가 벌을 받게 되었다는 이야기와도 비슷하다).

제우스는 여자를 만들어서 인간들에게 보복한 후에도 분이 풀리지 않아서, 프로메테우스를 절벽에 묶어 놓았다고 한다. 그뿐 아니라 매일, 또는 하루걸러 한 번씩, 독수리가 날아와 그의 간을 파먹도록 만들었다. 프로메테우스의 이러한 고통은 헤라클레스가 와서 독수리를 죽이고 그를 풀어 줄 때까지 계속된다.

인간의 다섯 시대

인간들이 왜 괴로운 삶을 살게 되었는지에 대해서는 인간의 다섯 시대 이야기로 설명된다. 인간들에게 처음에 황금시대가 있었고, 그다음엔 은시대, 청동시대, 영웅시대, 마지막으로 철시대가 이어지는데, 우리가 사는 시대가 바로 철시대라는 것이다. 이는 일종의 '퇴행사관'으로, 인간들의 종족이 점차로 질이 떨어져 가고 그들의 생활 환경과 행복 정도도 점차 악화된다는 것이다.

황금시대에는 인간들이 모두 체격도 좋고 심성도 뛰어났으며, 늙지도 않고 늘 건강하고 젊은 상태를 유지하다가 죽을 때는 잠드는 것같이 고통 없이 떠났다. 일을 하지 않아도 자연이 알아서 먹을 것을 산출했기 때문에, 사람들은 아무 걱정 없이 수고도 곤궁함도 없이 살았다. 이들이 모두 소멸하자, 신들은 은시대를 열었다. 이 시대 사람들은 체격도 심성도 이전 사람들만 못했고, 매우 어리석었지만 그래도 꽤 장수했는지 유년기가 100년이나 지속되었단다. 하지만 성년이 되면 그다지 오래 살지 못했다고 한다. 이들은 서로를 해치며 신들도 섬기지 않아서 신들이 소멸시킨 것으로 되어 있다. 세 번째 종족은 청동시대 인간들로 물푸레나무에서 나왔다고 한다. 이들은 집도 청동으로 짓고, 농기구도 청동으로 만들었다고 하는데, 매우 강한 체격과 힘을 갖추고는 있지만, 그 능력을 서로 싸우는 데 사용하여 자멸하고 말았다. 그다음은 영웅시대다. 이들은 앞 시대 사람들보다 더 정의롭고 자질이 훌륭했다. 하지만 이들도 두 번의 전쟁, 즉 테바이 전쟁과 트로이아 전쟁에서 모두 죽은 것으로 되어 있다(호메로스의 『일리아스』와 『오뒷세이아』에 보면, 유명한 인물 중 트로이아에서 죽은 사람이 사실 그리 많지 않다. 그러니 두 서사시 시인이 전해 주는 이야기가 서로 아주 잘 맞아떨어지는 것은 아니다).

그다음이 철시대인데, 우리 시대의 온갖 나쁜 점만 모아 놓으면 헤시오도스의 묘사와 비슷해진다. 즉, 폭력과 기만, 불의, 약탈이 판치는 시대다. 헤시오도스는 자신이 그 시대 전이나 후에 태어났으면 하고 기원하고 있는데, 그가 자기 시대를 철시대라고 여기는 것인지 아닌지는 학자들 사이에 논란이 있다. 그리고 철시대가 지나가면 다시 황금시대가 도래하는 것인지에 대해서도 논란이 있다. 베르길리우스의 『선집Eclogae』 네 번째 노래에는 "한 소년이 태어나고 황금시대가 다시 돌아오리라"는 구절이 있어서, 이것이 그리스도의 탄생을 예언한 것이라는 해석이 있어 왔다. 이것도 헤시오도스의 시대 구분과 그 시대들의 순환성 논란과 연관이 있다.

이와 같이 서로 가치가 다른 금속들의 이름으로써 시대를 구별하는 관행은 근동에도 있는 것으로 구약성경 「다니엘서」에서도 비슷한 사례를 찾아볼 수 있다. 옛 이스라엘 사람들이 바벨론에 끌려가 종살이를 하는데, 다니엘은 특별히 발탁되어 해몽가로 왕에게 봉사하고 있었다. 한데 왕이 어느 날 기이한 꿈을 꾸었는데, 아침이 되자 꿈 내용이 생각나지 않았다. 그는 해몽가들을 모두 모아 놓고, 그 꿈이 무엇인지 맞히고 그에 대한 해석을 내놓지 않으면 모두 죽이겠노라고 위협했다. 꿈풀이꾼들이 모두 죽게 된 상황에서, 다니엘이 하느님의 영감으로 그 꿈이 무엇인지 알아냈고 의미를 해석했다. 왕이 꿈에 본 것은 거대한 신상으로, 머리는 황금, 가슴은 은, 배는 청동, 다리는 철, 발가락은 흙으로 되어 있었다. 이에 머리는 당시의 왕인 느부갓네살Nebuchadnezzar의 시대, 그 아래는 그 이후의 시대를 상징한다는 것이다.

한편 이와 비슷한 이야기가 단테의 『신곡』에도 나온다. 베르길리우스의 안내를 받아 지옥을 통과하던 단테가 저승에 여러 개의 강이 있는 것을 보고, 그 강들이 다 어디서 오는 것인지 묻는다. 베르길리우스는, 크레테에 큰 노인 상이 있는데, 머리는 금, 가슴은 은, 배는 청동, 다리는 철로 되어 있는데, 그것이 갈라져 틈이 나 있고, 그 사이로 눈물이 흘러 들어 저승의 강이 되었노라고, 이 강들은 사실은 같은 강의 상류와 하류라고 설명한다.

헤시오도스의 다섯 시대 이야기로 돌아가서, 어떤 사람들은 청동시

황금시대는 기후가 온화해서 옷을 입을 필요가 없고, 먹을 것이 저절로 자라기 때문에 일할 필요도 없다. 맹수들이 곁에 있지만 해를 끼치지 않는다. 맨 앞의 연못은 젊음의 샘으로 보인다. 어린아이들은 태어나 있지 않다. 전체를 담장이 둘러싸고 있는 것은 안전한 분위기를 조성하면서, 동시에 이 시대가 저 멀리 그려진, 현재 인간들의 시대와는 완전히 다른 차원에 있음을 암시한다.

루카스 크라나흐 1세Lucas Cranach der Ältere, 〈황금시대Das goldene Zeitalter〉, 약 1530년, 나무에 유채, 75×105cm, 오슬로, 국립미술관Nasjonalmuseet.

대 인간들은 아예 청동으로 되어 있었다고 해석하기도 한다. 그래서 나중에 이아손과 메데이아 이야기에 등장하는 청동인간 탈로스가 이 시대의 마지막 생존자라는 것이다. 하지만 헤시오도스는 각 시대 사람이 그 금속으로 이루어져 있다고 하지 않고, '황금의' 인간, '은의' 인간 하는 식으로 금속 이름이 들어간 형용사를 사용하고 있다. 이는 재료가 아니라, 그 시대와 인간들의 가치를 나타내는 것으로 보아야 할 것이다. 철시대에 사는 우리가 철로 되어 있지 않으니, 다른 시대의 인간들도 금속으로 이루어지지는 않았다고 보는 게 타당하다.

이 다섯 시대 중 영웅시대는 그 전 시대보다 조금 나은 인간들이 살던 시대인데, 이 시대는 전통적인 4개의 시대 속에 헤시오도스가 만들어 끼워 넣은 것으로 보인다. 전체적으로 퇴행하는 흐름에 맞지 않게 전 시대보다 나아지는 데다가, 이름부터 금속을 따르지 않았다. 이것은 헤시오도스 전통이 그 이전부터 있던 다른 전통, 즉 호메로스 전통을 받아들인 결과로 보인다. 즉 이전에 살았다는 영웅들의 시대를 어딘가에 넣어야 한다는 일종의 압박을 느꼈으리란 말이다.

앞에서 이미 이 이야기가 '판도라의 상자'와 서로 대안적 관계에 있다고 말했는데, 두 이야기를 서로 맞춰 보자면 사실 잘 들어맞지 않는다. 예를 들면 이런 문제가 있다. 프로메테우스가 불을 훔치고, 곧이어 판도라가 나타나서 단지를 열어 인간들이 불행해진 사건은 어떤 시대에 있었던 일인가? 억지로 맞추자면, 인간들의 삶이 급격하게 불행해진 청동시대 초반이라고 해야 할 것이다. 하지만 헤시오도스에 따르면, 청동시대 인간들은 곡식도 먹지 않았다고 하니 적어도 굶주림은 없었을 것이고, 전쟁에 몰두하긴 했지만 도덕적인 악은 없었던 것 같으니 거기 넣기도 이상하다. 더구나 그다음의 영웅시대가 그리 나쁜 세상 같지 않으니 그 시대 초반에 넣기도 곤란하다. 그러면 철시대 직전에 판도라를 넣어야 할까? 하지만 프로메테우스, 에피메테우스 같은 신적 존재들이 관련된 사건을, 신들의 자식이긴 하지만 그래도 인간들이 활동하는 영웅시대 다음에 넣는 것도 이상하다. 결국 다섯 시대 이야기와 판도라 사건은 서로 잘 맞지 않는 것이다. 서로 다른 데서 발생한 2가지 이야기를 헤시오도스가 나란히 소개한 데서 생긴 어색한 면이다(하지만 이두 이야기 모두 어떤 진실을 전해 주는 듯하다. 인간의 삶이 고달프게 변해 간 것이 기후 격변, 농업의 정착, 다양한 금속의 사용과 때를 같이했다는 점에서다).

올림포스의 신들 1

앞에서 우리는 세계가 어떻게 생겨났고, 전에 어떤 신들의 세계가 펼쳐졌는지, 올림포스의 신들은 어떤 과정을 거쳐 패권을 차지했는지, 인간들은 어쩌다가 불행하게 되었는지 살펴보았다. 이제부터는 안정된 통치를 하게 된 올림포스의 신들이 어떤 존재들인지, 그들과 관련된 이야기들은 어떤 것이 있는지 알아보자.

통속적인 신화책들은 이 12신에서부터 이야기를 시작하고, 그들 사이에 역할 분담이 철저히까지는 아니라도 상당히 엄격하게 되어 있는 듯이 다룬다. 하지만 사실 이것은 신화를 이해하기 쉬우라고 나중 사람들이 분류해 놓은 것이지, 신화의 원전들을 보면 그런 역할 분담이 있는지 어떤지 확연하게 눈에 들어오지는 않는다. 그냥 여러 가지 일화들을 보면 특정 신이 이런저런 계기에 등장하거나, 이러저러한 것을 원할 때면 어떤 특정 신에게 기도를 드리기 때문에 나중에 그런 역할 분담이 있는 듯 정리되었을 뿐이다. 여기서 나는 이 12신의 역할을 강조할 생각이 없으며, 오히려 중점을 둬서 이야기하려는 것은 이들이 관련된 '연애 사건'이다. 이런 이야기들은 자주 서양의 문학과 그림, 조각, 음악의 소재가 되었기 때문에, 서양의 문화 산물들을 이해하기 위하여 이를 잘 알아 두는 게 좋다.

올륌포스의 12신으로 통칭되는 이들은 두 세대로 이루어져 있다. 절반은 부모 세대에 속하고, 절반은 제우스의 자식들로서 그다음 세대에 속하는 것이다. 우선 부모 세대의 제일 우두머리라고 할 수 있는 제우스에서 시작하되, 서로 짝이 되는 신을 이어서 소개하겠다.

올륌포스 12신

부모 세대(4신)	자식 세대(8신)
제우스, 헤라, 포세이돈, 데메테르	아폴론, 아르테미스, 아테네, 헤파이스토스, 아프로디테, 아레스, 헤르메스, 디오뉘소스

제우스

우라노스를 몰아내는 데 가장 큰 공을 세운 크로노스가 한때 패권을 차지했듯, 다음 세대에 패권을 차지한 존재는 크로노스와 티탄들을 몰아내는 데 가장 큰 공을 세운 제우스Zeus[윱피테르Juppiter]였다. 이 신은 원래 인도-유럽족의 하늘 신이었고, 그의 이름과 같은 근원을 가진 라틴어의 윱피테르에서 드러나듯, 가부장家父長의 신이었다(Iuppiter라는 이름에는 아예 '아버지pater'라는 말이 들어 있다). 따라서 그가 신들 세계의 최고 권력자인 것은 당연하다.

그런데 이 신은 희랍 땅에 도입되면서, 근동 신화 체계의 영향을 받

제우스가 자신을 상징하는 무기인 벼락을 손에 쥐고 있다.
작가 미상, 〈스미르나의 윱피테르[제우스]Jupiter de Smyrne〉, 약 250년, 대리석, 높이 234cm, 파리, 루브르 박물관.

아 날씨의 신 기능까지 떠맡게 되었다. 그래서 그에게는 구름을 모으고 비를 내리는 권능이 부여되었으며, 그의 무기들 역시 비, 구름과 연관된 것으로 되어 있다. 도상적으로 제우스는 벼락을 손에 쥐고 있거나, 그 것을 던지는 모습을 취하고 있다. 옛사람들은 실제로 제우스가 일종의 창을 던졌다고 믿었을 수도 있다. 벼락이 땅에 떨어질 때 땅속의 모래 성분이 녹았다가 다시 굳어지면서 나뭇가지 모양의 유리 줄기가 생기 는 경우도 있기 때문이다. 이를 섬전암fulgurite이라 한다.

실제 종교에서는 제우스에게 이 밖에도 여러 가지 다른 기능들을 부 여하고 있었지만, 신화에서 중요한 것은 '손님을 보호하는(크세니오스 Xenios) 제우스' 정도다. 제우스의 이 역할은 트로이아 전쟁의 결과와 관 련되어 있다. 이 기능은, 아직 법이 제대로 정리되지 않았던 옛날, 고향 을 떠나 여행하는 것이 항상 위험스럽던 시절에, 한 번 친분 관계를 맺 은 사이에는 어떤 범죄 행위도 해서는 안 된다는 일종의 불문율과 연 관이 있다. 파리스는 메넬라오스의 집에 가서 손님 접대를 받고 그의 친구가 되었으나, 그 친구가 집을 비운 사이에 그의 아내를 데리고 도 망쳤다. 따라서 이 '납치 사건'에서 촉발된 트로이아 전쟁에서는 처음에 잘못을 저지른 파리스의 편이 질 수밖에 없게 되어 있었다. 바로 '손님 을 보호하는 제우스'께서 그렇게 보복하시기 때문이다.

제우스와 관련된 여러 이야기들은 보통 그가 어떤 여신, 또는 여인 을 어떻게 취하여 자식을 낳았는지 하는 식이다. 이런 이야기들은 주 로, 헤시오도스의 작품이었다고 전해지지만 작품 자체는 제대로 남아 있지 않는 『여인들의 목록Gynaikon Katalogos』과, 『호메로스의 찬가Homerikoi hymnoi』, 그리고 오비디우스의 『변신 이야기』를 통해 전해진다.

제우스의 딸, 아테네의 탄생

제우스의 짝들 중에서 인간 여성들 말고 우선 여신들부터 보자. 제우스는 자신의 정식 부인이 되는 헤라 이전에도 여러 여신들과 관계하여 여러 자식들을 낳은 것으로 되어 있다. 그중에 가장 유명한 사건은 아테네Athene[미네르바Minerva]의 탄생과 관련된 것이다. 원래 아테네의 어머니가 될 여신은 메티스Metis(지혜)였다. 그녀는 제우스가 크로노스의 배 속에서 형제들을 구해 낼 수 있도록 계략(또는 토하게 하는 약)을 제공했다고 한다. 그런데 메티스가 아기를 가졌을 때, 제우스는 메티스가 낳는 두 번째 아이가 아버지를 능가하리라는 것을 알게 되었다. 그래서 그는 메티스를 그대로 삼켜 버렸고, 이후로 물리적으로 배 속에 지혜를 지닌 존재가 되었다(이 이야기는 제우스가 왜 지혜로운지를 설명해 주는 일종의 원인설화다). 고대 주석에 따르면 메티스는 오케아노스의 딸로서, 역시 바다 신인 네레우스의 딸 테티스처럼, 여러 모습으로 변할 수 있었다고 한다. 제우스는 아마도 그녀가 물로 변했을 때 삼킨 것으로 보이는데, 고대에는 '지혜의 물'이라는 개념이 있어서 지혜의 여신이 물로 변한다는 생각은 받아들이기 어렵지 않다.

하지만 자기 아버지 크로노스의 행동을 본받은 듯한 이 조치에서 얼마 지나고 나서 제우스는 머리가 깨질 듯 아파 오기 시작했다. 그래서 프로메테우스, 또는 헤파이스토스가 그의 머리를 도끼로 쪼갰고 거기서 완전무장을 한 채 고함을 지르며 튀어나온 것이 아테네 여신이었다. 그래서 아테네는 자신을 '어머니 없이 아버지에게서 태어난' 존재로 선언한다. 이것이 아이스퀼로스Aischylos의 『오레스테이아 3부작』 결말 부분에서 아테네 여신이 (아버지를 위해 어머니를 죽인) 오레스테스를 편

중앙에 약간 웅크린 모습으로 제우스가 그려져 있고, 그의 머리에서 완전무장한 여신 아테네가 튀어나오고 있다. 제우스 오른쪽에는 출산의 여신 에일레이튀이아와 아레스가, 왼쪽에는 나그네 모자를 쓴 헤르메스와 뤼라를 연주하는 아폴론이 그려져 있다.
〈아테네의 탄생The Birth of Athena〉, 기원전 약 540년, 도기, 보스턴, 보스턴 미술관Museum of Fine Arts.

드는 이유가 된다.

한편 헤라는 제우스가 여자 없이 혼자서 자식을 낳은 것을 보고, 이를 질투하여 자신도 혼자서 아이를 낳을 수 있음을 보이고자 자식을 낳았는데, 그가 헤파이스토스였다고 한다. 하지만 아이가 다리 불구인 것을 보고 하늘에서 땅으로 던져 버렸단다. 그 아이는 다행히, 나중에 아킬레우스의 어머니가 되는 바다의 여신 테티스에게 구조되어, 바다 속 동굴에서 기술을 익혔고, 멋진 의자를 만들어 어머니 헤라에게 선물로 보냈다. 하지만 그 아름다운 의자에는 잠금장치가 되어 있어서 거

어머니 헤라에게 버림받았던 헤파이스토스가 올림포스로 돌아오는 장면이다. 그림 왼쪽에는 표범 가죽을 두른 채 한 손에는 새끼 표범, 다른 손에는 술잔을 든 디오뉘소스가 그려져 있다. 중앙에 나귀를 탄 헤파이스토스는 다리가 불편하다는 것을 보이기 위해, 발이 뒤로 돌아간 것으로 표현되어 있다. 그 뒤에는 디오뉘소스 숭배자들이 뱀을 들고 뒤따르고 있다.
〈올림포스로 돌아오는 헤파이스토스Return of Hephaestus to Olympus〉, 기원전 약 525년, 빈, 빈 미술사박물관.

기 앉은 헤라는 일어날 수 없었다. 신들이 이 의자를 만든 괘씸한 녀석을 잡아 오도록 아레스를 파견했지만 그도 뜻을 이루지 못했단다. 결국 디오뉘소스 신이 술로써 헤파이스토스를 취하게 만들고, 아름다운 여성과 결혼시켜 주겠노라고 약속해서 그를 올림포스로 데려왔다. 헤파이스토스가 헤라를 풀어 준 후 그들은 서로 화해했고 이후 헤파이스토스도 올림포스에 살게 되었단다.

하지만 이 이야기는 헤파이스토스가 제우스의 머리를 쪼개서 아테네가 태어나도록 도와주었다는 판본과는 순서상 서로 맞지 않는다. 더

구나 헤시오도스에 따르면 헤라는 제우스의 일곱 번째 부인이었다고 하는데, 자신이 부인이 되기 훨씬 전의 일에 대해 질투하는 것은 좀 납득하기 어렵다(이와 같이 서로 상충하는 것이 신화들의 특징이다. 여러 다른 지역에서 동시발생적으로 모순적인 이야기들이 나오기 때문이다. 현재의 희랍 신화 체계는 이런 모순들이 상당히 조정된 결과다).

제우스의 부인들

제우스가 헤라와 고정된 짝이 되기 전에 그의 짝이었다는 여신들이 여럿 있다. 이들은 차례로, 메티스, 테미스, 에우뤼노메Eurynome, 데메테르, 므네모쉬네, 레토Leto인데, 메티스는 이미 이야기했고, 다른 여신들 중에서 앞으로의 이야기 진행을 위해 중요한 이는 데메테르와 레토뿐이다(이들에 대해서는 잠시 후에 따로 이야기하겠다). 다른 여신들은 제우스의 통치가 어떤 성격인지를 보여 주는 추상개념들이 인격화된 것이다. 테미스(법), 에우뤼노메(널리 다스림) 등이 그렇고, 그들의 자식들도 마찬가지로 이 세계의 질서와 제우스 통치의 결과를 보여 준다. 다만 므네모쉬네(기억)만은 통치보다는 시인의 지위와 연관이 있다. 그녀의 자식들인 무사Mousa 여신들이 시인들을 보살피기 때문이다. 헤시오도스는 자기 같은 시인들을 왕들과 대등하게 놓고 싶어서 무사 여신들의 어머니를 제우스의 아내로 만들었던 것 같다.

제우스의 짝들 중, 자신은 인간 여성이지만 그녀가 낳은 자식은 신으로 모셔진 경우가 이따금 있는데, 대표적인 사례가 레다Leda다. 제우스는 백조로 변하여 그녀에게 접근했으며, 그녀가 낳은 알에서 남자 쌍둥이, 여자 쌍둥이 도합 넷이 태어났다. 그중 쌍둥이 남자 형제가 신으로 섬겨진다. 보통 제우스의 젊은이들(디오스쿠로이Dioskouroi)이라고 불리는 카스토르Kastor와 폴뤼데우케스Polydeukes[라틴어식 이름은 폴룩스Pollux]가 그들이다. 이들은 이다스, 륀케우스 형제와 싸우다가 죽은 것으로 되어 있다. 그중에 제우스의 아들인 폴뤼데우케스는 이승을 떠나서도 하데스에 머물 필요가 없었지만, 형제인 카스토르와 함께하기를 원하여 둘 다 하루는 하데스에 하루는 천상에 머물게 되었다고 전해진다. 이들은 특히 스파르타에서 높이 섬겨져서, 스파르타인들의 일상적인 감탄사가 '두 신에 맹세코!'이다.

하지만 다른 판본에 의하면 이 둘은 모두 별자리(쌍둥이자리)가 되었거나, 아니면 둘 다 올림포스에 머물게 되었다 한다. 현실 종교에서 이들은 폭풍 속에서 뱃사람을 보호하는 역할을 하는 것으로 되어 있다. 흔히 폭풍이 칠 때 배의 돛대 끝에 생기는 빛(세인트 엘모St. Elmo의 빛)이 이들이 보내 주는 구원의 징조로 간주된다. 실제로는 전기적인 현상이지만, 현대에는 대개 비행기 조종실 유리창 앞에 어리는 빛으로 많이 나타난다. 그것을 유리관 안에 가둔 것이 네온사인이다.

제우스의 연인, 에우로페

제우스의 애정 행각 중에서 나중에 자세히 다룰 수 있는 것들은 뒤로 미뤄 놓고, 다른 데서 별로 이야기할 기회가 없는 것만 먼저 살펴보자.

인간 여성을 상대로 한 제우스의 사업 중 가장 먼저 이야기할 것은 에우로페Europe 납치 사건이다. 에우로페는 페니키아의 왕녀로서, 그녀의 아버지는 포이닉스Phoinix라고도 하고, 누구는 아게노르Agenor라고도 한다. 제우스는 그녀가 바닷가에 놀러 나갔을 때, 소로 변하여 접근해서

소로 변한 제우스가 에우로페를 납치하고 있다.
티치아노 베첼리오Tiziano Vecellio, 〈에우로페 납치The Rape of Europa〉, 1560–1562년, 캔버스에 유채, 178×
205cm, 보스턴, 이사벨라 스튜어트 가드너 미술관Isabella Stewart Gardner Museum.

는 등에 업고 달아났다고 한다. 그리고 그녀를 크레테로 데려갔는데, 거
기서 태어난 자식 중에 가장 유명한 이가 미노스Minos다. 우리는 그를
테세우스의 모험에서 다시 만나게 될 것이다. 이 이야기는 예로부터 예
술가들의 사랑을 받아서 수많은 도기 그림과 모자이크 등으로 남아 있

는데, 유럽Europe이라는 이름이 에우로페에게서 나온 것으로 되어 있기 때문에, 근래에는 유럽연합EU과 관련된 만평 따위에서도 자주 보인다. 크레테 관련 신화에는 유난히 소가 많이 등장한다. 실제로 크레테 벽화 중에 소 위에서 묘기를 부리는 소녀(또는 소년)의 모습도 발견되었으며 소머리 장식품 유물도 흔한데, 제우스가 소로 변해 크레테로 갔다는 이야기가 이런 상황과 연관이 있을 것이다.

제우스의 연인, 이오

크레테와는 무관하지만 소가 등장하는 제우스의 연애담이 하나 더 있다. 이오Io 이야기다. 이오는 아르고스 땅의 헤라 여사제(또는 어떤 판본에 따르면 이나코스Inachos 강물 신의 딸)였는데, 어느 날 제우스는 그녀를 발견하고 구름으로 감싸고서 그녀를 차지했다. 멀리서 남편의 행각을 감시하고 있던 헤라는 그 구름을 수상히 여기고 현장을 급습했다. 그러자 제우스는 얼른 이오를 암소로 변신시켰다. 헤라는 그 소를 의심해서 그것을 자신에게 선물로 달라고 제우스에게 요구했다. 거절하면 의심을 받을까 봐 걱정이 된 제우스는 그 소를 헤라에게 넘겼고, 헤라는 눈이 100개 달린 아르고스에게 그 소를 맡겨 지키게 했다. 결국 제우스는 자기 애인의 참상을 보다 못해 헤르메스를 보내서 아르고스를 죽이게 하는데, 그 일로 해서 헤르메스에게는 '아르고스를 죽인 자(아르게이폰테스 Argeiphontes)'라는 수식어가 붙게 되었다고 한다(사실 이 단어는 뜻이 불분명하며, 오히려 '개를 죽이는 자'라는 뜻일 가능성이 있다).

하지만 이오의 고난은 거기서 끝나지 않았다. 이오는 여전히 소의 모습을 벗어나지 못했고, 헤라가 등에(벌과 비슷하게 생긴 곤충으로 동물의 피를 빨아먹는다)를 보내서 괴롭히는 바람에 정신이 나가서 온 땅을 헤매다녔다. 그러다 결국 멀리 북쪽으로 돌아 흑해 입구에서 바다를 건너고 이집트까지 이르렀다고 한다. 이오가 바다를 건넌 곳에는 '소 건널목(보스포로스Bosporos)'이라는 이름이 붙었다고 한다(여기 나오는 보스포로스는 이스탄불 근처에 있는 오늘날의 보스포로스가 아니라, 크림 반도와 그 동쪽 땅 사이의 해협을 가리키는 것이다). 결국 이오는 이집트에 당도하여 다시 인간의 모습을 되찾았으며, 거기서 에파포스Epaphos라는 아들을 낳고 이시스Isis 여신으로 섬겨졌다고 한다.

그런데 방금 본 것은 오비디우스의 『변신 이야기』에 나오는 내용이고, 아이스퀼로스는 이오가 소로 변한 사정을 달리 말한다. 이오의 꿈에 여러 차례 환영이 나타나 제우스의 사랑이 되기를 권한다. 아버지가 그 꿈의 뜻을 알고자 신탁을 묻자 이오가 제우스의 짝이 되지 않으면 집에 벼락이 내리리라는 신탁이 있어서, 그녀를 집에서 쫓아냈다는 것이다. 그리고 그녀가 집을 나서자 누구의 별다른 작용도 없이 곧장 소로 변했다는 것이다.

이 사실을 심리적으로 해석하고자 하는 사람들은 성숙한 처녀를 짐승에 비유하는 관습을 상기시킨다(우리말에도 '말만 한 처녀'라는 숙어가 있다). 그러니까 이오가 소로 변했다는 것은 그녀가 이제 성숙한 여자가 되었다는 뜻이라는 것이다. 그리고 그녀를 괴롭히던 등에와 착란 상태 역시 성적 성숙기의 혼란한 심리 상태라는 것이다. 희랍 문화에서 사랑은 거의 언제나 질병 취급을 받아 왔는데 여기도 그런 흔적이 보인다.

제우스가 구름으로 변해 이오를 포옹하고 있다. 여인의 얼굴 앞에 구름으로 된 남자 얼굴이 보이고, 구름으로 이루어진 손이 여인의 허리를 안고 있다. 오른쪽 아래에는 뿔이 T자처럼 되어 있는 소가 물을 마시고 있다. 나중에 소로 변한 이오를 여기에 함께 그린 것으로 보아야 할 것이다. 함께 그려진 물동이는 이오가 강물 신의 딸임을 보여 준다.
코레조Correggio, 〈윱피테르[제우스]와 이오Jupiter and Io〉, 1532-1533년, 캔버스에 유채, 162×73.5cm, 빈, 빈 미술사박물관.

아르고스가 잠들자 악기를 연주하던 헤르메스가 슬그머니 칼을 꺼내고 있다. 한 발은 칼집을 밟았다. 눈이 100개라는 아르고스가 여기서는 보통 사람처럼 2개의 눈으로 그려졌다. 멀리 구름 속에는 헤라가 공작이 끄는 수레를 타고 지나가고 있다.
페테르 파울 루벤스Peter Paul Rubens, 〈메르쿠리우스[헤르메스]와 아르고스Mercury and Argus〉, 1635년, 패널에 유채, 63×87.5cm, 드레스덴, 옛 거장 회화관Gemäldegalerie Alte Meister.

제우스의 연인, 칼리스토

제우스는 한 여성을 차지하고 그다음에는 별로 돌봐 주지 않아서 그 여성이 불행해지는 사태가 많았다. 앞에 말한 이오도 그랬지만 또 한 여성도 이오 못지않게 고통을 당했다. 아르테미스의 추종자였던 칼리스토Kallisto라는 처녀다. 그녀는 처녀신 아르테미스를 추종하는 만큼, 자신의 여주인을 본받아 처녀로 남아 있기를 서원했으나, 제우스가 아

제우스가 아르테미스의 모습을 한 채로 칼리스토를 유혹하고 있다. 오른쪽 위에 벼락을 쥔 독수리가 그려져 있어서, 아르테미스 모습을 한 자가 사실은 제우스임을 보여 주고 있다.

프랑수아 부셰François Boucher, 〈디아나[아르테미스] 모습을 하고 있는 윱피테르[제우스]와 님프 칼리스토 Jupiter in the Guise of Diana, and the Nymph Callisto〉, 1759년, 캔버스에 유채, 57,79×69.85cm, 캔사스, 넬슨앳 킨스 미술관Nelson-Atkins Museum.

르테미스의 모습으로 꾸미고 접근하여 그녀를 차지했다. 칼리스토는 일행이 목욕하는 중에 옷을 벗지 못하고 있다가 임신으로 부른 배가 발각되어 무리에서 쫓겨나고 만다. 그녀는 아이를 하나 낳고는 헤라의 미움을 받아 곰으로 변한다. 나중에 사냥꾼으로 자란 아이가 자기 어미를 만나지만 알아보지 못하고 그녀를 창으로 찌르려는 순간, 제우스가 이 모자母子를 불쌍히 여겨 하늘의 별자리로 만들었다고 한다. 그래서 하늘에는 큰곰자리와 작은곰자리가 생겨났다. 헤라는 이것이 또 싫어서 오케아노스에게 부탁하여 이들이 바닷물에 몸을 담그지 못하게 했다고 한다(이것 역시 북극성 주변의 별들이 바다로 지지 않는 것에 대한 원인설화라 하겠다).

지금까지 이야기한 것은 주로 오비디우스의 『변신 이야기』에 나온 내용을 따른 것이다. 아폴로도로스는, 칼리스토가 나중에 아들과 만날 때까지 살지 못하고 아기를 낳기도 전에 아르테미스의 화살에 맞아 죽었다는 판본을 전하고 있는데, 아기인 아르카스Arkas는 디오뉘소스의 경우와 마찬가지로, 제우스가 얼른 어머니 배 속에서 건져 냈다고 한다. 아르카스는 자신의 이름을 아르카디아Arkadia라는 지방에 남긴 영웅인데, 이 이야기는 아르카디아 지방 전설과 연관이 깊다.

제우스의 동성 연인, 가뉘메데스

제우스의 애인은 여성에 국한되지 않는다. 너무나 아름답게 생겨서 제우스가 납치했다가 자신의 술 따르는 시동侍童으로 삼았다는 가뉘메데스Ganymedes도 그 애인 중 하나다. 그는 트로이아의 왕자로서, 흔히 제우스가 독수리를 보내서 또는 스스로 독수리로 변해서 채어 간 것으로

왼쪽 : 제우스의 명령을 받은 독수리가 가뉘메데스를 납치하고 있다. 왼쪽 아래에 개가 그려져 있는 것은 『아이네이스』 5권 내용을 따른 것이다.
귀스타브 모로, 〈가뉘메데스 납치The Abduction of Ganymede〉, 1886년, 종이에 수채, 58.5×45.5cm, 개인 소장.
오른쪽 : 그러나 다른 판본에서는 제우스가 가뉘메데스를 납치한 게 아니라 닭을 주고 데려간 것으로 되어 있다. 가뉘메데스가 제우스의 동성애 상대임을 보여 주는 도상이다.
〈제우스와 가뉘메데스Zeus and Ganymede〉, 기원전 약 470년, 테라코타, 일리아, 올륌피아 고고학박물관 Archaeological Museum of Olympia.

되어 있다. 일설에 따르면 원래 올륌포스에서 술 따르는 일을 맡고 있던 헤베Hebe가 헤라클레스와 결혼하게 되어 그 일을 계속할 수 없었고, 그래서 새로운 인물로 선택된 것이 이 미소년이었다고 한다.

그런데 이렇게 성적性的으로 중립적인 판본 말고도 그의 납치를 동성

애적으로 해석할 수 있는 판본이 전해진다. 에우리피데스의 사튀로스 극劇 「퀴클롭스」에서도 그런 해석을 발견할 수 있는데, 그보다 더 시각적인 증거로 올림피아 고고학박물관에 전시되어 있는 조각 작품을 들수 있다. 제우스가 가뉘메데스에게 닭을 한 마리 선물로 주며 데려가는 장면이 그것이다. 이것은 희랍 고전기의 관습을 반영한 것으로, 동성애가 유행하던 그 시대에 구애하는 사람은 현대의 구애자가 그렇듯이 선물 공세를 자주 펼쳤는데, 그 선물로 자주 주어지던 것이 닭이었다고 한다(잠시 후에 보게 될 하데스의 페르세포네 납치 사건과 관련해서도 비슷한 조각 작품이 남아 있다. 하데스가 처녀를 납치한 것이 아니라, 닭을 선물로 주고 데려가는 것으로 되어 있는 작품이다. 그 작품에서 처녀는 만족스런 미소를 머금고 있다).

단테는 『신곡』 「연옥편」에서 독수리가 가뉘메데스를 데려가는 장면을 본뜬다. 즉 자신이 잠들어 있는 사이에 루치아 성녀가 자기를 안아서 더 높은 곳에 데려갔으며, 자신은 독수리에 잡혀서 태양 가까이로 다가가는 꿈을 꾸다가 깨어나는 것으로 그렸던 것이다.

다른 연애 사건들이 더 있지만 우선 이 정도에서 그치자. 다만 태양계에서 가장 크고 밝은 행성인 목성이 제우스의 로마식 이름을 따서 주피터Jupiter라고 불리고, 그것의 가장 큰 위성 4개에 앞서 언급한 네 애인 이름이 붙어 있다는 사실을 기억하면 좋을 것이다.

헤라

보통 신화 수업은 여러 재미있는 일화들을 중심으로 진행되기 때문에 일화를 잘 정리한 오비디우스의 판본을 따르는 경우가 많다. 그리고 그런 판본에서 보통 헤라Hera[유노Juno]는 별 하는 일 없이 남편을 감시하고 그의 애인들을 괴롭히는 것을 주 임무로 삼는 것으로 되어 있는데, 이것은 거의 오비디우스가 만들어 낸 인상이다. 앞에서도 이오가 아르고스의 헤라 여사제였다고 말했는데, 아르고스의 헤라 숭배는 자체로 유명하고 전통 깊은 것으로, 우리가 거기서 만나는 헤라는 위엄 있고 영험한 존재다.

기원전 5세기 역사가 투퀴디데스Thukydides는 펠로폰네소스 전쟁이 시작된 해(기원전 431년)를 나타내기 위해, 당시 아테나이와 스파르타에서 최고 지위를 차지하고 있던 관리 이름과 더불어, 아르고스 헤라 여사제의 이름과 그녀가 몇 년째 그 직위를 가지고 있는지 밝히고 있다. 그러니까 중요한 사건의 연도를 확정하는 데 쓰일 만큼 아르고스의 헤라 숭배는 전통 깊고 존경받는 것이었단 말이다. 헤로도토스의 『역사』 앞부분에서 솔론이, 세상에서 가장 행복한 사람이라고 전해 주는 두 젊은이 클레오비스와 비톤도 아르고스 헤라 축제에 등장하는 인물들이다. 사실 헤라가 제우스의 부인 지위를 차지한 것도, 인도-유럽족이 희랍에 도착했을 때, 이미 헤라는 강력한 여신으로 희랍 땅에 자리 잡고 있어서, 말하자면 일종의 타협책으로 그렇게 되었으리라는 게 학자들의 추측이다.

헤라의 주된 역할은 결혼을 보호하고 젊은이들을 양육하는 것이다. 결혼을 보호하는 역할은 '질투하는 헤라' 이야기들에서 잘 나타나고 있으니 별로 설명할 것이 없고, 젊은이 양육과 관련해서는 아기 헤라클레스가 헤라의 젖을 먹었다는 이야기를 생각하면 될 것이다. 물론 이 여신은 자기를 영광스럽게 하는 이름을 가진 헤라클레스Herakles('헤라의 영

고전기에는 어린아이를 그리는 기법이 발달하지 않아서 어른의 신체 비율대로 크기만 작게 그렸기 때문에, 슬금슬금 눈치를 보면서 젖을 빠는 아기 헤라클레스는 엉큼해 보인다. 헤라의 오른쪽에는 날개 달린 이리스, 왼쪽에는 꽃을 가진 아프로디테가 보인다.

〈어린 헤라클레스에게 젖을 먹이는 헤라The Infant Heracles Suckled by Hera〉, 기원전 약 365–350년, 도기, 높이 28cm, 런던, 영국박물관.

광')를 계속 괴롭힌 것으로 되어 있는데, 그 괴롭힘의 도구인 네메아의 사자나 레르네의 휘드라도 헤라의 양육을 받은 것으로 되어 있다(여기서 '짐승들의 여주인'의 면모가 슬쩍 드러난다). 어떤 판본에 따르면 헤라는 심지어 튀폰을 낳아 제우스에게 대항케 했다는 이야기도 있는데, 이는 가이아가 여러 괴물을 낳은 것처럼, 헤라에게도 근동에서 높이 섬겨지던 '큰어머니 신'의 모습이 남아 있어서일 것이다.

제우스가 여러 여신, 여러 인간 여성과 연애를 즐긴 것으로 되어 있는 반면에, 헤라에게는 별 연애담이 없다. 처음 제우스가 헤라를 차지할 때, 뻐꾸기로 변하여 그녀의 품 안으로 날아들었다는 이야기 정도일까(이 모습은 지금은 무너져 버린 올륌피아의 헤라 신전에 조상彫像으로 새겨져 있었다고 한다. 올림픽 경기 전에 성화聖火를 채화할 때 배경에 보이는 것이 이 헤라 신전의 일부 남은 기둥들이다).

이런 사태는, 나중에 보게 될 『오뒷세이아』에 나오는 여신 칼륍소의 푸념으로 설명되는데, 남자 신들이 자기들은 인간 여성과 노상 즐기면서 여신들이 인간 남성과 연애를 하려고 하면 항상 방해를 한다는 것이다. 헤라에게도 이런 좌절된 연애담이 있는데, 그것은 범죄 행위로 각색되어 있고 그 주인공은 익시온Ixion이라는 사람이다.

익시온은 신들과 가까워서 자주 그들과 함께 식사를 했는데, 헤라를 보고는 엉큼한 마음을 품었다고 한다. 제우스가 이것을 눈치채고 구름으로 헤라 모습을 만들어서 어쩌나 보려고 익시온에게 접근 기회를 주었단다. 익시온은 그 구름과 동침했고, 거기서 탄생한 것이 상체는 인간이고 하체는 말인 반인반마半人半馬 켄타우로스Kentauros 족속이라는 것이다(희랍어로 kenteo가 '찌르다'이고 aura가 '공기'이니, 켄타우로스들은 '허공

헤라에게 흑심을 품은 익시온은 영원히 불타는 수레바퀴에 묶이는 형벌을 받는다.
쥘엘리 들로네Jules-Élie Delaunay, 〈지옥으로 떨어지는 익시온Ixion précipité dans les Enfers〉, 1876년, 낭트,
낭트 미술관Musée des Beaux-Arts de Nantes.

을 찔러서 태어난 존재들'이라고 보는 것이다).

익시온은 나중에 붙잡혀서 영원히 불타는 수레바퀴에 묶였다고 한
다. 보통 저승에서 벌을 받고 있는 것으로 되어 있는 존재들은 이 세계
의 물리적 상태를 유지해 주는 것으로 해석되기도 한다. 익시온의 수레
바퀴는 태양이고, 시쉬포스가 높은 곳으로 굴려 올리면 다시 떨어지는
돌도 태양이며, 아틀라스와 프로메테우스는 세계의 서쪽과 동쪽에서
하늘을 떠받들고 있다는 것이다.

도상적으로 헤라는 머리에 관을 쓰고 손에는 홀을 들고 있는 경우가

헤라는 죽은 아르고스의 눈 100개를 떼어 자신을 상징하는 동물인 공작의 깃털에 붙여 넣는다.
귀스타브 모로, 〈유노[헤라]에게 불평을 늘어놓는 공작The Peacock Complaining to Juno〉, 1881년, 31
×21cm, 파리, 귀스타브 모로 미술관Musée Gustave-Moreau.

많으며, 르네상스 이후에는 주로 공작을 데리고 나타나는 것으로 되어 있다. 앞에 제우스의 애인 이오와 관련해서 이야기한 아르고스 살해 사건 후에, 헤라가 아르고스의 눈 100개를 자신의 상징 동물인 공작의 깃털에 붙여 넣었다고 전해진다. 이것은 공작이 어쩌다가 그렇게 아름다운 무늬가 들어간 깃털을 갖게 되었는지에 대한 원인설화다.

하지만 원래 공작은 희랍 지역에는 서식하지 않았고, 기본적으로 페르시아 동물로 여겨졌다. 기원전 5세기 말 아리스토파네스의 희극 「아카르나이인들」에는 페르시아 왕이 아테나이에 공작을 선물로 보냈다고 나온다. 따라서 헤라가 공작과 연관되기 시작한 것은 비교적 후대라고 보아야 할 것이다.

헤라의 수식어로 가장 자주 쓰이는 것이 Boopis인데, 이것은 '황소 눈의' 또는 '황소 얼굴의'란 뜻이다. 헤라는 소 모습의 여신으로 시작되었을 가능성이 있다. 앞서 말한 아르고스 헤라 축제에서도 황소가 끄는 수레에 가모장家母長을 태우고 행진하는 관례가 있었다.

데메테르

곡물의 여신인 데메테르Demeter[케레스Ceres]에 대해서는 별 이야기가 없다. 제우스와 결합하여 딸 페르세포네Persephone를 낳았으며, 그 딸이 하데스에게 납치되었을 때 올림포스를 떠나 방랑했고, 딸이 저승에서 지내는 동안은 세상에 곡식을 주지 않는다는 이야기 정도다.

데메테르는 이름부터가 '땅 어머니'로 근동에서 높이 섬겨지던 큰어머니 신의 모습을 많이 닮아 있다('데De'는 '게Ge'와 마찬가지로 '땅'이란 뜻이고, '메테르'는 '어머니'라는 뜻이다). 페르세포네는 그녀의 딸로 되어 있지

곡물의 여신 데메테르와 그의 딸 페르세포네, 그리고 그들에게 딸린 작은 남성 신 트립톨레모스.
〈페르세포네, 트립톨레모스, 데메테르Persephone, Triptolemos, Demeter〉, 기원전 440−430년, 대리석, 아테나이, 아테나이 국립고고학박물관.

만, 사실은 이 두 여신이 여성의 두 시기, 즉 처녀 시절과 성숙한 어머니 시절을 보여 준다는 설명도 있다(다른 식으로 하자면, 막 이삭이 생긴 곡식과 다 익은 곡식을 나타낸다고 할 수도 있다). 이런 '2위 일체'의 여신들에게는 작은 남성 신이 딸려 있는 경우가 많은데, 데메테르와 페르세포네에게는 트립톨레모스Triptolemos라는 문화영웅이 부속되어 있다. 두 여신은 온 세상에 농사법을 퍼뜨리고자, 이 젊은 영웅을 날개 달린 수레에 태워 보냈다고 한다.

많은 문화권에 인간들에게 처음 문명을 가져다준 영웅들의 이야기가 전해지고, 이런 존재들을 '문화영웅culture hero'이라고 한다. 앞에서 인류에게 불을 가져다준 것으로 소개된 프로메테우스도 그런 문화영웅 중의 하나라고 할 수 있다. 지금 소개된 트립톨레모스는 중국 신화의 신농神農씨처럼 농경법을 전해 주는 존재라 하겠다.

데메테르는 대개 손에 횃불과 곡식 이삭을 들고 있는 모습으로 그려진다. 그 딸인 페르세포네 역시 같은 물건을 들고 있기 때문에 이 두 여신은 때때로 구별하기 곤란하다.

포세이돈

데메테르와 포세이돈Poseidon[넵투누스Neptunus]을 짝지어 소개하면 이상히 여길 사람도 있겠다. 이 두 신은 제우스와 같은 세대의 신들로서 이른바 올림포스 12신에 포함되기는 한다. 하지만 데메테르의 짝은, 일시적이긴 하지만 제우스로 되어 있고, 포세이돈에게는 암피트리테Amphitrite라는 부인이 있는 것으로 되어 있다. 그럼에도 이 둘을 함께 묶어 소개하는 건, 포세이돈이란 이름이 '땅의 남편'으로 해석될 수 있어

포세이돈이 파도 모양의 말들을 몰고 있다.
월터 크레인Walter Crane, 〈넵투누스[포세이돈]의 말Neptune's Horses〉, 1892년, 캔버스에 유채, 33.88×
84.75cm, 뮌헨, 노이에 피나코테크Neue Pinakothek.

서다(포세이돈은 포세이다온Poseidaon이라고도 불리는데, '포시스posis'라는 말은
희랍어로 '남편'이란 뜻이고, '다da'는 데메테르의 '데de'와 마찬가지로 '땅'이란 뜻
이다. 한편 그의 이름에 라틴어 posse[~할 수 있다, 영어 단어 possible의 어원]와
같은 어근이 들어 있는 것으로 보아, 그 이름을 '땅의 지배자'로 해석하는 학자도
있다).

　포세이돈은 보통 3가지와 연관되어 있다. 바다, 지진, 말이 그것이다.
호메로스의 『일리아스』에 제우스, 포세이돈, 하데스가 제비를 뽑아 지
배권을 나누었으며, 포세이돈에게 배당된 것은 바다였다는 이야기가
나온다. 하지만 이 신이 지진과 연관된 것으로 보아 그는 원래 땅의 신
이며, 더 근본적으로는 그냥 권력의 신이었으리라는 추정이 있다. 그의
상징 동물인 말도 대개는 거대한 파도들이 줄지어 밀려와 부서지는 모

포세이돈과 아테네가 아테나이의 수호신이 되기 위해 다투고 있다. 왼쪽에는 아테네의 선물인 올리브 나무가, 포세이돈의 발밑에는 짠물이 솟아나는 샘이 그려져 있다.
노엘 알레Noël Hallé, 〈넵투누스[포세이돈]와 아테네의 다툼La Dispute de Minerve et de Neptune pour donner un nom à la ville d'Athènes〉, 1748년, 156×197cm, 파리, 루브르 박물관.

습과 연관된 것으로 해석되지만, 사실은 말이 땅에 속한 짐승이라는 설명도 있다(원래 내륙에 살았던 인도-유럽족에게는 바다를 가리키는 단어 자체가 없었다).

포세이돈이 관련된 이야기 중 가장 유명한 것 2가지는 아마도 아테나이 도시를 놓고 아테네 여신과 다투었다는 것과, 트로이아를 위해 성을 쌓아 주고는 그 보수를 받지 못했다는 이야기일 것이다. 앞의 것은 아테나이에서 여러 미술 작품으로 크게 기념하던 사건이다. 두 신이 서로 아테나이의 수호신이 되기 위해 다투었는데, 포세이돈은 짠물이 솟는 샘을 선물로 주고, 아테네 여신은 올리브 나무를 선물로 주어 결국 아테네가 그 도시를 차지하게 되었다는 것이다. 하지만 포세이돈이 완전히 패한 것은 아니어서, 포세이돈 역시 아크로폴리스에 신전을 갖게 되었고, '포세이돈 에렉테우스Poseidon Erechtheus'라는 이름으로 섬겨졌다.

포세이돈이 트로이아에서 사기를 당한 이야기는, 신들이 인간에게 봉사한다는 좀 이상한 옛 사고방식을 보여 주는 사례 중 하나다(물론 포세이돈과 아폴론이 제우스에게 반항했다가 그런 벌을 받게 되었다는 설명이 있기는 하다). 어쨌든 그 후의 경과를 보자면, 분노한 포세이돈이 바다 괴물을 보내 트로이아 땅을 황폐하게 했고, 트로이아 사람들은 그 괴물을 달래려 헤시오네Hesione라는 왕녀를 바쳤으며, 마침 그때 그곳을 지나던 헤라클레스가 그녀를 구해 주었다고 한다. 하지만 그 보답을 제대로 받지 못하자, 나중에 헤라클레스가 군사를 모아 트로이아로 쳐들어왔고, 그래서 트로이아는 그때 이미 한 번 함락되었다고 한다.

포세이돈은 말의 신인 만큼, 말의 모습으로 변하여 여러 존재와 결합했다는 이야기가 많이 있으며, 그 결합에서 많은 명마들이 태어났다고 한다. 가장 유명한 사례로 고르곤 메두사가 목이 베일 때 태어난 날개 달린 말 페가소스를 들 수 있다. 테바이 전쟁 때 아드라스토스를 죽음에서 구해 낸 아레이온Areion도 포세이돈의 핏줄이라 한다.

그림이나 조각에서 포세이돈은 보통 삼지창을 들고 있으며, 말을 타고 있는 경우도 자주 보인다.

하데스가 페르세포네를 납치하고 있으며, 페르세포네의 어머니인 데메테르가 이를 막으려 애쓰고 있다. 투구를 쓴 아테네와 초승달 관을 쓴 아르테미스도 그녀에게 힘을 보태고 있다. 반면 오른쪽에는 에로스들이 채찍으로 하데스의 말들을 재촉하고 있다.
페테르 파울 루벤스, 〈페르세포네 납치The Rape of Proserpina〉, 1636–1638년, 캔버스에 유채, 180×270cm, 마드리드, 프라도 미술관.

하데스

하데스Hades[플루토Pluto]에 대해서도 별다른 일화가 없다. 저승에 가만히 숨듯 머물러 있는 신이니 당연한 일이다. 유일한 예외는 짝을 구하기 위해 이승을 방문했던 때뿐인데, 바로 페르세포네 납치 사건이다. 골자만 이야기하자면 꽃 따러 나온 페르세포네를 하데스가 납치하여 저승으로 데려갔고, 거기서 그녀에게 석류를 먹도록 해서 그녀가 완전히 이승으로 돌아오지는 못하게 만들었다는 것이다. 이 이야기에서 페르

하데스가 풍요의 뿔로 씨를 땅에 뿌리고 있다.
〈땅에 씨를 뿌리는 하데스〉, 기원전 약 430-420년, 도기, 아테나이, 아테나이 국립고고학박물관.

세포네가 꽃을 꺾다가 납치되었다는 것은, 처녀를 차지하는 것이 흔히 꽃 꺾는 것에 비유되기 때문이라는 해석이 있다. 그리고 그녀가 먹은 석류라는 과일도 성적인 의미를 지닌 것 또는 다산성을 상징하는 것이어서, 강제 결혼에 대한 암시가 숨어 있다.

보통 우리는 하데스가 저승의 신이라고 하지만, 『일리아스』에는 그의 거처가 바로 지표면 아래 있어서 땅이 갈라지면 들여다보일 것처럼 되어 있다. 그러니까 그의 영역은 오늘날 우리가 생각하는 저승같이 우리 사는 세계와 전혀 다른 차원의 곳이 아니라, 지상과 지하처럼 서로 쉽게 오갈 수 있는, 연속된 두 지역 중 하나처럼 취급되고 있는 것이다.

　다른 모든 신들은 실제 종교 생활에서 숭배를 받았지만 하데스는 어떤 제의의 대상도 아니었다. 그는 결코 제물에 의해 설득되지 않는 신으로 알려져 있었기 때문이다. 그는 너무 두려운 대상이어서 이름을 함부로 부르면 안 되는 존재였으므로, 대신에 여러 다른 묘사적인 이름으로 불렸다. 그중에 미화법이라고 할 수 있는 플루톤Pluton('부유한 자')이란 이름이 나중에 널리 퍼졌고, 이 이름으로는 상당히 많은 제사를 받았다. 보통 땅속에 많은 보물을 가지고 있어서 그렇다는데, 후대의 많은 예술 작품에서는 이런 특징이, 기다란 나팔 모양의 뿔에 흘러넘치도록 많은 과일이 담겨 있는, 이른바 풍요의 뿔로 상징되었다.

　하데스에게는 보통 머리가 셋 달린 것으로 되어 있는 케르베로스Kerberos라는 개가 있어서, 일단 저승에 들어선 사람을 다시 나가지 못하게 한단다. 그와 비슷한 개념으로 저승에 문지기가 있다는 이야기도 있는데, 그 역할은 대개 아킬레우스의 할아버지인 아이아코스에게 주어져 있다(아리스토파네스의 희극 「개구리」에 그렇게 되어 있다). 하지만 이런 장애를 통과하여 저승을 방문하고 이승으로 돌아온 영웅 몇이 있으니, 우리가 앞으로 다룰 헤라클레스, 테세우스, 오르페우스가 그들이다. 신들 중에는 디오뉘소스가 어머니 세멜레를 데리러 저승을 방문했던 것으로 되어 있다.

저승 문 앞을 지키는 머리 셋 달린 개인 케르베로스. 단테는 『신곡』에서 이 개를 탐욕을 상징하는 존재로 이용했다. 그림의 오른쪽 위에는 단테와 동행한 베르길리우스가 이 개에게 먼지를 한 줌 던져 주고 있다.
윌리엄 블레이크William Blake, 〈케르베로스Cerberus〉, 1824~1827년, 펜과 잉크와 수채, 멜버른, 빅토리아 국립미술관National Gallery of Victoria.

    저승으로 가기 위해서는 카론Charon이라는 뱃사공이 노를 젓는 배를 타야 한다는 이야기도 있다. 이것은 여러 문화권에서 발견되는 저승 강(또는 호수)의 개념인데, 사실 케르베로스라는 지킴이 개와는 상충하는 생각이다. 하데스가 다스리는 곳이 집이라면 개와 문지기가 있어야 할 것이고, 넓은 영토라면 강과 뱃사공이 있는 게 맞을 것이다. 하지만 신화라는 게 그다지 일관되지 못해서 우리에게 2가지 생각이 섞여 전해진다. 그래서 로마의 시인 베르길리우스는 『아이네이스』 6권에서 저승 강을 건너가면 바로 케르베로스를 만나는 것으로 절충했다.

페르세포네

페르세포네는 제우스와 데메테르 사이에 난 것으로 되어 있으니, 부모 다음 세대에 속한다고 해야겠지만, 하데스의 짝이기도 하니 혼인 관계상 앞 세대와 함께 다루는 것이 좋겠다.

페르세포네 역시 별다른 일화가 없어서 앞에 소개한 납치 사건이 거의 전부라고 할 수 있다. 그와 관련된 이야기를 조금 더 보자. 페르세포네는 저승에서 석류 씨 몇 알을 먹었기 때문에 이승으로 온전히 돌아올 수는 없었다. 그래서 제우스는 1년을 세 부분으로 나눠서, 페르세포네로 하여금 1/3은 어머니와, 1/3은 남편과 지내도록 하고, 나머지 1/3은 원하는 대로 하라고 말했단다. 그러자 페르세포네는 그 시간을 어머니 몫에 덧붙여서, 1년 중 2/3 동안은 모녀가 함께 지낼 수 있게 되었다고 한다. 그래서 딸이 자신과 함께 있는 동안은 어머니 데메테르가 기뻐서 세상에 곡식을 주고, 딸이 떠나간 동안은 슬퍼서 곡식을 주지 않게 되었다고 한다. 이것은 보통 왜 겨울이 생겨났는지에 대한 원인설화로 여겨진다. 어떤 사람은 희랍은 지중해성 기후여서 여름에 모든 식물이 말라죽기 때문에, 이것은 여름이 생겨난 이유를 설명하는 거라고 주장한다. 한데 지금은 지중해성 기후와 대륙성 기후를 나누는 선이 희랍 북부를 가로지르고 있지만, 늘 그랬던 것은 아니어서 저 남쪽 나일강 하구에 그 경계선이 걸쳐 있던 적도 있었다. 그러니 이 이야기는 그냥 겨울이 생긴 이유라고 보는 게 타당할 것이다.

페르세포네는 데메테르의 젊은 특성을 보여 주는 여신으로, 그냥 '코레Kore'(처녀)라는 이름으로도 자주 지칭된다. 그녀는 하데스보다는 성격이 온화했던지, 여러 사람을 이승으로 보내 준 것으로 되어 있다. 그녀

하데스에게 납치당한 페르세포네가 석류를 들고 있다. 이 그림에 그려진 석류에서는 특히 성적인 의미가 돋보인다고들 말한다. 단테이 게이브리얼 로세티Dante Gabriel Rossetti, 〈페르세포네Proserpine〉, 1874년, 캔버스에 유채, 125.1×61cm, 런던, 테이트 브리튼Tate Britain.

하데스의 아내 페르세포네가 오르페우스와 에우뤼디케를 이승으로 보내 주고 있다.
페테르 파울 루벤스, 〈오르페우스와 에우뤼디케Orpheus and Eurydice〉, 1636–1638년, 캔버스에 유채, 194×
254cm, 마드리드, 프라도 미술관.

의 은혜를 입은 사람으로는, 오르페우스의 아내 에우뤼디케, 남편 대신
죽었던 알케스티스, 그리고 트로이아 전쟁의 최초 전사자인 프로테실라
오스가 있다. 이들은 모두 자신의 또는 배우자의 지극한 사랑으로 저
승 신의 마음을 움직인 사례다.

올림포스의 신들 2

부모 세대에 속하는 신들을 모두 보았으니, 이제는 그다음 세대에 속하는 신들을 살펴보자. 이 신들의 아버지가 누구인지는 크게 신경 쓸 것 없다. 이들은 모두 (이따금 다른 주장들도 있지만) 제우스의 자식이기 때문이다. 반면에 각 신의 어머니가 누구인지는 기억해 두는 게 좋다. 많은 문학 작품들이 이 젊은 세대 신들을 지칭할 때 어머니 이름을 이용하여 '~의 아들', '~의 딸'이란 식으로 돌려 말하기 때문이다.

아폴론

아폴론Apollon[아폴로Apollo]은 레토에게서 아르테미스와 함께 쌍둥이로 태어났다. 아폴론에게는 여러 가지 역할이 주어져 있는데, 그 역할들은 자연스런 연상에 의해 서로 연결되어 있다. 우선 기억할 것이 아폴론은 항상 젊은이로 묘사된다는 점이다. 그러한 특성은 그를 젊은이의 성장을 돌보는 신으로 만들어 주었다. 그 옛날 음악과 체육이 교육에 쓰였다는 것을 기억한다면 그가 음악과 체육을 돌보는 신이라는 점도 쉽게 이해가 될 것이다.

아폴론의 도상적 특징은 뤼라lyra 또는 활을, 때로는 둘 다를 지니고 있다는 점이다. 뤼라를 지닌 것은 음악의 신이니 당연하고, 활 역시 팽팽하게 당긴 줄을 가졌다는 점에서 뤼라와 비슷한 성질을 갖고 있으니 그가 활을 지닌다는 사실도 어렵지 않게 기억할 수 있다. 그리고 『일리아스』 초반에 보면 아폴론은 그 활로 사람들을 맞혀 질병을 주는 것으로 되어 있다. 병을 일으킬 수 있는 신은 또한 그것을 치료할 수 있기도 하니, 그가 치료의 신이라는 것도 당연하다. 아폴론은 나중에 태양 신과 동일시되는데, 이것 역시 그가 태양 신처럼 활 쏘는 신이기 때문이다. 또 그는 늑대를 죽이는 신이고, 양치기의 신이기도 하다(양치기 신으로서의 역할은 아드메토스 이야기에서 잘 드러난다).

아폴론의 활은 그가 델포이를 차지할 때도 쓰이는데, 바로 괴물 뱀(또는 용)인 퓌톤Python을 죽인 것이다. 델포이를 차지하고는 자신의 숭배 중심으로 삼았는데, 이곳은 나중에 영험한 신탁을 내리는 곳으로 희랍뿐 아니라 지중해 전역에 유명하게 되었다. 그러니 마지막으로 그에게 (멀리서 화살로 과녁을 맞히듯 정확하게) 신탁 내리는 기능이 있다는 것을 기억하면 되겠다. 아폴론의 다른 기능으로, 범죄자를 정화하는 역할이 있는데, 이것은 오레스테스가 델포이에 와서 정화를 받았던 사례에서 잘 드러난다.

아폴론 숭배 중심으로 가장 유명한 두 군데가 델로스 섬과 델포이다. 전자는 그가 태어난 곳으로, 후자는 그의 신탁소로 유명하다. 델로스는 그늘 한 점 찾기 어려운 척박한 바위섬인데, 원래는 떠다니는 섬

아폴론이 활시위를 막 놓은 모습으로 표현되었다. 보통 퓌톤을 죽인 직후의 모습으로 해석된다.
〈벨베데레의 아폴론Apollo of the Belvedere〉, 약 120-140년, 기원전 약 350-325년에 제작된
청동상의 복제본, 대리석, 바티칸시국, 바티칸 박물관. ⓒ Livioandronico2013

이었기에 헤라의 보복을 두려워하지 않고 레토에게 출산처를 제공할수 있었다고 한다. 그러한 호의 덕택에 나중에 아폴론의 신전으로 유명한 섬이 되었다.

아폴론이 태어날 때 레토는 상당한 진통을 겪은 것으로 되어 있다. 헤라가 질투하여, 자기 딸인 출산의 여신을 보내지 않았기 때문이다. 하지만 쌍둥이 중 먼저 태어난 아르테미스가 출산을 도와서 결국 아들도 낳게 되었다고 한다. 한편 『호메로스의 찬가』에 따르면 결국 출산의 여신 에일레이튀이아Eileithyia가 매수되어 왔다고도 한다. 레토가 그것을 잡고서 아폴론을 출산했다는 종려나무의 자리는 델로스의 명소 중 하나가 되었다. 지금도 그 사건을 기념해서 근래에 다시 심은 나무를 델로스에서 볼 수 있다(부처님의 어머니 마야 부인도 무우수無憂樹 가지를 붙잡고 아기를 낳았다는 이야기가 있다. 위대한 존재들의 출산에 얽힌 이야기들은 서로 유사한 데가 많다). 또 델로스에는 퀸토스라는 산이 있어서, 아폴론과 아르테미스는 때때로 '퀸토스의 신Kynthios과 여신Kynthia'으로도 불린다(거기서 나온 여자 이름이 신시아Cynthia다).

아폴론은 태어난 지 얼마 되지 않아, 델포이로 가서 이전부터 그곳을 차지하고 있던 뱀 퓌톤을 처치한 것으로 되어 있다. 사실 퓌톤은 많은 뱀들이 그러하듯이 땅의 상징으로서, 이전부터 이곳에 신탁소를 가지고 있던 가이아의 대역이라 할 수 있다. 델포이를 차지한 것이 이렇게 폭력적으로 이뤄지지 않고, 평화롭게 승계되었다는 판본도 있으니, 가이아-테미스-포이베-아폴론으로 이어지는 계통이 그것이다(아이스퀼로스의 「자비로운 여신들」에 나오는 판본이다. 이 비극 작품은 신구 세대의 조화를 강조하기 위해 이런 판본을 채택한 듯하다).

항상 미청년으로 그려지는 아폴론도 연애에 있어서는 그리 운이 좋다고 할 수 없었는데, 가장 대표적인 연애 실패담이 다프네Daphne와의 사건이다. 베르니니의 아름다운 조각상이 보여 주듯, 아직 사랑을 모르는 이 소녀는 자신을 쫓는 청년 신을 두려워 피하다가, 강물의 신인 자기 아버지에게 빌어서 월계수로 변한다. 아폴론은 소녀가 나무로 변한 다음에도 여전히 사랑하여 그 나무를 자신의 상징으로 삼았다고 한다.

『변신 이야기』에 따르면, 이 사건은 퓌톤을 죽이고 으쓱해 있던 아폴론이 마침 옆에서 작은 활로 연습 중이던 에로스를 비웃은 데서 촉발된 것이다. 에로스는 '그러면 이 작은 화살의 맛 좀 봐라' 하면서 아폴론에게 화살을 날렸다. 한데 에로스의 화살에는 2가지가 있어서 황금 촉을 가진 것을 맞으면 사랑에 빠지고, 납 촉의 화살에 맞으면 사랑을 싫어하게 된단다. 아폴론에게는 황금 촉의 화살을, 근처를 지나가던 요정 다프네에게는 납 촉의 화살을 날렸다. 그래서 아폴론은 쫓아가고 다프네는 도망치다가, 다프네가 마침내 잡히게 되었을 때 아버지 강물 신의 도움으로 월계수로 변했다는 것이다. 한데 앞에 말했듯 에로스가 아기 모습으로 그려진 것은 헬레니즘 시대부터고, 그래서 이 이야기도 헬레니즘 시대 후기에야 생겨난 것으로 여겨진다.

사랑하는 상대를 잘 얻지 못하는 이 청년 신은 자신의 절친한 친구를 죽게 한 적도 있다. 원반던지기를 하다가 잘못 맞혀 쓰러뜨린 휘아킨토스Hyakinthos다(『변신 이야기』에는 서풍 신이 질투해서, 원반이 엉뚱한 데로 날아가게 한 것으로 나온다). 죽어서 히아신스 꽃이 되었다는 이 젊은이는 아마도 식물의 성장을 나타내는 신이었던 듯하며, 그가 죽음을 당했다는 것은 이전의 토지 신앙이 밀려나고 새로운 하늘 신이 도입되는 과정

아폴론이 다프네의 몸에 손을 대자 다프네가 월계수로 변하고 있다. 여자의 얼굴에 공포가 어린 데 반해, 남자의 표정과 몸짓은 훨씬 여유 있게 표현되었다.
잔 로렌초 베르니니Gian Lorenzo Bernini, 〈아폴론과 다프네Apollo and Daphne〉, 1622–1625년, 대리석, 높이 243cm, 로마, 보르게세 미술관Galleria Borghese.

마르쉬아스가 아폴론에게 음악 시합을 하자고 도전했다가 산 채로 껍질이 벗겨지는 벌을 받고 있다.
티치아노, 〈껍질이 벗겨지는 마르쉬아스The Flaying of Marsyas〉, 약 1570–1576년, 캔버스에 유채, 212×
207cm, 크로메르지시Kroměříž, 크로메르지시 국립미술관Arcidiecézní muzeum Kroměříž.

을 보여 주는 것으로 해석된다.

　대체로 밝음과 관련된 아폴론이지만 때로는 다소 어두운 면을 보여
주는 일화도 있다. 마르쉬아스Marsyas라는 사튀로스가 쌍피리 연주에

능하여 아폴론에게 음악 시합을 하자고 도전했다가 패배했고, 그 벌로 껍질이 벗겨져 죽었다는 이야기다. 이 과정에서 아폴론이 계략을 썼다는 판본도 있는데, 뤼라를 거꾸로 들고 연주하면서 상대에게도 피리를 거꾸로 불도록 했다는 것이다. 현악기는 거꾸로 들고 연주할 수 있지만 관악기는 그럴 수 없어서 마르쉬아스는 속절없이 패배하고 말았던 것이다.

한편 이 시합에 심판으로 불려 간 미다스가 마르쉬아스의 솜씨가 더 낫다고 판정했다가, 아폴론이 귀를 잡아당기는 바람에 당나귀 귀가 되었다는 이야기도 있다. 그의 비밀은 이발사만이 알고 있었는데, 이발사가 너무 답답해서 땅에 구멍을 파고 거기에다 비밀을 털어놓았더니, 거기서 갈대가 돋아나서 바람이 불 때마다 '임금님 귀는 당나귀 귀'라고 속삭여서 온 세상이 알게 되었다고 한다. 이 이야기와 비슷한 것이 전 세계에 두루 퍼져 있고, 『삼국유사』에 신라 경문왕(861-875년 재위)의 일화로도 실려 있다. 학자들은 이 이야기의 근원이 로마 시인 오비디우스의 『변신 이야기』일 것으로 추정한다.

아르테미스

아르테미스Artemis[디아나Diana]는 아폴론과 함께 쌍둥이로 태어났는데, 아폴론보다 먼저 나와서 아직 산고를 겪고 있는 어머니 레토를 도운 것으로 알려져 있다. 이 여신은 자신은 처녀로 지냈지만 어린 동물들을 보호하는 것으로 되어 있는데, 이는 어머니를 도울 때 드러났던 특성, 즉 출산의 여신 에일레이튀이아의 기능과 연관된 듯하다(여러 문화권에서 양손에 뱀이나 짐승을 잡고 있는 여신상이 발견되는데, 이를 보통 '짐승들의

짐승들의 여주인이 손에 뱀을 쥐거나 여러 동물들을 거느리고 있다.
왼쪽 〈미노스의 뱀 여신Minoan Snake Goddess〉, 기원전 약 1600년, 크노소스Knossos에서 발견됨, 이라클리온, 헤라클리온 고고학박물관Heraklion Archaeological Museum. © C messier
오른쪽 〈알프스 짐승들의 여주인〉, 기원전 6세기(에트루리아 유물), 베른, 베른 역사박물관Bernisches Historisches Museum.

여주인Potnia teron'이라고 부른다. 크레테의 뱀 여신이나, 알프스에서 발견된 여신상이 대표적인 사례다).

이 처녀신 역시 항상 활과 화살을 지니고 있는 모습으로 그려지며, 그녀에게 주어진 주된 역할은 사냥을 대표하는 것이다. 하지만 소아시아 에페소스에서 섬겨지던 아르테미스는 가슴에 젖을 주렁주렁 달고 있는 생산의 신이니, 희랍 모든 지역에서 똑같은 기능을 부여받았다고 생각하면 곤란하다. 사냥의 여신 기능과 풍요의 여신 기능이 서로 연관되어 나타난 일화로 칼뤼돈 멧돼지 사냥이 있다. 사냥의 여신에게 추수 감사를 드리지 않으면 들짐승이 나타나서 농사를 망친다는 것이다(자

아르테미스가 젖을 주렁주렁 달고 있는 생산의 신으로 묘사되어 있다. 머리에는 도시를 나타내는 관을 쓰고, 온 몸에 짐승들이 매달려 있다. 가슴에 달린 것은 여성의 젖이 아니라, 남성의 성적인 기관, 즉 소의 고환이라는 해석도 있다.
〈에페소스의 아르테미스Artemis of Ephesus〉, 2세기(머리와 손과 발은 후대에 제작됨), 설화석고와 청동, 나폴리, 나폴리 국립고고학박물관. ⓒ Marie-Lan Nguyen

세한 내용은 이 책 10장에 나온다).

아르테미스의 화살은 여자를 고통 없이 죽이는 것으로 되어 있으며, 남자를 향해 같은 기능을 하는 것은 아폴론의 화살이다. 이들의 이러한 기능이 가장 잘 나타난 사건은 니오베Niobe 자식들의 살해 사건이다. 니오베는 자식이 열둘, 혹은 열넷 있었는데(니오베의 남편이 뤼라 연주자로 유명한 암피온이기 때문에, 뤼라 줄 7개에 맞춰 아들 일곱, 딸 일곱으로 보는 게 기억하기 쉽다), 하나같이 훌륭한 자식들이어서 자랑이 대단했단다. 그래서 니오베는 자기가 레토보다도 더 낫다고 자랑하다가 레토의 미움을 사서 그 자식들을 모두 잃었다고 한다. 아들들은 아폴론의 화살에, 딸

니오베가 자기 자식들을 공격하는 아폴론과 아르테미스를 막기 위해 애쓰고 있다. 니오베가 젖가슴을 드러낸 것은 여신급 인물이라는 뜻일 수도 있지만, '이들을 젖 먹이던 가슴에 걸고 부탁하니, 제발 죽이지 말아 달라'는 의미일 수도 있다. 옛날에는 남에게 뭔가 부탁할 때 증거가 되는 사물을 제시하는 관행이 있었다.
자크루이 다비드Jacques-Louis David, 〈니오베의 자식들을 공격하는 아폴론과 디아나[아르테미스]Apollo and Diana Attacking the Children of Niobe〉, 1772년, 캔버스에 유채, 120.65×153.67cm, 텍사스, 댈러스 미술관 Dallas Museum of Art.

들은 아르테미스의 화살에 쓰러졌다는 것이다.

　　너무 야성적인 여신이어서 그런지 아르테미스에게는 연애담이 없는데, 한 젊은이가 관련된 사건은 있다. 악타이온Aktaion이라는 젊은이가 아르테미스 일행이 목욕하는 모습을 보았다가 그만 사슴으로 변하여

악타이온이 아르테미스의 목욕 장면을 엿보다가 들키는 장면이다. 그는 아직 사슴으로 변하지 않았지만, 중앙 기둥 위에 사슴의 두개골이 놓여 있는 것이 그의 운명을 예고하는 듯하다.
티치아노, 〈디아나[아르테미스]와 악타이온Diana and Actaeon〉, 1556~1569년, 캔버스에 유채, 184.5× 202.2cm, 스코틀랜드, 스코틀랜드 국립미술관National Galleries of Scotland.

자기 사냥개들에게 찢겨 죽었다는 이야기다. 이것은 아직 준비가 되지 않은 사람이 갑자기 성스러운 것과 접촉했을 때 당할 수 있는 재난으로 해석될 수 있다(제우스의 본모습을 보았다가 벼락에 죽은 세멜레와, 아테네의 나체를 보았기 때문에 장님이 되었다는 테이레시아스 이야기에서도 비슷한 사례를 찾을 수 있다).

아테네

아테네Athene[미네르바Minerva] 여신은 여신이면서도 남성적 특성을 많이 보인다. 어머니 없이 제우스의 머리에서 태어난 존재여서다. 그래서 그녀는 주로 여성들이 하는 일인 직물짜기의 신이면서도, 대개 남성들의 일인 전쟁의 신이다.

직물을 짜는 재능은 확대되어 모든 기술을 통제하는 데까지 이른다. 그래서 우리는 그녀가 헤파이스토스와 함께 여러 공방에서 숭배되는 것을 볼 수 있으며, 아르고호 영웅들이 모험을 향해 떠날 때 배 만들기를 지도하는 모습이나, 프로메테우스가 흙으로 인간을 만들 때 그것을 지도하는 모습을 확인할 수 있다. 아테네는 트로이아 목마 작전에도 관여한 것으로 되어 있는데, 이것은 그녀가 말과 관련되어 있기 때문이다. 아테네는 기술의 신으로서 재갈을 발명했다. 벨레로폰이 날개 달린 말 페가소스를 차지할 때 아테네 여신의 도움을 받은 것도 그 때문이다.

이 여신의 도상적 특징은 항상 무장을 갖춘 모습으로 그려진다는 것이다. 이 모습으로 전장을 누비는 모습이 『일리아스』에 잘 나와 있으며, 자신이 직접 싸우지 않더라도 젊은 영웅들을 뒤에서 보호하는 역으로 자주 등장한다. 가장 유명한 것은 헤라클레스를 보호하는 모습으로서, 유명한 올림피아의 제우스 신전 메토프metope(장식 돌림띠 중간 액자)에는 영웅 헤라클레스의 12가지 위업 그림마다 거의 언제나 아테네 여신이 함께 새겨져 있다.

종교적 숭배를 위한 상像 중에는 이따금 무장을 걸치지 않은 모습

아테네 여신과 전령 지팡이를 든 헤르메스가 페가소스에게 재갈을 물리고 있다.
얀 보에코르스트Jan Boeckhorst, 〈페가소스Pegasus〉, 약 1675–1680년, 133×168cm, 리우데자네이루, 리우데자네이루 국립미술관Museu Nacional de Belas Artes.

이 보이기도 하는데, 그래도 그것이 아테네임을 알 수 있는 표식이 있다. 그녀의 무장 중에서 다른 이들에게는 없는 아이기스Aigis라는 것이 어깨에 둘려져 있는 것이다(최신식 전함 '이지스Aegis'의 이름, 정확히 말하자면 미사일과 레이더를 중심으로 한 전투 시스템 이름이 여기서 유래했다). 이것은 뱀으로 테두리를 장식한 숄 같은 것인데, 여신은 때로 방패 없이 그것을 방어무기처럼 사용하기도 하고, 때로는 그것을 휘둘러 상대에게 공포를 불러일으키기도 한다. 어떤 경우에는 이것이 원래 제우스의 것

아테네의 어깨에는 늘 뱀으로 장식된 숄인 아이기스가 걸쳐져 있다. 그녀의 오른손에는 승리의 여신 니케가 들려 있고, 왼손 밑의 방패 안쪽에는 신성한 뱀이 새겨져 있다. 투구에는 중앙에 스핑크스, 양쪽에는 페가소스가 장식되어 있다. 〈아테네 바르바케이온Athena Varvakeion〉, 3세기, 〈아테네 파르테노스Athena Parthenos〉를 복제한 복제품, 아테나이, 아테나이 국립고고학박물관.

인데 아테네가 잠시 빌려 사용하는 것처럼 되어 있기도 하다(대개는 테두리가 뱀으로 되어 있지만, 『일리아스』에는 금실로 꼰 일종의 매듭이 100개 둘린 것으로 그려져 있다. 호메로스는 이상한 이야기를 싫어해서 이렇게 바꾼 듯하다).

아테네 여신은 처녀신이기 때문에 연애담은 따로 없지만, 이 여신이 일종의 양자를 얻게 된 이야기가 있다. 그 사연은 대개 이렇게 전해진다. 아테네가 무구를 고치기 위해 헤파이스토스를 찾아갔다. 대장장이신은 그녀를 보고 마음이 동했다. 하지만 여신은 그의 접근을 허락하

아테네가 헤파이스토스의 구애를 거절하고 있다. 여신의 허벅지가 드러난 것은 거기에 남성의 씨앗이 묻었음을 보여 주기 위해서다.

파리스 보르도네Paris Bordone, 〈헤파이스토스의 구애를 무시하는 아테네Athena Scorning the Advances of Hephaestus〉, 약 1555–1560년, 캔버스에 유채, 미주리, 예술고고학박물관Museum of Art and Archaeology.

뱀 꼬리를 가진 아기 에릭토니오스가 바구니 안에 놓여 있다.
페테르 파울 루벤스, 〈에릭토니오스의 발견The Finding of Erichthonius〉, 약 1632–1633년, 원본을 부분 복제한
작품, 오하이오, 앨런 기념미술관Allen Memorial Art Museum.

지 않았다. 헤파이스토스는 성급하게 행동하다가 남성의 씨앗을 아테
네의 허벅지에 묻혔다. 아테네는 그것을 양털로 닦아 땅에 버렸는데, 신
의 씨앗은 그냥 사라지지 않기 때문에 거기서 아이가 태어났다. 결국
아테네 여신이 그 아이를 양자로 맞아들이게 된다. 그 아이는 에릭토니

아테네가 자신에게 도전한 아라크네를 벌주고 있다. 『변신 이야기』에는 아테네가 직물 짜는 북으로 아라크네의 이마를 때렸다고 나와 있는데, 이 그림에서는 북이라고 보기엔 좀 가느다란 물건이 아테네의 손에 들려 있다. 르네앙투안 우아스René-Antoine Houasse, 〈미네르바[아테네]와 아라크네Minerva and Arachne〉, 1706년, 캔버스에 유채, 105×153cm, 베르사유, 베르사유 궁전Chateau de Versailles.

오스Erichthonios라는 이름을 얻었는데, 희랍어로 '양털Erion'과 '땅Chthon'이 결합된 형태다. 이 아이는 땅에서 태어난 다른 존재들과 마찬가지로, 자체로 뱀이거나 아니면 하체가 뱀이었던 모양이다. 그는 나중에 아테나이 왕이 되었는데, 하체를 감추기 위해 마차를 발명했다고도 한다.

어떤 판본에 따르면 아테네 여신은 이 뱀 소년을 왕의 딸들에게 맡겼고, 아기 바구니를 열지 말라고 명했다. 하지만 그녀들이 그것을 열어서, 뱀 아기가 아테나이 아크로폴리스의 아테네 신전으로 숨어들었다고 한다. 흔히 거기 모셔졌던 아테네 상의 방패가 뱀 형상에 의해 받쳐져 있는 것으로 되어 있는데, 이 뱀-아기의 형상화일 수 있다. 실제로 아테나이의 아테네 신전에서는 신성한 뱀이 사육되었으며, 페르시아 전쟁 때는 이 뱀들이 다 사라져서 시민들이 도시를 비우고 퇴각하기로 결정했다고 한다.

아테네에게도 어두운 면이 있다. 자기가 맡긴 바구니를 열어 본 여인들을 벌주어 미치게 만들었다는 이야기도 있고, 아라크네Arachne라는 여자가 직물 짜는 기술로써 도전해 오자 그녀를 거미로 만들어 버렸다는 이야기도 있다.

헤파이스토스

불과 대장간의 신인 헤파이스토스Hephaistos[불카누스Vulcanus]는 제우스와 헤라 사이에 태어난 것으로 되어 있기도 하고, 헤라 혼자서 낳은 것으로 되어 있기도 하다. 이 신은 다리를 저는 것으로 되어 있는데, 이것은 그가 특별한 재주를 가졌다는 표시일 수도 있고, 흔히 현실 사회에서 이동이 불편한 장애인이 대장장이 일을 맡았기 때문일 수도 있다.

한편 대장장이 신이 다리를 저는 것에 대한 현실적인 설명으로 중금속 중독설도 있다. 구리는 무른 금속이라서 그것을 단단하게 만들기 위해 여러 시도가 있었는데, 구리와 주석을 섞는 방법이 발견되기 전에 많이 쓰이던 방법 중 하나가 구리와 비소를 일정 비율로 섞는 것이었

헤파이스토스가 아이네아스를 위해 만든 무장을 아프로디테에게 건네주고 있다. 곁에는 에로스와 비둘기 2마리가 그려져서 이 여성이 아프로디테임을 확인시키고 있다.

프란체스코 솔리메나Francesco Solimena, 〈불카누스[헤파이스토스] 대장간에 있는 베누스[아프로디테] Venus at the Forge of Vulcan〉, 1704년, 캔버스에 유채, 205.4×153.7cm, 로스앤젤레스, 게티 센터Getty Center.

다. 한데 비소는 독성이 강한 중금속이어서 대장간에서 오래 일한 사람들은 몸이 마비되기 일쑤였다는 것이다.

헤파이스토스의 아내는, 많은 이야기책과 그림들에서 아프로디테로 되어 있고, 그녀가 아레스와 바람을 피우는 것으로 되어 있다. 하지만 『일리아스』에서는 그의 아내가 카리스Charis(우아함)라고 소개하고 있다. 아마도 그의 작업 결과가 항상 우아했기 때문에 이런 짝짓기가 나왔던 것 같다. 한편 그의 아내가 아프로디테라는 다른 이야기는 희랍인들의 균형감각을 보여 주는 것이다. 가장 못생긴 신의 아내가 가장 아름답다는 것은, 가장 몸이 불편한 신이 가장 재주가 좋은 것과 비슷하다.

헤파이스토스는 두 번이나 하늘에서 땅으로 동댕이쳐진 것으로 되어 있다. 한 번은 제우스와 헤라가 다투는데 헤파이스토스가 끼어들었다가 제우스가 내던져서 그렇게 되었다는 것이고, 다른 하나는 그가 태어났을 때 헤라가 그랬다는 것이다. 후자는 앞에 아테네의 탄생 부분에서 설명했던 것인데, 사실은 다리가 불구였기 때문에 던져진 것인지, 아니면 그때 다리를 다쳐서 절게 된 것인지는 불분명하게 되어 있다(보통은 앞의 것이 정설처럼 되어 있다. 사실 신이 한 번 다친 것을 치유하지 못하고 계속 고통을 당한다는 것은 좀 이상하다).

어떤 학자는 헤파이스토스의 추락 이야기를, 운석이 떨어지는 것을 보고 사람들이 만들어 낸 것으로 보기도 한다. 앞서 이야기했듯 운석은 금속으로 되어 있기 때문에 대장장이의 기술과 관련이 깊다. 헤시오도스의 『신들의 계보』에는 하늘과 땅 사이의 거리, 그리고 땅과 저승(타르타로스Tartaros) 사이의 거리가 '청동 모루가 떨어지는 데 열흘 걸리는 거리'로 표현되어 있다(모루는 대장간에서 금속 재료를 얹고 망치 등으로 두드

헤파이스토스가 테티스에게 아킬레우스의 무기를 건네고 있다.
〈아들 아킬레우스를 위해 새 무기를 청하는 테티스Thetis, Mother of Achilles, Has Ordered New Armor for Her Son〉, 기원전 5세기, 도기, 베를린, 구박물관Altes Museum.

리는 데 사용하는 받침대를 말한다). 세계적인 종교학자 미르치아 엘리아데는 이 이야기를 두고, 원래 운석이 떨어진 이야기가 운석을 다루던 대장장이가 떨어지는 이야기로, 그 이야기가 다시 대장장이의 도구인 모루가 떨어지는 이야기로 변했을 거라고 추정한다.

헤파이스토스는 불의 신이기 때문에 나중에는 화산과 연결되었다. 그래서 시칠리아의 아이트나 산 밑에 그의 대장간이 있으며, 거기서 그는 제우스에게 벼락을 만들어 주었다는 퀴클롭스들을 거느리고 작업을 하고 있는 것으로 되어 있다. 물론 이것은 『일리아스』에 나오는 판본, 그러니까 아킬레우스의 어머니 테티스가 아들의 무장을 새로 만들러 올륌포스에 있는 헤파이스토스의 대장간을 방문한다는 이야기와는 맞지 않는다. 앞에도 말했다시피 신화는 이런 모순점들을 갖고 있기 마련이다(어떤 판본에는 렘노스에 화산이 있고, 거기에 헤파이스토스의 작업장이 있다고 되어 있기도 하다. 현재는 렘노스에 활동하는 화산이 없지만, 이 섬 대부분이 화산암으로 되어 있으니 옛날 상황은 달랐을 것이다).

소아시아 지역에서는 대장장이의 기술이 신적 지혜로 여겨져서 정치적 권력과도 연결되었지만, 희랍에서 헤파이스토스는 주변적인 지위만을 갖고 있다. 하지만 그는 아테나이에서만큼은 상당한 지위를 갖고 있는데, 이는 한편으로 그가 아테네 여신과 관련이 깊기 때문이며, 다른한편 앞서 이야기한 그의 '아들' 에릭토니오스가 아테나이의 왕이 되었기 때문이기도 하다. 그러니까 아테나이 시민들은 이 신의 후손이라고도 할 수 있는 것이다. 그래서인지 지금도 아테나이의 옛날 아고라 서남쪽 언덕 위에는, 헤파이스토스의 신전이 아테네의 파르테논 신전을 바라보며 거의 완전한 형태로 서 있다. 이 신전은 테세우스 사당(테세이온·Theseion)이라고 불리기도 한다.

도상적으로 헤파이스토스는 거의 언제나 불집게를 가지고 있으며, 때때로 다리가 불편하다는 것을 표현하기 위해 발목이 뒤로 돌아간 형태로 그려지기도 한다.

앙키세스는 아프로디테의 연인 중 하나다. 아프로디테는 여신이 아닌 척하고서 앙키세스에게 접근했다고 하는데, 이 그림에서는 그녀를 둘러싼 참새 떼가 여신의 정체를 보여 준다. 2마리 사자는 이곳이 트로이아 뒤의 이데 산임을 보여 준다. 산의 여신 퀴벨레는 사자가 끄는 수레를 타고 다닌다.
윌리엄 블레이크 리치먼드William Blake Richmond, 〈베누스[아프로디테]와 앙키세스Venus and Anchises〉, 1889~1890년, 캔버스에 유채, 148.6×296.5cm, 리버풀, 워커 미술관Walker Art Gallery.

아프로디테

아프로디테Aphrodite[베누스Venus]는 성적인 사랑을 대표하는 신이다. 그녀에게는 이러한 사랑에서 보이는 여러 속성이 부여되어 있다. 아름다움과 부드러움, 속임수와 유혹의 힘 등이다. 이는 신들이 판도라에게도 부여했던 속성이며, 사실 아프로디테는 인간 여성의 매혹과 파괴력을 극대화해서 보여 주는 존재라 할 수 있다. 아프로디테는 도상적으로 머리에 관冠 또는 베일을 쓰고 있는 경우가 많고, 대개는 에로스들의 수행을 받으며, 가슴을 드러내고 있는 경우가 많다.

아도니스는 사냥하러 떠나는 참이고, 아프로디테는 그를 애정과 걱정이 섞인 눈으로 보고 있다. 왼쪽의 에로스는 자기가 아프로디테의 가슴에 낸 상처를 가리키며(자기가 그녀를 사랑에 빠지게 했다는 의미임) 짓궂은 미소를 띠고 있다. 아도니스는 곧 멧돼지 사냥에서 죽게 될 것이다.
안니발레 카라치Annibale Carracci, 〈베누스[아프로디테], 아도니스, 쿠피도[에로스]Venus, Adonis and Cupid〉, 약 1590년, 캔버스에 유채, 212×268cm, 마드리드, 프라도 미술관.

앞서 말한 아레스와의 사건 말고, 아프로디테의 연애담으로 가장 유명한 것은 아마도 트로이아의 젊은이 앙키세스Anchises와의 사건일 것이다. 이 사건이 특별한 내용이 있어서라기보다는 거기서 태어난 아들이 유명해서다. 나중에 트로이아 전쟁에서 살아남아 이탈리아로 가서 로마의 기원이 되는 나라를 세웠다는 아이네이아스Aineias(아이네아스)가 그 아들이다.

아프로디테의 다른 애인으로 아도니스Adonis가 있다. 그는 아레스의 질투 때문에 사냥 중에 멧돼지에 받혀 죽은 것으로 되어 있다. 그의 죽음을 두고 어떤 이는, 아폴론의 애인 휘아킨토스의 경우처럼, 식물 신의 죽음과 부활로 보기도 한다. 그가 죽은 자리에서 아네모네 꽃이 피어났기 때문이다(아도니스는 신화적으로보다는 종교적으로 중요한 존재여서, 그의 죽음을 슬퍼하는 아도니스 축제가 크게 열렸다. 아도니스에 대해서는 15장에서 다시 살펴보자).

아프로디테가 연관된 중요한 사건으로 '파리스의 판정'이 있는데, 이 이야기는 12장 트로이아 전쟁 부분으로 미루자.

아레스

전쟁의 신인 아레스Ares[마르스Mars]는 제우스와 헤라 사이에 태어난, 몇 안 되는 자식 중 하나다.

아레스에게는 별 이야기가 없는데, 이는 그가 희랍 신들 가운데 가장 덜 인격화된 존재이기 때문이다. 그는 전쟁에서 발휘되는 폭력적인 힘의 상징으로서, 한편으로는 꼭 필요한 존재로 여겨지지만, 다른 한편 모든 이의(특히 아버지 제우스의) 미움을 받는 것으로 되어 있다. 아레스가 희랍의 북쪽 지역인 트라케 출신인 것으로 되어 있는 것도 그의 거친 성격과 더불어, 그의 소외를 보여 주는 것이다. 그는 그림이나 조각에서 보통 완전무장을 하고 있는 것으로 표현된다.

아레스는 로마의 신 마르스와 같은 것으로 여겨지며, 그래서 마르스의 이름이 붙은 행성인 화성의 위성에도 아레스의 아들들 이름이 붙어 있다. 아레스가 전장에 나타날 때는 보통 두려움(데이모스Deimos)과 공포

왼쪽에 완전무장을 하고 있는 게 아레스다.
〈아레스와 아테네Ares and Athena〉, 기원전 약 570-560년, 도기, 피렌체, 피렌체 국립고고학박물관Museo Archeologico Nazionale di Firenze.

(포보스Phobos)를 대동하는 것으로 되어 있는데, 이 둘이 화성의 위성 이름으로 쓰이는 것이다(원래 로마의 마르스는 전쟁의 신이라기보다는, 그냥 권력의 신이었다는 것이 학자들의 설명이다).

아레스가 관련된 일화 중 가장 유명한 것은 아프로디테와의 연애 사건이다. 헤파이스토스가 일터로 간 줄 알고 항상 그랬듯 아프로디테와의 밀회를 나누러 갔다가, 기술 좋은 대장장이 신이 설치해 놓은 보이

아레스와 아프로디테는 밀회를 나누다 헤파이스토스에게 들킨다. 헤파이스토스는 그물을 들춰서 남녀를 보여 주고, 멀리 구름 위에서 신들이 이들을 구경하고 있다.

알렉상드르 샤를 기예모Alexandre Charles Guillemot, 〈불카누스[헤파이스토스]에게 들킨 마르스[아레스]와 베누스[아프로디테]Mars and Venus Surprised by Vulcan〉, 1827년, 캔버스에 유채, 인디애나, 인디애나폴리스 미술관Indianapolis Museum of Art.

지 않는 그물에 걸려서 여러 신 앞에 창피를 당한 이야기다. 이 사건 역시 희랍인의 균형감각의 소산으로 볼 수 있는데, 모든 것을 죽이는 전쟁(아레스)과 모든 것을 생겨나게 하는 사랑(아프로디테)을 짝지었기 때문이다.

한편 에로스가 아레스와 아프로디테 사이에 태어난 자식이라는 판본도 있는데, 여기서 에로스에 대한 일화를 하나만 더 살펴보자. 2세기 로마에 살았던 것으로 추정되는 아폴레이우스의 『황금 당나귀』라는 작품에 나온 이야기다. 이 작품은 원래 제목이 『변신 이야기 Metamorphoses』이지만, 같은 제목을 가진 오비디우스의 작품이 워낙 유명해서 혼동을 피하기 위해 『황금 당나귀』로 지칭되는 경우가 많다. 어떤 사람이 마법 때문에 당나귀로 변해서, 여기저기 돌아다니며 여러 사건을 겪고 여러 이야기를 듣는다는 내용이다. 이 당나귀가 들은 이야기 중 하나가 '에로스와 프쉬케' 이야기다(원작은 라틴어로 되어 있어서, '에로스'가 아니라 '아모르Amor'라는 로마식 이름이 쓰이고 있다).

프쉬케Psyche라는 소녀가 있었는데, 너무나도 아름다워서 사람들이 그녀를 여신처럼 섬겼단다. 그러자 화가 난 아프로디테가 에로스를 파견해서 아무도 그녀를 사랑하지 못하게 만들도록 시켰다. 하지만 에로스는 그녀를 보자 사랑에 빠졌고, 그녀를 데려다가 아름다운 궁전에 살게 해 주었다. 그러고는 밤이면 그녀를 찾아와 함께 자고, 새벽이 되면 떠나갔다. 자신의 남편을 보고 싶은 마음이 간절했던 프쉬케는 (그리고 언니들의 부추김도 있었기 때문에) 등불을 준비해서 밤중에 몰래 에로스의 모습을 보았다. 그의 아름다운 모습에 더욱 사랑이 타오르는 순간, 뜨거운 기름이 에로스에게 떨어졌고, 깨어난 그는 프쉬케를 버리

에로스는 프쉬케를 보자마자 사랑에 빠진다. 프쉬케의 머리 위에 나비가 그려져 있는 것은 '프쉬케'라는 단어가 '나비'를 뜻하기도 해서다. 그림 속 프쉬케가 약간 멍한 눈을 하고 있는 것은, 그녀의 눈에는 에로스가 보이지 않기 때문이다.

프랑수아 제라르François Gérard, 〈프쉬케와 아모르[에로스]Psyché et l'Amour〉, 1798년, 캔버스에 유채, 186×132cm, 파리, 루브르 박물관.

프쉬케가 호기심에 '영원한 잠'이 들어 있는 상자를 열고 있다. 프쉬케는 나비 날개가 달린 것으로 그려졌다.
존 레인하드 웨거린John Reinhard Weguelin, 〈은상자를 들고 있는 프쉬케Psyche, Holding a Silver Box〉, 1890
년, 캔버스에 유채, 61×50.8cm.

고 떠나 버렸다.

그러자 아프로디테가 갑자기 시어머니 노릇을 시작했다. 자기 며느리 격인 소녀에게 온갖 어려운 일을 시킨 것이다. 우선 엄청난 곡식더미에서 돌을 골라내라는 임무를 맡겼다. 하지만 프쉬케는 개미들의 도움을 받아 이 일을 완수해 낸다. 다음으로 황금 털을 지닌 무서운 양에게서 털을 모아 오도록 시킨다. 이번에는 갈대의 충고를 받아, 가시에 걸린 황금 털을 모아 가져간다. 저승 강에 가서 물을 떠오도록 시키자, 제우스의 독수리가 그 일을 대신 해 준다. 마지막으로 아프로디테가 시킨 일은 페르세포네를 찾아가서 아름다움을 얻어 오라는 것이었다. 저승의 개에게 줄 꿀떡과 저승 뱃사공에게 줄 뱃삯을 준비하여, 상자 하나를 얻어 오던 프쉬케는 도중에 그 내용물이 궁금해서 상자를 열어 보고 만다. 한데 거기에는 '영원한 잠'이 들어 있어서, 프쉬케는 그 자리에서 잠들고 만다(이 상자가 바로 '판도라의 상자'의 근원이다. 판도라가 연 것은 단지인데, 에라스무스가 프쉬케의 상자와 혼동해서 '판도라의 상자'라는 말을 썼고, 그것이 그냥 관용어로 굳어진 것이다). 하지만 화상에서 회복된 에로스가 그녀를 찾아와 깨워 내고, 둘은 사랑 속에 다시 결합하여 행복하게 살았다고 한다.

헤르메스

헤르메스Hermes[메르쿠리우스Mercurius]라는 이름은 '돌무더기'를 뜻하는 '헤르마Herma'에서 왔다는 주장이 있는데, 사실 이것은 민간 어원설이다. 하지만 이런 설명은 이 신의 기능과 잘 맞는다. 우리네 풍습에서 서낭당의 돌무더기가 그러하듯, 희랍에서도 돌무더기는 주로 마을이나 지

헤르메스는 올림포스 신들의 전령 역할을 하는 신으로,
보통 전령의 지팡이, 날개 달린 신, 나그네 모자를 지니고 있다.
〈헤르메스 인게누이Hermes Ingenui〉, 2세기(기원전 5세기 그리스 작품의 복제품),
바티칸시국, 바티칸 박물관.

역을 가르는 경계에 쌓여 있었는데, 헤르메스는 경계를 지키는 사람들과 경계를 넘나드는 사람들의 신이었던 것이다. 경계를 지키는 사람들은 양치기들이고, 경계를 넘나드는 사람들은 나그네, 전령, 도둑, 거지, 상인이다. 헤르메스는 이런 사람들의 보호자다.

헤르메스는 자신이 보호하는 활동을 직접 실행하기도 하는데, 그가 태어나자마자 아폴론의 소 떼를 훔쳤다는 이야기는 도둑의 신으로서 면모를 잘 보여 주는 것이다. 헤르메스는 보통 올림포스 신들의 전령 역할을 하고 있어서, 그의 도상적 특징은 전령의 지팡이와 날개 달린 신, 나그네 모자(또는 날개 달린 모자) 등이다. 그는 신과 사람들 사이에만 오가는 것이 아니라, 이승과 저승 사이도 오가기 때문에 영혼 인도자psychopompos라고 불린다(그래서 로마에서는 검투사 시합에서 죽어 쓰러지는 사람이 생기면, 헤르메스 분장을 한 사람이 나와서 불에 달군 쇠꼬챙이로 그 사람을 찔러 보았다고 한다. 정말로 죽었는지 확인하는 절차다). 그래서 헤라클레스나 오르페우스의 저승 방문을 묘사한 그림들에는 자주 헤르메스가 등장한다.

헤르메스의 어머니는 아틀라스의 딸인 마이아Maia여서, 이 신은 자주 '마이아의 아들'이라고 지칭된다. 헤르메스에게 붙는 수식어 중 가장 자주 보이는 것이 '아르고스를 죽인 자Argeiphontes'여서 다소간 폭력적인 면이 부각되지만, 사실 이 신은 대체로 온화하고 장난기 있는 신으로 되어 있다. 태어나자마자 아폴론의 소를 훔쳐 감추고 시치미를 뗀 이야기나, 그 일이 들통나자 얼른 거북을 잡아 뤼라를 만들고 그것을 소 떼와 바꿨다는 이야기도 그런 재치 있는 면모를 보여 준다.

상대를 속이거나 골탕 먹이는 것은 민담에서 이따금 보이는 트릭스

헤름아프로디토스와 살마키스가 서로 한 몸이 되고 있다. 앞쪽에는 여자가 남자에게 매달리고 있으며, 멀리 뒤쪽에는 벌써 둘이 합체가 되어 머리는 두 사람인데, 다리는 한 사람 것으로 그려져 있다.

안 호사르트Jan Gossaert, 〈헤름아프로디토스와 살마키스의 변신The Metamorphosis of Hermaphrodite and Salmacis〉, 약 1517년, 패널에 유채, 32.8×21.5cm, 로테르담, 보이만스 반 뵈닝겐 미술관Museum Boijmans Van Beuningen.

터trickster(신화나 민담에 자주 등장하는 장난꾸러기)의 특징인데, 북유럽 신화에서는 로키Loki가 대표적인 사례다. 하지만 희랍 신화에는 그런 존재가 별로 두드러지지 않고, 헤르메스와 헤라클레스에게서 약간 유사성이 남아 있다. 신라의 석탈해昔脫解도 남의 집 마당에 숯과 숫돌을 묻어 놓고, 그 집이 자신의 것이며 자기는 원래 대장장이라고 주장해서 집을 빼앗았다는 이야기가 있다. 그에게도 헤파이스토스 같은 대장장이-마법사의 면모와 더불어 트릭스터 기질이 있었기 때문이다.

헤르메스는 아레스와 아프로디테가 헤파이스토스의 그물에 잡혔을 때도 천륜이 땅에 떨어졌다는 식으로 개탄하기보다는, 자신이 그보다 더한 수치를 당하더라도 아프로디테 곁에 눕고 싶다고 부러움을 나타냈다. 그 이야기 때문인지 아프로디테와 헤르메스 사이에도 아이가 하나 생기는 것으로 되어 있는데, 바로 헤름아프로디토스Hermaphroditos라는 존재다. 이름부터 부모님의 이름을 합친 꼴인 이 아이는 살마키스Salmacis라는 요정의 사랑을 거부하다가 그녀의 소원 때문에 남녀 합체가 되었다고 한다. 서양의 박물관에 남자의 하체에 여성의 가슴을 가진 아름다운 조각이 있으면 대개는 헤름아프로디토스다.

디오뉘소스

포도주의 신인 디오뉘소스Dionysos[박코스Bakchos]는 희랍의 신들 가운데 좀 늦게 등장한 존재로 되어 있다. 그는 보통 희랍의 북쪽 지역에서 온 것으로 되어 있지만, 그의 이름이 적힌 선문자 B 글자판이 발견되는 것으로 보아 청동기시대부터 이미 희랍 땅에서 섬겨지던 신이라는 것이 분명하다.

헤르메스가 제우스의 허벅지에서 태어난 디오뉘소스를 안고 있다.
프락시텔레스Praxiteles, 〈헤르메스와 어린 디오뉘소스Hermes and the Infant Dionysus〉,
기원전 약 340년, 대리석, 일리아, 올림피아 고고학박물관.

디오뉘소스는 머리에 담쟁이덩굴을 두르고 손에 술잔을 들고 있는 모습으로 흔히 그려진다.
카라바조Caravaggio, 〈젊은 시절의 박코스[디오뉘소스]Bacco adolescente〉, 1595–1597년, 캔버스에 유채, 95×85cm, 피렌체, 우피치 미술관.

디오뉘소스는 2번 태어난 것으로 알려져 있다. 이야기들이 전하는 바에 따르면, 그의 어머니 세멜레Semele는 헤라의 질투와 자신의 어리석음 때문에 아이를 낳기도 전에 죽어 버렸다. 헤라의 꼬임에 넘어가서, 그만 제우스에게 본래의 모습으로 나타나기를 요구했던 것이다. 하지만 천둥 번개를 동반하고 나타난 벼락 신 제우스의 모습을 보통의 인간으로서는 견딜 수가 없었고, 그 자리에서 타 죽고 말았단다. 하지만 제우스는 얼른 어머니 배 속에 있던 아이를 꺼내서 자신의 허벅지에 심었고, 나중에 거기서 디오뉘소스가 태어났다고 한다. 이 아기를 헤르메스가 받아서 양육자들에게로 데려간다. 그 양육자들은 보통 뉘사Nysa 산의 요정들이라고도 하고, 사튀로스들의 아버지 격인 실레노스Silenos(세일레노스Seilenos)라고도 한다.

이렇게 남성과 여성이 함께 낳은 디오뉘소스는, 역시 비슷한 출생 과정을 겪은 아테네 여신처럼 중성적인 면모를 보인다. 그래서 처음에는 수염 난 모습으로 그려졌지만, 점차로 수염 없고 다소간 여성적이며 아름다운 청년으로 그려지게 된다. 디오뉘소스의 도상적 특징은 머리에 담쟁이덩굴을 두르고 손에는 대개 칸타로스kantharos라는 큰 술잔을 들고, 몸에는 표범 가죽을 두르고 커다란 솔방울 장식이 있는 튀르소스Thyrsos라는 지팡이를 지니고 다닌다는 것이다.

디오뉘소스는 처음 받아들여질 때 상당한 저항을 겪었다. 그가 전해 준 포도주 제조법 때문에 죽임을 당한 사람도 있고, 신 자신도 많은 박해를 겪었다고 한다. 박해를 했던 것은 주로 정치 지도자들인데, 사회의 질서를 중시하는 입장에서 보면 사람들을 산과 들로 이끌어 무아지경에 빠뜨리는 이 종교운동이 의심스러웠을 것이다. 가장 대표적인

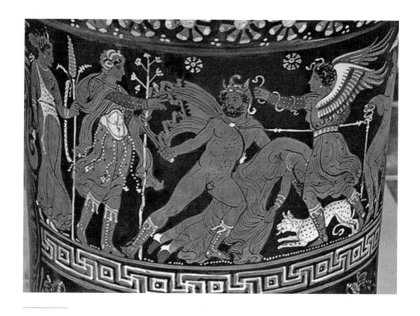

뤼쿠르고스 왕은 디오뉘소스 숭배를 반대하다 미쳐서 자기 자식과 아내를 죽인다. 왼쪽에는 수염 없는 젊은이로 그려진 디오뉘소스가 있고, 오른쪽에는 가족 간의 폭력을 응징하는 복수의 여신이 팔에 뱀을 두르고 나타나 있다. 그녀의 머리카락도 뱀으로 되어 있다.
기원전 약 330년, 도기, 뮌헨, 국립고대미술박물관.

사례는 뤼쿠르고스Lycurgos라는 왕의 이야기다. 그 왕은 디오뉘소스 숭배를 반대하다가 미쳐서 자기 자식들을 포도나무로 생각해서 도끼로 찍어 죽였다고 한다.

그런 반대자 중 가장 비참하게 벌을 받았던 이는 테바이의 왕 펜테우스Pentheus다. 그는 세멜레의 자매인 아가우에Agaue의 아들로서 자기 사촌뻘인 디오뉘소스를 미워하여, 여자 옷을 입고서 그의 신도들이 모이는 곳을 염탐하다가 들키고, 그래서 찢겨 죽었다고 한다. 더욱 끔찍

한쪽 무릎을 꿇은 미다스가 디오뉘소스에게 소원을 말하고 있다. 왼쪽 끝에는 세일레노스가 여전히 술과 잠에 취해 있고, 오른쪽 저 멀리에는 시냇물에 머리와 손발을 씻는 미다스가 보인다.
니콜라 푸생Nicolas Poussin, 〈박코스[디오뉘소스] 앞에 있는 미다스Midas before Bacchus〉, 1628–1629년, 캔버스에 유채, 98×130cm, 뮌헨, 알테 피나코테크.

한 것은 이 왕을 찢어 죽인 것이 자기 이모들과 어머니라는 사실이다. 그 어머니는 자기 아들을 새끼 사자로 착각하여 찢어 죽이고는 그 머리를 들고서 자랑까지 했다고 한다. 디오뉘소스가 그 숭배자들에게 끼쳤던 엄청난 위력과 더불어, 비이성의 힘이 어느 정도인가를 보여 주는 사례다.

한편 디오뉘소스에게 좋은 일을 해 주어서 상을 받은 존재도 있다.

'황금의 손'을 가졌다는 미다스Midas(영어식으로는 '마이더스')가 그 사람이다. 그는 어린 디오뉘소스를 키워 주었던 세일레노스가 술에 취해 잠든 것을 잘 보호해 주었다. 디오뉘소스가 그에 보답하기 위해 소원을 묻자, 그는 무엇이건 만지는 대로 황금이 되게 해 달라고 청했다. 하지만 음식과 음료까지도 황금으로 변하자, 그는 신에게 그 선물을 철회해 달라고 청했다(이 일화는 오비디우스의 『변신 이야기』에 나오는 것인데, 거기에는 미다스의 딸까지도 황금으로 변했다는 이야기는 나오지 않는다). 그러자 디오뉘소스는 미다스에게, 강을 거슬러 올라가 물에 손발을 씻으라고 명한다. 그가 그대로 행하자 마력이 사라졌는데, 그 이후로 이 강에는 사금이 많아졌다고 한다(이는 소아시아 지역 강물에 사금이 많은 이유를 설명하는 원인설화다).

여기까지 소개한 신이 제우스, 헤라, 포세이돈, 데메테르, 아폴론, 아르테미스, 아테네, 헤파이스토스, 아프로디테, 아레스, 헤르메스, 디오뉘소스, 하데스, 페르세포네, 이렇게 모두 열넷이다. 보통 올륌포스의 신들이 열둘이라고 되어 있으니, 거기에 맞추자면 저승에 사는 하데스와 페르세포네를 빼면 되겠다. 그 밖에도 항상 올륌포스에 있는 것으로 되어 있는 신으로, 『일리아스』에서 신들의 전령으로 나오는 이리스, 신들의 술을 따른다는 헤베, 그리고 아폴론과 아르테미스의 어머니 레토가 있다. 레토에 대해서는 이미 설명했고, 이리스는 헤라를 설명할 때 나왔으며, 헤베는 헤라클레스 부분에서 다시 등장할 것이다.

영웅들의
시대

페르세우스

희랍의 대표적인 영웅들 가운데 계보상 가장 앞쪽에 놓인 사람이 페르세우스Perseus다. 페르세우스와 테세우스를 혼동하기 쉬운데, 페르세우스는 제우스의 아들이고, 테세우스는 인간인 아이게우스의 아들이라고 기억하면 좋다.

페르세우스 이야기의 핵심은 3가지다. 태어날 때 기이한 일이 있었다는 것, 고르곤의 목을 베었다는 것, 안드로메다를 구원했다는 것.

탄생

페르세우스의 어머니는 아르고스의 왕녀로 이름은 다나에Danae였다. 그녀의 아버지인 아크리시오스Akrisios는, 자기 딸이 아이를 낳으면 그 아이에게 자신이 죽으리라는 신탁을 받았다. 그래서 남자와 접촉하지 못하게끔 딸을 청동으로 만든 탑에 가두었다. 하지만 제우스가 황금의 비가 되어 그녀에게 내리는 바람에 결국 아이가 생기고 말았단다. 아들

제우스가 황금의 비로 변해 다나에에게 내리고 있다.
구스타프 클림트Gustav Klimt, 〈다나에Danae〉, 1907년, 캔버스에 유채, 77×83cm, 개인 소장.

이 태어나자 겁이 난 아크리시오스는 모자母子를 상자에 담아 바다로 띄워 보낸다. 하지만 그 상자는 세리포스 섬에 가서 닿았고 아이는 거기서 성장한다.

(신라 석탈해 임금의 경우에도 그의 어머니가 알을 낳자 사람들이 그 알을 상자에 넣어 바다에 띄웠다는 이야기가 있다. 그 밖에도 아기가 상자 안에서 발견된

사례는 신라 김씨 왕조의 시조인 김알지金閼智 설화에서도 나타난다. 이미 앞에서 어린 에릭토니오스가 바구니에 숨겨졌던 일화를 소개했는데, 어쩌면 여기에는 고대에 아기를 버리던 방식이 반영되었을 수 있다. 오이디푸스는 항아리에 담겨 버려졌다는 판본도 있다.)

메두사의 목을 베다

한데 세리포스 섬의 왕인 폴뤼덱테스Polydectes가 다나에를 좋아해서 그녀를 차지하고자 한다. 그리고 이미 장성해 있어서 방해가 되는 페르세우스을 제거하고자 음모를 꾸민다. 그래서 그에게 부과된 것이, 보는 사람을 모두 돌로 만들어 버린다는 고르곤Gorgon의 머리를 가져오라는 것이다(다른 판본에 의하면 폴뤼덱테스는 아르고스 왕녀 힙포다메이아에게 청혼하기 위해 선물을 모았는데, 가난해서 선물을 바치지 못한 페르세우스가 대신 다른 일을 시켜 달라고 해서 고르곤의 머리를 가져오라는 명을 받았다고 한다).

　페르세우스는 여러 존재들의 도움을 받아 이 과업을 성취한다. 우선 요정들의 도움으로 여러 가지 장비를 마련한다. 고르곤의 머리를 담을 수 있는 자루, 날개 달린 신, 그리고 보이지 않게 해 주는 모자 등이다. 이것들을 얻는 과정도 그리 순탄치는 않은데, 우선 이 요정들에게로 가는 길을 알아내야 했다. 그래서 나면서부터 노파인 그라이아이 Graiai(회색 여인들)에게로 갔다. 고르곤들의 자매들인 이 노파들은 이와 눈이 하나뿐이어서 그것을 돌려 가면서 사용했는데, 페르세우스가 중간에 그것을 가로채고는 길을 가르쳐 주지 않으면 그것을 호수에 던져 버리겠다고 위협해서 길을 알아낸다. 그 후 페르세우스가 어떻게 했는지는 2가지 판본이 있다. 착한 판본에 따르면 그것을 노파들에게 다시

페르세우스가 그라이아이 자매들의 하나뿐인 눈을 가로채고 있다.
에드워드 번존스Edward Burne-Jones, 〈페르세우스와 그라이아이Perseus and the Graiae〉, 1892년, 캔버스에
유채, 슈투트가르트, 슈투트가르트 미술관Staatsgalerie Stuttgart.

돌려주었다 하고, 다른 판본에 따르면 보복이 두려워서 그것을 호수에 던져 버렸다 한다(옛 동화들에, 우리가 보기에 끔찍하고 너무 심하다 싶은 보복이 자주 등장하는 것으로 보아 아마도 좀 더 못되게 행동하는 쪽이 원본이었을 것이다).

페르세우스는 고르곤 세 자매가 있는 곳으로 갈 때 헤르메스와 아테

네의 안내를 받았다고 하는데, 이 대목은 조금 전에 그라이아이 자매를 속여서 길을 알아냈다는 이야기와 다소 모순된다(물론 안내자는 일정 단계를 지나야 나타난다고 하면 해결될 일이다). 어쨌든 목적지에 당도하니 마침 고르곤 세 자매는 잠을 자고 있었다. 이들 중에서 죽는 존재는 메두사Medusa 하나뿐이었으므로, 페르세우스는 고개를 뒤로 돌리고 방패에 비친 모습을 보면서 메두사의 머리를 자른다(어떤 도기 그림에는 방패 없이 그냥 아테네 여신이 페르세우스의 손을 인도하는 것으로 되어 있다). 여기서 페르세우스가 사용하는 무기는, 크로노스가 우라노스를 거세할 때 사용했던 것과 마찬가지로, 낫이다. 그래서 조금 현대적인 조각에서도 페르세우스가 들고 있는 칼에 며느리발톱처럼 작은 날이 칼등 쪽으로 튀어나온 것으로 새기기도 한다.

한편 메두사라는 이름이 '다스리는 여자'라는 뜻일 수 있어서, 여기에 여성 중심 신화 체계가 남성 중심으로 바뀐 사정이 반영되었다는 해석도 있다. 인도-유럽족이 당도하기 전에 희랍에 살던 사람들은 주로 땅을 관장하는 여신을 섬겼는데, 하늘의 남성 신을 섬기는 사람들이 나중에 도래해서 이전의 여성 신을 몰아내고 자기들의 신을 중심에 놓았다는 것이다. 이전 여성 신들의 운명은 둘 중 하나가 되는데, 헤라처럼 새로운 남성 신의 부인이 되어 살아남는 경우가 하나고, 다른 것은 메두사처럼 괴물로 여겨지고 죽음을 당하는 것이다.

이와 같이 페르세우스는 메두사의 목을 베고 난 뒤, 그 머리를 자루에 담고는 보이지 않게 해 주는 모자를 쓰고서 달아난다. 곧이어 잠에서 깨어난 고르곤들이 추격해 오지만 보이지 않는 그를 잡지는 못한다. 이 추격 장면은 저승 여행 이야기에 흔히 등장하는 요소로, 저승을 다

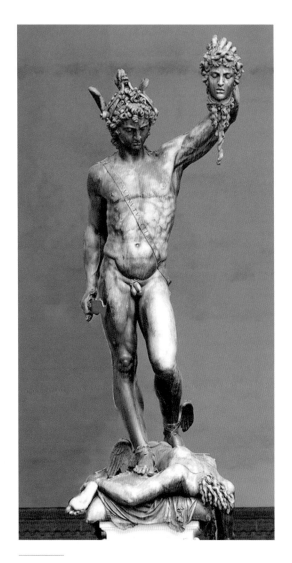

페르세우스가 메두사의 목을 베어 들고 있다. 그의 무기는 원래 낫이기 때문에 이 조각에서는 칼의 앞쪽이 약간 휜 것으로 표현되어 있다.
벤베누토 첼리니Benvenuto Cellini, 〈메두사의 목을 든 페르세우스Perseus with the Head of Medusa〉, 1545–1554년, 청동, 피렌체, 란치 회랑Loggia dei Lanzi.

잘린 메두사의 목에서 페가소스와 크뤼사오르가 태어나고 있다.
에드워드 번존스, 〈페가소스와 크뤼사오르의 탄생The Birth of Pegasus and Chrysaor〉, 약 1876–1885년, 구아슈, 사우샘프턴, 사우샘프턴 시립미술관Southampton City Art Gallery.

녀오는 사람에게는 악령이 따라온다는 이야기다.

대표적인 사례가 일본의 『고사기古事記』에 나온 이자나기-이자나미伊耶那岐-伊耶那美 이야기다. 죽은 아내 이자나미를 찾아 저승에 갔던 이자나기는 악령들에게 쫓겨 겨우겨우 이승으로 돌아온다. 희랍 신화에

페르세우스가 바다 괴물의 먹이가 될 뻔한 안드로메다를 구출하고 있다. 원래 페가
소스는 페르세우스의 차지가 아닌데도 화가들은 자주 이 영웅이 페가소스를 타고
있는 것으로 그렸다.
프레더릭 레이턴 경Sir Frederic Leighton, 〈페르세우스와 안드로메다Perseus and
Andromeda〉, 1891년, 캔버스에 유채, 235×129cm, 리버풀, 워커 미술관.

서는 헤라클레스가 저승 여행에서 돌아온 후 헤라가 보낸 광기 때문에 가족을 죽이게 되었다는 이야기다(이것은 에우리피데스의 비극 『헤라클레스』에 나온다).

한편 목이 베였을 때, 메두사는 포세이돈의 아이를 임신하고 있었다고 한다. 그래서 목이 베이자 그곳에서 포세이돈의 자식들이 튀어나왔는데, 하나는 날개 달린 말 페가소스고, 다른 하나는 크뤼사오르(황금의 칼)라는 이름의 작은 아이다. 이 둘은, 인간 형상을 하고 있으면서도 말의 성질을 가졌던 포세이돈의 특징이 둘로 나뉘어 형상화된 것으로 보인다. 크뤼사오르에게는, 그가 후에 3중인간 게뤼온의 아버지가 되었다는 것 외에는 다른 이야기가 없지만, 페가소스는 우리가 다음에 다룰 벨레로폰 이야기에 다시 등장한다.

안드로메다를 구출하다

페르세우스는 하늘을 날아 돌아가다가 아이티오피아(에티오피아)의 바닷가에 이르러, 아름다운 소녀가 바다 괴물의 먹이로 묶여 있는 것을 발견한다. 이 소녀는 안드로메다Andromeda로 그 나라 왕비 캇시에페이아Cassiepeia(또는 캇시오페이아Cassiopeia)의 딸인데, 어머니의 죄 때문에 희생으로 바쳐지게 되었다. 자신의 미모에 지나친 자부심을 가졌던 캇시에페이아가 자신이 바다 신의 딸들보다 낫다고 선언했던 것이다. 이런 오만함은 당연히 바다 신의 노여움을 샀다. 바다에서 괴물이 나타나 나라를 황폐화했고, 그 괴물을 달래려 소녀가 제물로 바쳐진 것이다. 페르세우스는 안드로메다와의 결혼을 약속받고는 그 괴물을 물리친다(우리는 이와 비슷한 상황을 헤라클레스가 트로이아 왕녀 헤시오네를 구원하는 데

메두사는 뱀으로 된 머리카락과 멧돼지처럼 돌출한 이빨을 가졌으며, 그의 얼굴을 본 사람은 누구나 돌로 변한다고 한다. 이 그림은 일부러 둥근 프레임 안에 그려 넣어서, 아테네의 방패에 부착된 메두사의 머리를 보여준다.
카라바조, 〈메두사Medusa〉, 1595–1596년, 캔버스에 유채, 지름 55cm, 피렌체, 우피치 미술관.

서 다시 보게 될 것이다).

하지만 이들의 결합을 방해하려는 자가 있었으니, 안드로메다의 외삼촌으로 이미 그녀와 약혼이 되어 있던 피네우스Phineus라는 사람이었다(피네우스는 별로 유명한 사람이 아니다. 같은 이름을 가진, 훨씬 더 유명한 사람이 아르고호의 모험에 나온다. 삼촌과 조카 사이의 결혼은 고대에 자주 보이는 관행으로, 가문의 재산이 흩어지지 않게 하는 방편이었다). 페르세우스는 그의 무리를 물리치기 위해 고르곤의 머리를 처음 사용한다. 그것을 꺼내서 적들을 모두 돌로 만들어 버린 것이다. 세리포스로 돌아가서도 같은 전략을 사용하는데, 폴뤼덱테스 일당을 역시 돌로 만들어 버린 것이다.

그 후의 이야기

페르세우스는 요정들에게 빌린 물건을 모두 돌려주고, 메두사의 머리는 아테네 여신에게 바친다. 여신은 그것을 자기의 방패 가운데에, 또는 자신의 아이기스에 달았다고 한다(이런 설명은 왜 현재는 이런 이상한 물건이 인간 세계에 존재하지 않느냐는 질문에 대한 답이다).

사람이 한 번 보기만 해도 돌로 변하게 된다는 메두사는 뱀으로 된 머리카락과 멧돼지처럼 돌출한 이를 가졌다고 한다. 남아 있는 작품들을 보면 요즘 기준으로는 별로 무섭지 않게, 그냥 넙데데한 얼굴에 혀를 내밀고 송곳니가 튀어나와 있는 것으로 그려졌을 뿐이다. 고르곤 상像은 상고시대Archaic age에는 그 무서운 모습 때문에 나쁜 것을 퇴치하는 효과를 바라고 건물 장식 등에 많이 사용되었지만, 고전기에는 점차 예쁜 여자 모습으로 그려진다. 그 결과 나쁜 것을 쫓아낸다는 의미가 퇴색되면서 이후에는 점차 관심에서 멀어지게 되었다.

페르세우스는 그 후 아내와 어머니를 데리고 본향인 아르고스로 돌아갔는데, 외조부인 아크리시오스는 손자가 나타났다는 말을 듣고 두려워 도망쳤단다. 그런데 페르세우스가 어떤 장례식 경기에 갔다가 원반을 던진 것이 관중석에 있던 아크리시오스를 맞춰 그를 죽게 했으며, 그렇게 해서 결국 신탁이 이뤄졌다고 한다. 그 후에 페르세우스는 자신의 손에 죽은 외조부의 나라를 물려받기가 부담스러워서, 이웃 나라인 티륀스Tiryns와 나라를 바꿔 다스렸다고 한다(이때의 티륀스 왕 메가펜테스 Megapenthes는 프로이토스Proitos의 아들로서, 페르세우스의 5촌 아저씨뻘이었다).

페르세우스에게서는 많은 자손들이 태어난다. 그중 가장 유명한 두 사람이 헤라클레스와 그의 숙적 에우뤼스테우스Eurysteus이고, 그 밖에 페르시아인들의 시조가 되었다는 페르세스Perses도 기억해 둘 만하다.

페르세우스, 안드로메다, 캇시에페이아, 그리고 그녀의 남편 케페우스Kepheus는 지금 모두 북극성 가까이에 있는 별자리의 이름이 되어 있다. 이들이 별이 되리라는 예언이 에우리피데스의 (지금은 전해지지 않는) 비극 「안드로메다」에 나와 있었다니, 헬레니즘 시대 이전부터 전해지는 별자리의 유래로는 드문 사례다.

벨레로폰

코린토스 출신의 영웅 벨레로폰Bellerophon(벨레로폰테스Bellerophontes)은 페가소스를 차지한 사람으로 유명하다. 이 사람과 관련해서도 중요한 사건은 몇 없다. 페가소스를 얻어 키마이라Chimaira를 퇴치했다는 것, 그리고 그전에 여자의 모함을 받았다는 것이 전부다.

페가소스를 얻다

벨레로폰은 날개 달린 말 페가소스를 얻기를 기원하다가 아테네 신전에서 잠이 들었다(신탁이나 치유를 바라고 신전에서 잠을 자는 것은 흔한 관행이었다). 그러자 꿈에 아테네 여신이 나타나 황금 재갈을 주었다. 잠에서 깨어난 벨레로폰은 그 재갈이 정말로 자신의 머리맡에 있는 것을 발견했다. 그것을 들고 샘가로 갔을 때, 물을 마시러 왔던 페가소스가 그 황금 재갈을 보고는 자진해서 다가와 그것을 받았다고 한다. 이것은 재갈을 처음 발명한 '말 여신 아테네Athene Hippia'의 면모가 드러나는 일화인 동시에, 샘이 등장한다는 점에서 발로 바위를 차서 여러 샘을 만들었다는 페가소스에게 잘 부합되는 이야기다.

모함을 당하다

벨레로폰은 고향에서 살인을 저지르고 도망쳐서 프로이토스에게로 가서 정화를 받았다(이때 죽은 사람이 누구인지 좀 불분명한데, 벨레로폰 Bellerophon이란 말이 '벨레로스를 죽인 자'라는 뜻일 수 있어서, 보통 벨레로스가 그 피해자로 되어 있다. 하지만 괴물도 아니고, 인간을 죽이고서 그 사건을 이름으로 삼는 것은 좀 이상하다). 프로이토스는 앞에 나온 다나에의 아버지 아크리시오스와 쌍둥이 형제다. 그런데 프로이토스의 아내인 스테네보이아Stheneboia(또는 안테이아Anteia)가 이 젊은이를 유혹하려 했고, 뜻을 이루지 못하자 그를 모함했다. 벨레로폰이 자신을 넘보았다는 것이다. 프로이토스는 아내의 말을 믿고 벨레로폰을 벌하고자 했으나, 자신이 정화해 준 인물을 해칠 수는 없어서 그를 소아시아 뤼키아Lykia에 살고 있는 자기 장인 이오바테스Iobates에게로 보낸다. 죽이라는 표식이 잔뜩 들어가 있는 소개장을 주어 보낸 것이다. 사위에게서 온 손님을 며칠간 잘 접대한 이오바테스는 나중에야 소개장을 보자 했고, 그 속에 담긴 의미를 알고는 이 젊은이를 이루지 못할 일을 하도록 보낸다.

이오바테스가 맡긴 일은 키마이라라는 괴물을 퇴치하는 것이었다. 그것은 앞은 사자, 뒤는 뱀이고, 가운데는 염소로 되어 있었다고 한다. 보통 그림이나 조각에는 사자 몸뚱이에 꼬리가 뱀으로 되어 있고, 가운데에 염소 머리가 하나 더 솟아난 것으로 표현된다. 그 모습보다도 이 괴물을 무섭게 만드는 것은 불을 뿜는다는 사실이었다. 하지만 하늘을

벨레로폰이 페가소스를 탄 채 키마이라를 퇴치하고 있다. 키마이라의 중간 부분 염소는 이미 죽었으며, 꼬리는 뱀 아닌 보통 꼬리처럼 그려졌다.
〈페가소스를 타고 키마이라를 찌르는 벨레로폰Bellerophon on Pegasus Spears the Chimera〉, 기원전 약 425–420년, 소형 상epinetron, 아테나이, 아테나이 국립고고학박물관.

나는 말을 가진 벨레로폰은 불길이 닿지 않을 만큼 높이 날면서 화살을 날려 그 괴물을 제압했다. 하지만 벨레로폰이 창을 가지고 싸우는 그림도 많이 남아 있다.

　젊은이가 살아 돌아오자 이오바테스는 계속 어려운 일을 생각해 낸다. 상대하기 어려운 아마존족과의 싸움, 솔뤼모이Solymoi인들과의 전쟁 등이다. 이런 일을 다 해치우자 자객단을 매복시켰지만 이들마저 벨레로폰의 손에 쓰러지고 만다. 결국 이 젊은이가 보통 사람이 아님을 알게 된 이오바테스는 자기 딸을 그에게 주고 나라를 물려주었다고 한다.

이 이야기에는 여러 이야기에 반복되는 요소들이 많이 들어 있는데, 그중 하나가 '보디발 모티프Potiphar motif'다. 뛰어난 젊은이가 높은 분의 부인에게서 유혹을 받지만 거부했다가 오히려 모함을 받는다는 것이다. 이런 이야기 중 가장 유명한 것이 구약성경 『창세기』에 나오는 요셉의 일화인데, 이집트에 노예로 팔려 간 젊은이가 보디발이라는 사람의 집에서 당하는 일이라서 이런 이름이 붙었다. 우리는 앞으로 비슷한 경우로서, 아킬레우스의 아버지가 되는 펠레우스의 사례, 그리고 더 유명한 것으로 테세우스의 아들인 힙폴뤼토스의 사례를 보게 될 것이다.

벨레로폰이 얻어 가지고 가는 소개장도 유명하다. 그것을 지닌 사람에게 오히려 해가 되는 '벨레로폰의 소개장'은 여러 이야기에서 거듭 쓰이는 장치다. 거기 쓰였다는 죽이라는 표식이 과연 문자인지 아닌지는 분명치 않은데, 이를테면 해골 표시같이 그냥 기호였을 수도 있다.

벨레로폰이 해결하는 과제들은 신랑감 시험의 예라고 할 수 있다. 그 보답으로 왕녀와 함께 땅(대개는 나라의 절반)을 주는 것은 여성을 통해 권력이 전해지던 시대의 습속을 보여 주는 것일 수도 있다. 나중에 볼 오이디푸스도 그런 식으로 권력을 얻었는데, 여기서 나라의 절반과 왕녀와의 결혼은 일종의 '패키지'여서 둘 중 하나만 가질 수는 없다. 그래서 오이디푸스가 자기보다 나이가 훨씬 많은 과부와 결혼했던 것이다.

『일리아스』가 전해 주는 벨레로폰의 노년은 매우 불행하다. 신의 미움을 받아 자식도 다 잃고 고통 속에 외롭게 떠돌아다니게 되었다는 것이다. 좀 더 자세한 다른 판본에 따르면 그는 페가소스를 타고서 올림포스로 올라가려다가 떨어져서 다리를 절게 되었고, 다른 불행들도

제우스가 벼락 창으로 벨레로폰과 페가소스를 겨냥하고 있는데, 나중엔 마음을 바꿔 등에를 보낸다.
조반니 바티스타 티에폴로Giovanni Battista Tiepolo, 〈페가소스를 탄 벨레로폰Bellerophon on Pegasus〉,
1746-1747년, 프레스코화, 베네치아, 라비아 궁Palazzo Labia.

당하게 되었다는 것이다. 한데 여기서 제우스는 평소에 사용하던 벼락
을 쓰지 않고, 등에를 보내서 페가소스로 하여금 몸부림을 치게 했다
고 한다. 그 후에 페가소스는 제우스의 천둥, 번개를 나르게 되었다고
하는데, 혹시 벼락으로 치면 페가소스가 다칠까 봐 그랬던 셈이다.

테세우스

테세우스Theseus는 헤라클레스의 동시대 사람이지만 그보다는 약간 나이가 적은 것으로 되어 있다. 테세우스의 이야기는 헤라클레스 것과 비슷한 점이 많다. 이는 테세우스가 헤라클레스를 모범으로 삼아 거의 만들어진 영웅이기 때문이다. 희랍 전역에 유명한 헤라클레스가 앗티케Attike와는 적수인 도리스 지역 출신이기 때문에, 앗티케인들은 자신들만의 영웅을 새로 만들고자 했던 것이다.

탄생과 성장
테세우스는 아테나이의 왕이었던 아이게우스의 아들이다. 아이게우스는 이미 2번이나 결혼했지만 아들 얻기를 실패하고서, 델포이를 찾아간다. 거기서 그는 이해하기 어려운 신탁을 받는데, 그 내용은 '집에 닿기 전에는 포도주 자루를 풀지 말라'는 것이다. 왕은 이 말이 무슨 뜻인지 몰라 현명하기로 소문난 트로이젠 왕 핏테우스Pitteus를 찾아간다. 핏테

아테나이의 왕 아이게우스는 아들을 낳기 위해 델포이로 가서 신탁을 받는다. 왼쪽의 여사제는 세발솥 위에 올라 앉아 있다.
〈테미스와 아이게우스Themis and Aegeus〉, 기원전 약 440-430년, 술잔kylix, 베를린, 구박물관.

우스는 그 말이 무슨 뜻인지를 알고는 그날 밤에 아이게우스의 숙소에 자기 딸 아이트라Aithra를 들여보냈다. 그렇게 해서 생긴 아이가 테세우스다. 그러니까 델포이 신탁의 뜻은, 이제 곧 훌륭한 자손을 낳을 것이니 고향 땅에 가기 전에 다른 지역 여자에게서 아이를 만들지 말라는 것이었던 듯하다.

성인이 된 테세우스가 바위를 들어 그 밑에 아버지가 두고 간 물건을 찾고 있다. 오른쪽에 그려진 아이트라의 가슴이 드러난 것은 그녀가 여신급 존재라는 뜻이다.
로랑 드 라 이르Laurent de La Hyre, 〈테세우스와 어머니 아이트라Theseus and Aethra〉, 약 1635–1636년, 캔버스에 유채, 141×118.5cm, 부다페스트, 부다페스트 미술관Szépművészeti Múzeum.

신화상의 많은 인물들이 그러하듯이, 테세우스 역시 신의 자식이라는 이야기가 있는데, 그 아버지로 꼽히는 것이 포세이돈이다. 그가 아이게우스의 아들이라는 설과 포세이돈의 자식이라는 설을 절충하기 위해서인지 아이게우스와 포세이돈이 같은 밤에 아이트라와 결합했다는 이야기도 있다.

아이게우스는 아테나이로 떠나면서, 바위 밑에 신표信標를 숨겨 두고 갈 터이니 혹시 아들이 태어나고 그 바위를 들칠 정도의 힘이 생기면 그 신표를 가지고 자신을 찾아오라 일렀다. 테세우스가 청년이 되자, 어머니 아이트라는 그에게 바위를 들쳐서 물건들을 찾게 한다. 거기서 나온 것은 샌들과 칼이었다(동명왕의 아들 유리가 아버지를 찾아 떠날 때, 바위 밑에 숨겨진 칼을 가져간 것과 비슷하다. 돌에서 칼이 나오고, 그것을 차지한 사람이 왕이 된다는 설정은 아서 왕 이야기에도 있다. 미르치아 엘리아데는 이것을 두고 돌에서 금속을 뽑아내던 대장장이의 마법적인 힘이 반영된 것이라고 해석한다).

아테나이 가는 길

트로이젠은 바다를 사이에 두고 아테나이를 바라보는 위치에 있다. 따라서 바다를 통하는 길을 택하면 금방 목적지에 다다를 수 있다. 하지만 이 젊은이는 자기의 6촌 형뻘인 헤라클레스를 너무나 존경해서 그를 본받아 세상의 악한 존재들을 퇴치하길 원했다. 더구나 자신이 아무 피도 묻지 않은 깨끗한 칼을 신표로 가져간다는 것을 부끄럽게 생각했다.

그래서 테세우스가 택한 길은 악한들이 우글거리는, 위험한 육로였다. 일설에 따르면 이때는 헤라클레스가 광기에 빠져 이피토스를 죽인 죄로, 뤼디아의 여왕인 옴팔레에게 팔려 가 종노릇을 하고 있었기 때문에 이렇게 세상이 위험해졌다 한다.

테세우스가 상대했던 악당들은 모두 도구를 하나씩 가지고 있다는 점이 특징이다(테세우스 이야기는 헤라클레스보다는 개명한 시대를 배경으로 삼고 있다).

첫 번째 상대는 가까운 에피다우로스Epidauros(현재 희랍 문화권에서 가장 보존이 잘된 극장이 남아 있는 곳)에서 마주쳤는데, 몽둥이를 휘두르는 사나이 페리페테스Peripetes였다. 그는 몽둥이로 지나가는 사람을 쳐 죽이고 물건을 빼앗는 악당이다. 테세우스는 그를 제압하고 그 몽둥이를 빼앗아 이후 자신이 가지고 다닌다. 테세우스가 첫 위업에서 앞으로 자신의 특징이 될 무기를 마련했다는 사실도 그렇고, 그 무기가 몽둥이라는 것도 모두 헤라클레스의 경우와 비슷하다. 잠시 후에 보겠지만, 헤라클레스는 자신의 12가지 위업 중 처음 2가지에서 앞으로 자신의 지물持物이 될 사자 가죽과 독화살을 얻는다. 그리고 몽둥이 역시 헤라클레스의 중요한 지물 중 하나다.

두 번째 악당은 소나무 사나이 시니스Sinis다. 코린토스 지협에 자리잡고 있었던 그는 소나무의 탄성을 이용하던, 상당히 '물리학적인' 강도다. 지나가는 사람을 잡아서는 구부려 휘어 놓은 소나무 둘 사이에 묶었다가 소나무를 놓아서 찢어 죽이거나, 아니면 소나무 하나를 휘어 거기 사람을 묶어서 도로 놓아 하늘로 날려서 죽였다는 것이다. 테세우스는 이 사람도 잡아서 같은 방식으로 없애 버린다.

세 번째 적은 크롬뮈온Krommyon의 암돼지다. 아마 엄청난 덩치로 지나가는 사람을 해쳤던 모양인데, 테세우스는 이것도 제거한다. 사실 테세우스의 모험을 보면 헤라클레스의 경우처럼 아주 이상한 괴물은 나오지 않는다. 대개는 인간인 악당이거나, 짐승이라고 해 봐야 돼지나 소 같은 가축이다. 이것은 테세우스 이야기가 좀 더 개명된 시대에 만들어진 것이기 때문일 것이다. 물론 헤라클레스가 이미 괴물들을 다 퇴치해 버려서 더 이상 그런 이상한 존재들은 없었기 때문이라고 해도 되겠다(어찌 보면 헤라클레스의 괴물 퇴치 이야기는, 왜 지금은 이상한 괴물들이 없는지에 대한 원인설화라고도 볼 수 있겠다).

네 번째 적은 코린토스 지협에 사는 스케이론Skeiron이라는 자였다. 그는 대야 사나이라고 할 수 있는 자로서, 높은 절벽 위에 자리 잡고서 지나가는 사람을 붙잡아 자기 발을 씻게 하다가, 갑자기 걷어차서 절벽 아래로 떨어뜨려 죽였다. 그 절벽 밑에는 거북이가 살고 있어서 떨어지는 사람을 받아먹었다고 한다. 동물애호가, 혹은 생물학적 강도라고나 할까. 언제나 상대의 수법을 그대로 쓰는 테세우스는 이 사람도 똑같이 걷어차서 거북이 밥으로 만들었다고 한다.

다섯 번째 적은 케르퀴온Kerkyon이라는 엘레우시스의 씨름꾼이었다. 그는 지나가는 사람에게 한 판 겨루자고 해서는 상대를 해치우는 자였다. 이 역시 테세우스와의 대결에서 죽음을 당하는데, 사실 이런 종류의 악당은 좀 흔한 편이다. 아르고호 영웅들에게 권투로 도전했다가 폴뤼데우케스에게 죽음을 당하는 아뮈코스나, 헤라클레스에게 도전했다가 공중에 들린 채 졸려 죽은 안타이오스같이 다른 예들을 쉽게 찾을 수 있다.

아마도 여섯 번째 적이 가장 유명할 텐데, 보통 프로크루스테스

테세우스가 해치운 괴물들이 술잔에 새겨져 있다. 미노타우로스, 프로크루스테스, 마라톤의 황소, 크롬뮈온의 암퇘지와의 대결 등을 그리고 있다.
기원전 약 440–430년, 술잔kylix, 런던, 영국박물관.

Prokrustes라고 불리는 침대 사나이다. 그는 침대를 2개 가지고 있어서, 지나가는 사람을 붙잡아서 큰 사람은 작은 침대에 눕혀 길다고 잘라 죽이고, 작은 사람은 큰 침대에 눕혀 짧다고 늘려 죽였다 한다. 테세우스는 그자를 잡아서, 아마도 덩치가 큰 놈일 터이니, 작은 침대에 눕혀 잘라 죽였다고 한다.

아테나이에서 있었던 일

테세우스는 이런 공들을 세우고 드디어 아테나이에 닿았지만, 곧장 왕자로 인정받은 것은 아니다. 거기에는 이미 메데이아Medeia라는 여자가 와 있었기 때문이다. 그녀는 동방 콜키스 출신으로, 황금 양털을 찾으러 간 아르고호 영웅들의 우두머리 이아손과 사랑에 빠졌고, 그를 따라 희랍으로 온 여인이다. 에우리피데스의 『메데이아』라는 비극 작품에 따르면, 아이게우스는 핏테우스를 만나러 가다가 코린토스에서 메데이아와 마주친 것으로 되어 있다. 그때 메데이아는 남편에게 배신당하고 복수할 길을 찾고 있었는데, 아이게우스는 앞으로 무슨 일이 있으면 그녀를 보호해 주기로 약속했던 것이다.

한데 테세우스가 아테나이에 도착했을 때는 이미 메데이아가 자식들을 죽여 남편에게 복수하고, 용이 끄는 마차를 타고서 아테나이로 와서 아이게우스의 아내 노릇을 하고 있던 참이었다. 자식을 처음으로 만난 아이게우스 왕이 아직 상대의 신분을 알아채지 못하고 있을 때, 모든 것을 내다보는 메데이아는 왕의 후계자가 나타났음을 알고, 그를 제거하려 한다. 첫 시도는 마라톤의 황소를 잡아 오도록 보낸 것이다.

이 황소는 유래가 좀 복잡한데, 원래는 크레테에 있던 것이다. 제우스가 황소의 모습으로 에우로페를 업고 달아나서 크레테에 이르러 낳게 한 아들이 미노스다. 한데 나중에 왕권을 둘러싸고 분쟁이 생기자, 미노스는 포세이돈에게 빌어서 기적이 나타나게 했다. 그러면서 무엇이건 신이 보내 주는 것은 다시 신에게 돌려보내기로 약속했다. 그래서 포세이돈이 보내 준 것이 이 아름다운 황소였다.

하지만 너무나도 아름다운 황소를 본 미노스는 애당초의 약속을 저버리고 그것을 자신의 가축 무리 속에 숨겨 두었다. 그러자 포세이돈은 그것을 징벌하기 위해 미노스의 아내인 파시파에Pasiphae로 하여금 그 황소를 사랑하게 만들었다. 그녀는 몸이 달아서 명장 다이달로스Daidalos를 찾아갔다. 어떻게 해서든 저 황소와 결합하게 해 달라는 것이었다. 다이달로스는 나무로 암소를 만들어 거기 쇠가죽을 씌우고 그 안에 파시파에를 들어가게 했다. 그 모형 암소가 어찌나 진짜 같았던지, 황소는 그것이 암소인 줄 알고 그것과 결합했고, 그래서 태어난 것이 머리는 소요, 몸은 사람인 미노타우로스라는 존재다.

그런데 이 소가 마라톤으로 오게 된 것은 헤라클레스 때문이었다. 신은 미노타우로스를 낳게 하는 데서 만족하지 않고 그 소를 나중에 미쳐 날뛰게 했단다. 그래서 이 소를 잡아 오는 일이 헤라클레스의 일곱 번째 과제로 떨어졌던 것이다. 하지만 막상 헤라클레스가 그 놈을 잡아 오자, 그 일을 시킨 에우뤼스테우스 왕은 이 황소를 그냥 놓아 주도록 했다. 그것이 지금 마라톤 평야에서 농경지와 사람을 해치며 난동을 부리는 참이었다.

젊은 영웅 테세우스는 당연히, 이 황소를 곧장 제압한다. 그가 무사히 돌아오자, 메데이아는 이번에는 독약을 준비한다. 자식인 줄 모르는

다이달로스가 가짜 암소를 만들어 파시파에에게 주고 있다. 그 앞쪽에는 이카로스가 아버지의 도구로 장난하는 모습이 그려져 있다.
1세기, 폼페이 벽화, 베티의 집 Casa dei Vettii.

아버지는 그에게 독이 든 잔을 권하다가 그의 칼을 보고는 자신의 아들임을 알고 잔을 쳐서 떨어뜨린다. 일이 탄로 나자 메데이아는 다시 동방으로 도망치고, 테세우스는 왕의 후계자로 인정받는다.

미노타우로스

하지만 당시 아테나이는 어려운 상황에 처해 있었다. 매년(혹은 9년마다) 크레테에 젊은이들을 미노타우로스(마라톤 황소의 아들)의 먹이로 바쳐야 했던 것이다. 미노스 왕은 괴물 아기가 태어나자 신들에게 신탁을 물었단다. 그리고 신탁에 따라 다이달로스에게 미궁을 짓게 하고, 거기 그 괴물을 가두고는 아테나이에서 인간을 먹이로 조달했던 것이다.

하필이면 아테나이가 괴물 먹이 공급처가 된 데도 사연이 있다. 아이게우스 왕은 판아테나이아 경기대회를 창설한 사람으로 알려져 있는데, 그 첫 대회에서 우승한 자가 다름 아닌 미노스의 아들 안드로게오스Androgeos였다. 하지만 아테나이 사람들이 이를 시기하여, 그에게 마라톤의 황소를 잡아 오라고 시켰고 결국 그는 거기서 황소에게 죽었다 한다(다른 판본에 따르면 라이오스 장례식 기념경기에 가다가 길에 매복한 자들에게 죽었다고 한다). 어쨌든 자기 아들이 아테나이인들 때문에 죽게 되었다는 사실을 알고서 미노스는 아테나이로 쳐들어갔다. 그는 전쟁으로 적들을 제압할 수는 없었지만, 신들께 빌어서 아테나이가 질병과 기근에 시달리게 만들었다. 결국 아테나이는 강화조약을 맺는 수밖에 없었다. 그래서 아테나이가 정기적으로 처녀 총각 7명씩을 공물로 바치게 된 것이다.

테세우스는 그 공물에 끼어서 크레테로 떠나게 되는데 그 이유로는 여러 가지가 꼽힌다. 가장 멋진 것은 테세우스가 자원해서 갔다는 판본이지만, 백성들이 왜 왕의 아들은 면제받느냐고 항의해서 할 수 없이 갔다는 우울한 판본도 있고, 그냥 제비뽑기로 그렇게 결정되었다는 심심한 판본도 있다. 한편 플루타르코스에 따르자면, 아테나이 사람들이

테세우스가 미노타우로스와 싸우고 있다.
에티엔쥘 라미Étienne-Jules Ramey, 〈테세우스와 미노타우로스Thésée et le Minotaure〉, 1826년, 대리석, 파리,
튈르리 정원Jardins des Tuileries.

자기네 손으로 희생자를 뽑은 것이 아니라 미노스 자신이 와서 직접
희생자를 선택했다고도 한다.

　한데 크레테에 도착한 테세우스를 보고서 미노스의 딸 아리아드네
Ariadne가 사랑에 빠졌다. 그녀는 이 멋진 젊은이가 죽음을 당하게 된 것

이 안타까워서 미궁을 만든 명장 다이달로스를 찾아간다. 그리고 그의 충고에 따라, 그녀는 청년에게 실뭉치와 칼을 건넨다. 테세우스는 그 실을 풀면서 미궁으로 들어가고, 괴물과 마주쳐 칼로 그를 죽이고, 다시 실을 따라 밖으로 나온다(이와 같이 어려운 상황을 헤쳐 나갈 실마리가 되는 것을 '아리아드네의 실'이라고 부른다). 하지만 테세우스가 그냥 맨주먹으로 미노타우로스를 처치했다는 판본도 있고, 아리아드네가 실을 준 것이 아니라, 찬란한 관冠으로 빛을 비추어 직접 어두운 길을 밝혀 주었다는 판본도 있다.

한편 테세우스가 빛나는 관冠을 얻었다는 다른 이야기도 있다. 테세우스가 돌아오자 미노스는 상대의 혈통을 두고 시비를 걸었다. "나는 제우스의 아들인데, 네 아비는 누구냐?" 하는 것이었다. 테세우스가 자기는 포세이돈의 아들이라고 응수하자, 미노스는 그것을 입증해 보라고 다그쳤다. 그래서 테세우스는 바닷속으로 뛰어들었고, 포세이돈의 아내인 암피트리테에게 접대를 받고 아름다운 관冠을 얻어 돌아왔다는 것이다. 이 이야기는 저승 여행이 흔히 2단계로 구성되는 패턴과 일치한다. 테세우스는 죽음을 향해 일종의 저승으로 떠난 것인데, 이런 여행은 대개 수평적인 것과 수직적인 것, 2단계로 되어 있다. 『길가메쉬 서사시』에서 길가메쉬가 우선 홍수 영웅 우트나피쉬팀을 찾아 수평적인 여행을 하고, 이어서 영원한 젊음을 주는 풀을 찾아 물속으로 뛰어든 사례가 이와 비슷하다.

그 후 아리아드네는 테세우스와 함께 도망치지만, 결국 낙소스 섬에서 버림을 받는다. 테세우스가 왜 그녀를 버렸는지에 대해서도 여러 가지 설이 있다. 가장 보편적인 설명은, 테세우스는 아리아드네를 버리고

낙소스 섬에 버려진 아리아드네는 디오뉘소스를 만나 그와 결혼한다. 왼쪽 위 하늘에는 아리아드네를 상징하는 별자리(왕관자리)가 보인다. 아리아드네의 옷은 '바닷가에 파란 옷 입은 사람을 그리지 말라'는 알베르티의 『회화론』의 충고를 비웃듯 파란색으로 그려졌다.
티치아노, 〈박코스[디오뉘소스]와 아리아드네Bacchus and Ariadne〉, 1520–1523년, 176.5×191cm, 런던, 내셔널 갤러리.

싫지 않았지만 신들이 억지로 헤어지게 했다는 것이다. 하지만 사실은 테세우스가 아리아드네를 사랑하지 않아서 그랬다는 설도 있다. 그 밖에도 다소 중립적인 판본으로, 그때 이미 아리아드네가 임신해 있었는데 배 멀미가 너무 심해서 잠시 내렸고, 테세우스 자신은 풍랑에 밀려 떠가고 말았다는 설이 있다. 어쨌든 가장 널리 퍼진 판본에 따르면, 버려진 아리아드네는 마침 그곳을 지나가던 디오뉘소스의 눈에 띄어 그의 아내가 되었다고 한다(이 이야기는 리하르트 슈트라우스Richard Strauss에 의해 《낙소스 섬의 아리아드네》라는 오페라로 만들어졌다).

원래 테세우스 일행이 탄 배는, 예전에도 두 번 그랬듯이, 죽음을 상징하는 검은 돛을 달고 고향을 떠났다. 하지만 이번에는 테세우스가 미노타우로스를 죽일 수 있다고 장담했으므로, 아이게우스는 키잡이에게 흰 돛(또는 진홍빛 돛)을 하나 더 주어, 혹시 테세우스가 무사하면 그것을 달고 돌아오도록 이야기해 두었다. 그런데 테세우스는 아리아드네를 두고 떠나서 마음이 혼란했던지, 아니면 승리에 들떠서인지 그 약속을 잊고 그냥 검은 돛을 단 채로 귀향하고 말았다. 그것을 멀리서 본 아이게우스는 절망하여 바다로 몸을 던져 죽었다. 그가 몸을 던진 바다는 그의 이름을 따서 '아이게우스의 바다Aigaion'(오늘날의 에게 해)라고 불리게 되었다 한다.

여기서 중요한 것은 새로운 왕이 등장할 때 전왕이 죽는다는 것이다. 희랍의 많은 신화에서 왕권을 가진 자가 자기 딸을 상으로 내걸고 경기를 벌여 사위를 선택하는데, 그 와중에 왕이 죽게 된다. 가장 뚜렷한 예가, 오이노마오스Oinomaos가 힙포다메이아Hippodameia를 상으로 걸고 펠롭스Pelops와 벌였던 마차 경주다. 또 사위가 아니라도 왕위 계승자가 전왕을 죽이는 사건들이 많이 있는데, 한 예로 페르세우스가 원반던지기를 하다가 외할아버지 아크리시오스를 맞혀 죽게 한 사건을 들 수 있겠다. 이는 왕의 힘과 토지의 생산력을 연관 짓던 사고방식에서 나온 것으로 보인다. 즉 왕은 스스로 가장 강한 자라는 것을 입증하는 한에서만 왕 자리를 유지할 수 있다는 것이다(이에 대해 관심이 있는 분은 제임스 프레이저James George Frazer의 『황금가지』 앞부분을 참고하시기 바란다).

다이달로스와 이카로스

테세우스의 크레테 여행과 관련된 한 가지 유명한 곁 이야기가 있다. 명장 다이달로스와 관련된 후일담이다. 그는 나무로 가짜 암소를 만들어서 파시파에로 하여금 황소와 결합하게 도와주었고, 그렇게 해서 태어난 미노타우로스를 가둘 미궁을 만들었으며, 아리아드네에게는 테세우스에게 실뭉치를 건네주라는 조언을 했다. 원래 그는 아테나이 출신인데, 솜씨 좋은 자기 조수를 질시하여 죽인 후 크레테로 도망쳐 와 있었던 것이다. 그는 이제 그곳을 떠나고 싶었지만 미노스가 그를 놓아주지 않았다. 그래서 다이달로스는 아들 이카로스Ikaros와 함께 날개를 만들어 달고 탈출한다. 그는 아들에게, 날개가 습기에 눅눅해지지 않도록 너무 낮게 날지도 말 것이며 밀랍으로 붙인 날개가 태양열에 녹을 수 있으니 너무 높게 날지도 말라고 당부했다. 하지만 자신이 하늘을 날 수 있다는 것에 들뜬 젊은이는 너무 높이 날아올랐다가 햇빛에 밀랍이 녹아 떨어져 죽고 만다. 젊은이의 무모한 도전과 좌절의 상징인 이카로스는 단테의 『신곡』에서도, 우리가 따르면 안 될 일종의 반면교사로 소개되어 있다.

　다이달로스는 아들을 잃고 혼자서 시칠리아 땅에 정착했는데, 집요한 미노스는 거기까지 추적해 왔단다. 그리고 다이달로스 아니면 누구도 해결할 수 없을 법한 문제를 내어 현상금을 걸고 돌아다녔다. 어떻게 하면 고둥에 실을 꿸 수 있을지 하는 것이다. 다이달로스의 보호자인 코칼로스 왕은 다이달로스에게 그 문제 풀기를 청했고, 현명한 다이

요정들이 태양 가까이 날아올랐다가 추락한 이카로스를 애도하고 있다.
허버트 제임스 드레이퍼Herbert James Draper, 〈이카로스를 위한 애도Lament for Icarus〉, 1898년, 캔버스에 유채, 180×150cm, 런던, 테이트 브리튼.

미노스가 저승에서 심판자 역할을 하고 있다. 단테는, 미노스가 꼬리를 몇 바퀴 감느냐에 따라 각 사람이 벌 받을 장소가 정해지는 것으로 꾸몄다. 그림 왼쪽 아래에는 단테와 베르길리우스가 도착하고 있으며, 미노스 주위에는 불륜을 저지른 커플들이 바람 속에 떠돌고 있다.
윌리엄 블레이크, 〈미노스Minos〉, 1824–1827년, 종이에 수채, 멜버른, 빅토리아 국립미술관.

달로스는 고둥의 꼭대기에 구멍을 뚫고 거기 꿀을 바른 후 다른 쪽으로 실에 묶인 개미를 들여보내 문제를 해결했다. 실에 꿰인 고둥을 받아 든 미노스는 거기 다이달로스가 있다는 것을 알아챘다. 이에 코칼로스 왕은 손님 접대를 한다고 미노스에게 목욕을 시키면서 뜨거운 물을 부어 미노스를 죽게 했다고 한다. 이 역시 왕이 죽음을 당하는 사례인데, 미노스는 제정일치 사회에서 일정 시기가 되면 퇴위하거나 죽음을 당하던 사제-왕이었던 것으로 보인다.

미노스는 보통 저승에서 심판자 역할을 맡은 것으로 알려져 있으며, 단테의 『신곡』에도 그렇게 등장한다. 플라톤의 『고르기아스』에는 아시아에서 온 사람은 라다만튀스가, 유럽에서 온 사람은 아이아코스가 판결을 내리며, 그 둘이 결정하기 어려울 때는 미노스의 뜻을 따르는 것으로 되어 있다.

테세우스의 통치

테세우스는 아버지의 왕권을 이어받았고, 아테나이 국체를 새로 정비했다. 그는 보통 이해심 있고 너그러우면서도 약자를 보호하는 데 단호한 왕으로 소개되는데, 특히 고전기의 비극 작품들에서 그렇다. 예를 들면 소포클레스의 『콜로노스의 오이디푸스Oidipous epi Kolono』에서는 모두가 피하려는 눈 먼 오이디푸스를 받아들이는 것으로 되어 있고, 에우리피데스의 『탄원하는 여인들Hiketides』에서는 테바이 전쟁의 패자들을 매장할 수 있도록 도와주며, 언론의 자유와 법 앞에서의 평등을 주창하는, 거의 민주주의의 수호자처럼 그려져 있다. 또 에우리피데스의 『헤라클레스』에서는 너그러움에 더하여 개명한 군주의 모습까지 보인다. 친구 사이에는 저주가 전염될 수 없다고 선언하는 한편, 설사 무슨 나쁜 일이 생긴다 해도 자신은 헤라클레스의 도움을 받았으니 상관하지 않겠노라면서 그를 아테나이로 모셔 간 것이다.

테세우스가 참여했다는 다른 모험들로 아르고호의 원정과 칼뤼돈 멧돼지 사냥이 있다. 테세우스가 참여했다는 모험은 너무나 많아서, 심지어 '테세우스 없이는 안 된다'는 속담까지 있었다고 한다. 하지만 사

무장한 테세우스가 반인반마 켄타우로스의 목을 조르고 있다.
안토니오 카노바Antonio Canova, 〈켄타우로스를 물리치는 테세우스Theseus Defeats the Centaur〉, 1805-1819
년, 빈, 미술사박물관.

실 왕이 된 다음에는 이런 모험들에 참여하기가 힘들었을 것이다. 이런 모험들을 무리하지 않고 그의 생애에 끼워 넣자면 아테나이 도착 전에 넣어야 하는데, 이야기의 연속성으로 보자면 거기도 넣기가 곤란하다.

테세우스의 모험 중에 재위시기에 있었던 것으로 넣어도 좋을 것으로 켄타우로스와의 전쟁이 있다. 이 싸움은 테세우스의 친구인 페이리토오스Peirithoos의 결혼식에서 있었던 것으로서, 잔치에 초대된 켄타우로스들이 술에 취해서 난동을 부리고 신부를 납치하려 했기 때문에 일어난 것이다(이 사건은 무절제의 결과를 보여 주는 대표적인 사례로 단테의

『신곡』에서 여러 번 인용된다).

이 사건은 후대에 많은 예술 작품의 소재가 되었다. 나중에 보겠지만 헤라클레스도 켄타우로스와 싸웠기 때문에, 그림이 둘 중 어느 사건을 그리고 있는지 좀 주의해 보아야 한다. 대체로 완전무장하고 싸우는 사람들이 나오면 그것은 테세우스 일행이라고 생각하면 되겠다. 헤라클레스는 좀 더 원시적인 방법으로 주로 몽둥이를 사용하는 것으로 되어 있다.

켄타우로스와의 전쟁 과정에 한 가지, 다른 데 안 나오는 이야기를 덧붙이자면, 카이네우스Kaineus라는 영웅이 이 싸움에 참여했다가 희생되었다는 것이다. 그는 원래 카이네이스라는 여성이었는데, 포세이돈의 사랑을 받았다. 포세이돈이 그녀에게 소원을 묻자, 남자로 변하는 데 더해 결코 부상을 입지 않는 몸으로 만들어 달라고 청했단다. 그렇게 해서 남자로 변한 뒤에 이름을 카이네우스로 바꾸었고, 켄타우로스와의 전투에 참여했는데, 적들이 그를 아무리 공격해도 죽지 않는 것을 보고 여럿이 몰려와서 나무와 돌더미로 묻어 버렸다고 한다.

테세우스의 결혼과 말년

테세우스가 헤라클레스를 필적하기 원했던 사람들은 그가 헤라클레스의 모험에도 참여했던 것으로 꾸며 놓았다. 그래서 그는 헤라클레스가 아마존 여왕의 허리띠를 구하러 가는 데 따라갔던 것으로 보통 전해진다. 그는 거기서 아마존 여성을 납치하여 자신의 아내로 삼았는데, 이 여자의 이름은 안티오페Antiope, 또는 힙폴뤼테Hippolyte다. 이 납치 사건 때문에 아마존족이 쳐들어와서 큰 전쟁이 벌어진다. 결국 아테나이가 승리한 이 전쟁은 나중 희랍 고전기에 정치적 목적을 가진 미술 작품의 중요한 주제가 되었다. 아마존이라는 이방의 침입자들과 맞서 싸우는 모습이 페르시아인들과 싸웠던 당시 자신들의 모습과 유사하기 때문이었다.

테세우스는 이 아마존 여인에게서 힙폴뤼토스Hippolytos라는 아들을 하나 얻었는데, 그 후에 다시 정략적 의도에서인지 미노스의 딸 파이드라Phaidra와 결혼을 하게 된다. 먼저 결혼했던 아마존 여인의 행방에 대해서는 2가지 판본이 있는데, 하나는 그때 이미 죽은 뒤라는 것이고, 다른 하나는 좀 더 서글픈 판본으로서, 이 새 결혼에 항의하다가 죽음을 당했다는 것이다.

하지만 파이드라와의 결혼은 테세우스에게 큰 재난을 가져온다. 새 아내가 전처 자식인 힙폴뤼토스를 사랑하게 되었기 때문이다. 이 사건에 대한 가장 유명한 판본은 에우리피데스가 『힙폴뤼토스』라는 작품에 남겨 놓은 것이다. 이 작품에서는, 파이드라가 음란한 여자가 아니라 아주 자제력 있는 인물로 그려진다. 그래서 내색도 못 하고 혼자 괴로워하는데, 유모가 보다 못해 그녀의 사랑을 힙폴뤼토스에게 전하자고 제안한다. 하지만 이 순결한 청년이 펄쩍 뛰며 혐오감을 표현하자, 수치심을 느낀 파이드라는 청년을 모함하는 편지를 남기고는 자결한다(앞에서 언급했던 '보디발 모티프'다). 테세우스는 그 편지를 보고 아들을 저주하고, 그 저주에 따라 바다에서 괴물 소가 뛰어나와 청년의 말들을 놀라게 하는 바람에 마차가 부서져 결국 청년은 죽게 된다.

테세우스의 저주가 당장 실현된 것은 그가 포세이돈의 아들로서, 이 바다 신으로부터 3가지 소원을 들어주겠다는 약속을 받았기 때문이라

파이드라는 남편의 전처 자식을 사랑하게 되고 결국 자결한다. 그림에는 사랑에 빠져 식음을 전폐한 파이드라의 모습이 중앙에 있고, 이유를 몰라 안타까워하는 유모와 하녀가 함께 그려졌다.
알렉상드르 카바넬Alexandre Cabanel, 〈파이드라Phaedra〉, 1880년, 캔버스에 유채, 194×286cm, 몽펠리에Montpellier, 파브르 미술관Musée Fabre.

한다. 대개는 힙폴뤼토스를 죽게 한 저주가 이미 사용한 2번의 기회 이후로 마지막 남아 있던 기회였던 것으로 되어 있다(그렇지 않았다면, 테세우스는 결국 자기 아들이 결백하다는 것을 알게 되었으므로, 남은 기회를 이용해서 아들을 살려 냈을 것이기 때문이다).

한편 파이드라가 테세우스의 아내가 된 경위에 대해서는 의혹이 있을 수 있다. 테세우스는 이미 미노스의 다른 딸 아리아드네를 데리고 도망쳤다가 중간에 버렸는데, 어떻게 그녀의 자매(둘 중 누가 손위인지는 불분명하다)를 다시 아내로 맞을 수 있단 말인가? 미노스를 찾아가서, 이전 일은 잊어버리고 새롭게 혼인 관계를 맺자고 제안할 것인가? 과연 미노스가 그런 제안을 받아들일 것인가? 가장 합리적인 해결책은 애초에 테세우스가 아리아드네와 파이드라 둘 다를 데리고 도망쳤다고 하는 것이다. 그러면 사태는 다음 둘 중 하나가 된다. 만일 테세우스가 아리아드네를 사랑했지만 신들의 명에 따라 할 수 없이 헤어진 것이라 하면, 파이드라는 아직 테세우스의 사랑을 얻지 못했지만 그냥 그가 좋아서 따라나선 것이 된다. 반면에 테세우스가 아리아드네를 사랑하지 않아서 버린 것이라면, 그가 정말로 좋아했던 여자는 파이드라일 수 있다. 화가들은 이 사건을 조금 모호하게 그리는 경향이 있다.

힙폴뤼토스와 파이드라 사건 이후 테세우스의 삶은 내리막으로 치닫는다. 그는 새로이 결혼하고자, 우선 자신을 위해서는 아직 어린 헬레네를 납치해다가 어머니에게 맡겨 놓고, 자신의 친구 페이리토오스를 위해서 페르세포네를 얻으러 저승 여행을 떠난다. 하지만 거기서 붙잡혀 망각의 의자에 앉혀지고, 자신이 누구인지 잊은 채 거기 머물러 있다가, 머리 셋 달린 개 케르베로스를 잡으러 온 헤라클레스에 의해 겨우 구출된다. 돌아와 보니, 아테나이는 헬레네의 오라비들인 디오스쿠로이에 의해 쑥밭이 되어 있었고, 권력 기반도 약해져서, 할 수 없이 뤼코메데스Lykomedes 왕이 다스리는 스퀴로스 섬으로 망명한다. 그는 거기서 뤼코메데스에 의해 절벽으로 떠밀려 살해된 것으로 보통 알려져 있다(테세우스의 아버지 아이게우스도 절벽에서 떨어져 죽은 것으로 되어 있는데, 테세우스 역시 비슷한 방식의 죽음을 맞이한 것을 보면, 옛날 왕들이 교체되는 방식이 여기에 반영된 것으로 보인다. 미노스가 죽음을 당한 방식도 마찬가지다).

테세우스가 진짜 사랑한 여인이 아리아드네인지, 파이드라인지, 모호하다. 그림에서 왼쪽 여자는 테세우스와 손을 맞잡고 서로 눈을 마주 보고 있으며, 오른쪽의 여자는 약간 시무룩한 표정으로 자기가 남자의 팔을 잡고 있다. 테세우스가 아리아드네를 정말 사랑했다면 왼쪽 여자가 아리아드네고, 오른쪽은 아직 사랑을 얻지 못한 파이드라다. 하지만 만일 테세우스가 아리아드네를 사랑하지 않았다면, 왼쪽이 파이드라고 오른쪽은 아리아드네다. 옷은 왼쪽 여자가 더 화려하게 입었고, 얼굴은 오른쪽 여자가 더 어려 보인다. 여러 면에서 모호한 그림이다.

베네데토 젠나리 2세Benedetto Gennari II, 〈아리아드네, 파이드라와 함께 있는 테세우스Theseus with Ariadne and Phaedra〉, 1702년, 캔버스에 유채, 빈, 미술사박물관.

헤라클레스

탄생과 어린 시절

헤라클레스Herakles는 제우스와 알크메네Alkmene 사이에 난 아들이다. 일
설에 의하면 신들과 거인들의 전쟁에 인간이 참여해야만 신들이 이길
수 있다는 신탁이 있어서, 제우스가 그를 낳았다고 한다. 하지만 거인
과의 전쟁은 인간들의 시대가 시작되기 전에 있었던 것으로 보아야 하
니, 이런 주장은 전체적인 흐름과 맞지 않다.

　알크메네의 남편 암피트뤼온Amphitryon은 어렵게 결혼을 했다. 집안의
다툼 때문에 오라비들을 잃은 알크메네가 암피트뤼온에게, 원수를 갚
아 주기 전에는 잠자리를 같이하지 않겠다고 했기 때문이다. 그때 그는
실수로 장인을 죽인 것 때문에 테바이로 망명해 있었는데, 테바이 왕
에게 군사를 빌리려고 했더니, 그 왕이 또 다른 어려운 과제를 해결해
달라고 요구했다. 결국 암피트뤼온은 이리저리 돌아서 모든 일을 처리
하고서야 군사를 빌려 전쟁을 치를 수 있었다.

테바이 왕 크레온이 부과한 일은, 나라를 황폐화하던 여우를 없애 달라는 것이었다. 그런데 그 여우는 결코 잡히지 않는 운명을 타고난 것이었다. 그것을 잡기 위해 암피트뤼온은 케팔로스라는 사람에게서 사냥개를 빌려 오는데, 원래 미노스의 것이던 이 사냥개는 무엇이든지 잡도록 운명 지어졌다고 한다. 그래서 그 두 짐승이 쫓고 쫓기게 되자, 제우스가 이 둘을 모두 돌로 만들었다고 한다.

그런데 암피트뤼온이 승리하고 돌아오기 전날 밤에, 제우스가 암피트뤼온의 모습으로 와서 전장에서 있었던 모든 일을 이야기해 주고 알크메네와 잠자리에 들었다. 그래서 잉태된 것이 헤라클레스다. 그런데 그날 제우스가 밤의 길이를 3배로 늘였기 때문에 헤라클레스는 보통 사람의 3배나 되는 힘을 가지게 되었다고 한다.

암피트뤼온이 다음날 돌아와 사실을 알고는 아내가 바람을 피웠다고 생각하여 불태워 죽이려 했으나, 제우스가 하늘에서 비를 쏟아부어 알크메네의 죄 없음을 보였다고도 한다. 그래서 암피트뤼온이 알크메네를 다시 받아들였고, 그 결과 태어난 것이 헤라클레스의 쌍둥이 형제인 이피클레스Iphikles다.

헤라클레스의 어린 시절 이야기로 가장 유명한 것은 헤라가 보낸 뱀을 죽인 일화다. 헤라는 제우스가 새로이 굉장한 영웅을 잉태시켰다는 것을 알았을 때, 그 어느 때보다 더 분노하고 질시했으며, 두고두고 여러 가지로 헤라클레스를 괴롭혔다. 여신이 꾸민 일 중에 가장 큰 것은, 헤라클레스를 지배할 다른 아기를 태어나게 한 것이다. 사실 이 일은 제우스의 경솔함 때문에 일어난 것이다. 헤라클레스가 태어날 즈음에 너무나 기분이 좋아진 제우스가 그만 "곧 태어날 페르세우스의 자손이

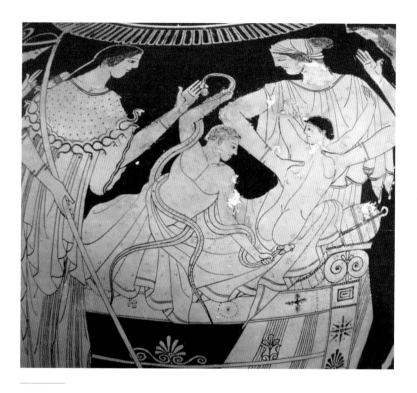

아기 헤라클레스가 뱀을 죽이는 동안, 쌍둥이 형제인 이피클레스는 놀라서 유모에게 매달려 있다. 왼쪽에는
영웅들을 돌보는 아테네가 그려져 있다. 아기들을 어른의 신체 비율로 그려서 좀 어색하다.
기원전 약 480-470년, 도기, 높이 51cm, 파리, 루브르 박물관.

아르고스 지역 전체를 다스리게 될 것"이라고 공언했던 것이다. 그 말을
들은 헤라는 얼른 페르세우스의 다른 자손을 태어나게 했으니, 나중에
헤라클레스에게 어려운 일을 계속 시키게 되는 에우뤼스테우스다(이 사
람은 페르세우스의 손자이자, 암피트뤼온과 알크메네의 사촌이니, 헤라클레스에
게는 5촌 아저씨다).

　헤라는 거기서 그치지 않고 직접 해코지를 하고자 2마리 큰 뱀을 아

헤라가 자신의 젖을 빠는 헤라클레스를 떼어 내고 있다. 이때 하늘에 뿌려진 젖이 은하수가 되었다고 한다. 오른쪽에는 아기를 든 제우스가 있고, 그 아래에는 벼락을 움켜쥔 독수리가 그려져 있다.
틴토레토Tintoretto, 〈은하수의 기원The Origin of the Milky Way〉, 약 1575년, 149.4×168cm, 런던, 내셔널 갤러리.

기의 요람으로 보냈단다. 하지만 아기 헤라클레스는 두려워하기는커녕 오히려 그 뱀 2마리를 잡아 죽였다. 한편 이때 쌍둥이 형제인 이피클레스는 보통 아기들이 그러하듯 뱀을 무서워하여 신의 자식이 아님을 드러냈다고 한다(그래서 이 사건은 둘 중 누가 신의 자식이고 누가 자기 자식인지 보려고 암피트뤼온이 일으킨 것이라는 이야기도 있다. 상반된 성격을 가진 쌍둥이는 민담에 꽤 자주 등장한다. 그래서 이들은 이따금 세계의 양극을 대표하는 것으로 되어 있다).

하지만 헤라클레스가 아기일 때 헤라의 젖을 먹었다는 이야기도 있다. 아이를 불멸의 존재로 만들고 싶었던 제우스가 헤라가 잠든 틈을 타서 아기를 가슴에 갖다 댔단다. 그런데 아기가 워낙 젖을 세게 빨아서 헤라가 잠에서 깼고, 아기를 떼어 내자 그 젖이 하늘로 뿜어져 은하수가 되었다는 것이다.

헤라클레스는 힘이 너무 세서 어려서부터 사고를 많이 냈다. 처음 일으킨 사고는 음악선생 리노스를 때려죽인 사건이다. 헤라클레스가 뤼라를 잘 연주하지 못하자, 선생이 이를 나무랐고, 소년 장사인 헤라클레스는 그것을 참지 못하고 사고를 낸 것이다. 그 사고 후에 헤라클레스는 양을 지키러 들판으로 보내졌다. 거기서 키타이론 산의 사자를 죽인 것이 그의 위업의 전조였다. 그는 이웃 오르코메노스Orchomenos인들이 테바이로 공물 받으러 온 것을 모욕했고, 그 때문에 일어난 전쟁에서도 엄청난 전공을 세웠다.

그 공으로 테바이 왕녀인 메가라Megara를 아내로 얻지만, 곧 그를 미워하는 헤라의 음모에 의해 광기에 빠지고 집안 식구들을 참살하게 된다(이때 아내까지 죽였다는 판본도 있고, 아이들만 죽였다는 판본도 있다). 그래서 죄를 씻으려면 어떻게 해야 하는지 델포이에 물었더니, 에우뤼스테우스를 찾아가 그가 시키는 대로 하라는 신탁이 내려졌다. 그렇게 해서 그가 이룬 것이 '헤라클레스의 12가지 노역(위업)'이다. 에우리피데스는 『헤라클레스』에서, 이 가족 살해 사건을 12가지 위업 중 마지막 것인 저승 방문 직후에 있었던 것으로 꾸몄지만, 그보다는 12가지 위업 앞에 놓는 것이 더 일반적이다. 하지만 에우리피데스의 판본도 의미가

헤라클레스의 12가지 위업 중 첫 6가지를 행한 지역(검은 점으로 표시).

없지 않다. 저승에 다녀오는 사람에게는 악령이 추격해 오기 때문이다. 헤라클레스에게 닥친 광기도 그 악령의 한 모습이라고 할 수 있다.

12가지 위업
헤라클레스가 이룬 12가지 큰 위업의 내용이 무엇인지는 작가마다 다르게 말하지만, 여기서는 올림피아의 제우스 신전에 있던 장식 돌림띠 메토프에 나온 대로 따라가 보자.

헤라클레스가 12가지 위업 중 첫 번째로, 네메아의 사자와 싸우고 있다.
프란시스코 데 수르바란Francisco de Zurbarán, 〈네메아의 사자와 싸우는 헤라클레스Hércules lucha con el
león de Nemea〉, 1634년, 캔버스에 유채, 151×166cm, 마드리드, 프라도 미술관.

12가지 위업 중 앞의 6개는 펠로폰네소스 반도 안에서 이루어진 것
이고, 뒤의 6개는 세계 여러 곳으로 다니면서 한 일이다.

12가지 위업 중 펠로폰네소스 반도에서 한 일

앞의 6개 중, 앞의 2개는 무기를 마련하기 위한 일이라 할 수 있다.

처음으로 한 일은 네메아Nemea의 사자를 죽인 것이다. 이 사자의 혈
통은 작가마다 다르게 말하는데, 오르트로스Orthros와 에키드나Echidna

의 자식이라는 설, 셀레네Selene의 자식이라는 설, 튀폰에게서 났다는 설 등이 있으며, 그것을 헤라가 키웠다고도 한다. 이 사자의 무서운 점은 칼이나 화살이 뚫을 수 없는 가죽을 가지고 있다는 점이다. 그래서 헤라클레스는 결국 이 사자를 목 졸라 죽여야만 했고, 다른 도구는 소용이 없어서 사자 자신의 발톱을 이용해서야 그 가죽을 벗길 수 있었단다. 그 후 헤라클레스는 그 가죽을 자신의 몸에 두르고 다녔는데, 이것이 그림이나 조각에 등장하는 헤라클레스의 가장 뚜렷한 특징이다.

헤라클레스는 원시적인 영웅으로서 그의 특징적인 무기도 그런 원시성을 보여 준다. 바로 몽둥이와 활이 그것이다. 그의 두 번째 위업은 이 활과 연관된 것이다. 머리가 여러 개(보통은 9개 또는 12개) 달린 것으로 되어 있는 물뱀 휘드라를 퇴치하고 그것의 독을 자신의 화살에 발랐기 때문이다. 휘드라는 목을 베이면 다시 그 자리에 2개의 목이 돋아나는 존재여서, 헤라클레스는 다른 사람의 손을 빌려 잘린 목을 불로 지지도록 해야만 했다. 이 일을 해 준 것이 조카인 이올라오스Iolaos인데, 그는 헤라클레스의 '겁쟁이' 형제인 이피클레스의 아들이다. 하지만 처음부터 이올라오스의 도움을 받은 게 아니라, 헤라가 먼저 휘드라를 돕기 위해 커다란 게를 보냈기 때문에 헤라클레스도 이에 대항하여 자기 조카를 동원했다는 이야기가 있다(이올라오스는 유명한 이름이니 알아 두는 것이 좋다. 예를 들어 플라톤의 대화편 『파이돈』에 보면 소크라테스가 파이돈이라는 청년에게, 자신은 이올라오스의 역할을 할 터이니, 당신은 헤라클레스의 역할을 하라고 말하는 장면이 있다. 물론 파이돈은 깜짝 놀라서, 헤라클레스 역할은 소크라테스가 맡아야 한다고 사양한다). 그런데 이렇게 남의 도움을 받았다는 것 때문에 에우뤼스테우스가 이를 인정할 수 없다고 했고, 결국 처음에는 해야 할 일이 10개였는데, 여기서 1개가 더 늘어났다고 한다.

헤라클레스가 여기서 얻은 독은 많은 불행한 결과를 가져오고 결국 그 자신을 죽게 만든다.

그다음의 4가지 위업은 농사일과 연관 지어 기억하면 쉽다. 우리나라에서도 농작물을 해치는 조수 중에 가장 골치 아픈 것이 멧돼지, 고라니, 산새 등인데 헤라클레스도 이와 비슷한 동물들과 연관된 과제를 부여받는다. 그래서 처리하는 것이 에뤼만토스Erymanthos의 멧돼지, 케뤼네이아Keryneia의 사슴, 스튐팔로스Stymphalos의 새 떼이고, 거기에 아우게이아스Augeias의 외양간 청소가 덧붙는다(순서는 작가마다 다르게 말하니, 여기 나온 순서도 대략적인 것이라고 생각하는 게 좋다).

이 중에서 케뤼네이아의 사슴은 황금 뿔을 가진 것으로 아르테미스의 신성한 동물이었다고 한다. 그래서 헤라클레스가 그것을 잡아 오다가 아르테미스와 마주쳐 약간의 분쟁이 있었는데, 모두 에우뤼스테우스가 시켜서 하는 일이라고 해서 양해가 되었단다(더러 헤라클레스의 위업을, 모든 인간이 겪어야 하는 정신적 성장 과정으로 해석하는 학자도 있는데, 이런 이들은 황금 뿔 사슴이 '허영'을 나타낸다고 본다. 한편, 베면 다시 돋아나는, 혹은 하나 베면 2개가 돋아나는 휘드라의 머리는 끝없이 생겨나는 잡념으로, 어지럽게 몰려오는 새 떼는 망상으로 해석하기도 한다. 하지만 이런 의미 부여는 모두가 동의하기는 어려운 것이니, 그저 참고하는 정도에 그치는 게 좋다).

멧돼지 사냥 이야기는 좀 심심한데, 대신 그 과업을 수행할 때 있었다는 켄타우로스들과의 싸움이 약간의 다채로움을 제공한다. 그 전말은 이렇다. 사냥을 나가던 헤라클레스는 중간에 폴로스Pholos라는 선한 켄타우로스의 접대를 받게 된다. 평소 술을 좋아하던 헤라클레스는 폴

헤라클레스가 12가지 위업 중 하나로, 머리가 여럿 달린 물뱀인 휘드라와 싸우고 있다.
안토니오 델 폴라이올로 Antonio del Pollaiolo, 〈헤라클레스와 휘드라 Hercules and the Hydra〉, 약 1475년, 패널에 템페라, 17×12cm, 피렌체, 우피치 미술관.

헤라클레스가 12가지 위업 중 하나로, 케뤼네이아의 사슴을 제압하고 있다.
아돌프 슈미트 Adolf Schmidt, 〈황금 뿔을 가진 사슴을 물리치는 헤라클레스 Herkules besiegt die goldbekrönte Hirschkuh〉, 19세기, 벽화, 베를린, 신박물관 Neues Museum.

헤라클레스가 12가지 위업 중
하나로, 에뤼만토스의 멧돼지
를 사냥하고 있다.
작가 미상, 〈헤라클레스와 에뤼
만토스의 멧돼지Hercules and
the Erymanthian Boar〉, 17세기
중반, 브론즈, 높이 44.5cm, 뉴
욕, 메트로폴리탄 미술관.

로스를 얼러서 술독을 열게 하고, 이 술 냄새를 맡은 켄타우로스들이
몰려와서 결국 싸움이 벌어진다. 그 와중에 켄타우로스들 여럿이 헤라
클레스의 화살에 죽고, 폴로스 자신도 화살을 잘못 떨구어 죽게 된다.
많은 영웅들을 길러 낸 현명한 켄타우로스 케이론Cheiron도 이때 헤라
클레스가 실수로 죽인 것으로 되어 있다. 헤라클레스는 이 멧돼지 사
냥 직후에 아르고호의 모험에 참여했던 것으로 되어 있다.

　에우뤼스테우스는 헤라클레스가 무서운 짐승을 잡아 오면 청동으로
된 항아리에 숨었다고 하는데, 이런 그림으로는 멧돼지 사냥과 맨 마지
막 위업인 케르베로스 사건을 그린 것이 가장 많다.

스튐팔로스의 새 떼 과업 때는 약간 특이한 도구가 사용되었는데, 헤파이스토스가 만들었다는 딸랑이(또는 딱따기)가 그것이다. 이것을 울려서 새들을 하늘로 날린 후 화살로 쏘아 떨어뜨렸다는 것이다. 하지만 도기 그림 중에는 돌 던지는 가죽 끈을 사용하는 것도 있다.

아우게이아스의 외양간 청소는 헤라클레스가 힘이 아닌 꾀를 사용한 드문 사례다. 아우게이아스는 태양 신의 아들로서 수많은 소 떼의 소유자였다(오뒷세우스의 모험에서 보겠지만, 태양 신은 원래 소나 양을 많이 가진 것으로 되어 있다). 하지만 외양간을 한 번도 청소하지 않아 거기 똥이 가득 했단다. 하루 만에 그것을 다 치우는 것이 헤라클레스에게 부과된 일이었는데, 그는 도랑을 파고 인근에 흐르는 2개의 강을 끌어들여 그 일을 해치웠다고 한다. 하지만 헤라클레스는 처음에 아우게이아스에게서 보수를 받기로 하고 일을 시작했기 때문에, 에우뤼스테우스는 이것을 빌미 삼아 1가지 일을 더 시켰고, 아우게이아스는 또 어차피 해야 할 일이었다고 해서 약속된 보수를 주지 않았다. 이 일 때문에 아우게이아스는 후에 헤라클레스에게 보복을 당하게 된다.

12가지 위업 중 세계 여러 곳에서 한 일

헤라클레스의 12가지 위업 중에 펠로폰네소스를 벗어나서 한 일들은 세계의 동서남북과 세상 끝, 그리고 저승에서 행한 것이다.

먼저 세상의 남쪽이라 할 수 있는 크레테로 가서 황소를 잡아 온다. 이 황소의 유래와 최후에 대해서는 앞에 테세우스 부분에서 이야기했다. 다시 요약해 보자면, 포세이돈이 보낸 이 소는 파시파에에게 미노타우로스를 낳게 했고, 미쳐 날뛰다가 헤라클레스에게 잡혀 희랍 본토로 갔으며, 마라톤 평야에 있다가 테세우스에게 죽었다는 것이다.

다음으로 세상의 북쪽인 트라케로 가서 사람 잡아먹는 말을 붙잡아 온다. 그 말의 주인은 아레스의 아들인 디오메데스Diomedes라는 인물인데, 같은 이름을 가진 더 유명한 인물로 트로이아 전쟁에 참전했던 영웅이 있다. 학자들은, 아마도 원래는 둘이 같은 인물이었는데, 『일리아스』에 후자가 썩 괜찮은 사람으로 나오기 때문에 나중에 둘로 분리된 게 아닌가 보고 있다(하지만 『일리아스』에 나오는 디오메데스는 희랍 남부의 아르고스 출신이어서, 지리적으로 지금 따라가고 있는 틀에서 어긋난다). 헤라클레스는 말 주인 디오메데스를 잡아 말에게 먹이로 주었다고 한다. 그리고 데려온 말은 에우뤼스테우스가 그냥 풀어 주도록 해서 고향으로 돌아가다가 들짐승에게 죽었다고 한다. 악명 높은 말의 최후치고는 좀 허망하다.

그런데 헤라클레스는 이 모험을 위해 길을 가던 중에, 남편 대신 죽으려 하던 알케스티스Alkestis를 구했다고 한다. 알케스티스는 다음에 보게 될 아르고호의 모험에 등장하는 펠리아스 왕의 딸인데, 아주 아름답고 현숙했던 것으로 알려져 있다. 그의 남편은 아드메토스Admetos라는 사람으로 아폴론과 친하여 그 신에게 여러 도움을 받았던 인물이다.

아폴론이 아드메토스를 도와주게 된 계기는 이렇다. 아폴론의 아들인 아스클레피오스는 의술이 뛰어난 인물이어서 죽은 사람까지 살려낼 정도였다. 그런데 테세우스가 자기 아들 힙폴뤼토스를 오해와 실수로 죽게 한 다음에 아스클레피오스에게 도움을 청했고, 아스클레피오스는 그 청년을 살려 냈단다. 죽은 사람이 살아나면 세상의 질서가 무너지게 될 터인지라, 제우스가 벼락을 던져 아스클레피오스를 죽였다.

디오메데스가 사람을 잡아먹는 자신들의 말들에게 잡아먹히고 있다.
귀스타브 모로, 〈자기 말에게 잡아먹히는 디오메데스Diomedes Devoured by His Horses〉, 1865년,
캔버스에 유채, 138.5×84.5cm, 루앙Rouen, 루앙 미술관Musée des Beaux-Arts.

헤라클레스가 알케스티스를 위해 죽음과 싸우고 있다. 에우리피데스의 『알케스티스』에는 이미 장례가 치러진
다음 무덤가에서 싸우는 것으로 되어 있지만, 이 그림에서는 침상 곁에서 싸우는 것으로 그렸다.
프레더릭 레이턴 경, 〈알케스티스를 위해 죽음과 싸우는 헤라클레스Hercules Wrestling with Death for the Body
of Alcestis〉, 약 1870년. 캔버스에 유채, 132.4×265.4cm, 런던, 레이턴 자택미술관Leighton House Museum.

그러자 이번에는 아폴론이 화가 나서 그 벼락을 만든 퀴클롭스들을 죽
였단다. 그래서 아폴론은 1년간 인간에게 종살이를 하는 벌을 받게 되
었는데, 그때 아폴론을 부리게 된 사람이 아드메토스였다. 하지만 아드
메토스는 경건한 인물이어서 아폴론을 잘 대해 주었고, 아폴론은 그
후로 아드메토스를 돕게 되었다는 것이다. 그래서 아드메토스가 알케스
티스를 얻을 때도 경쟁에서 이기게 해 주었고, 가축 떼도 늘어나게 해
주었다는 것이다(이 일화는 목축 신으로서의 아폴론의 면모를 보여 주는 사례
로 앞에 소개했다).

거기에 덧붙여서, 아폴론은 운명의 여신들을 속여, 아드메토스가 죽

을 때에 누군가가 대신 죽어 준다면 아드메토스는 죽지 않아도 좋다는 허락까지 얻어 놓았다. 하지만 아무리 애를 써도 대신 죽을 사람을 구할 수 없었고, 할 수 없이 아내가 대신 죽기로 했단다. 그런데 바로 알케스티스가 죽기로 되어 있는 날, 북쪽으로 길을 가던 헤라클레스가 그 집에 들렀던 것이다. 그는 사실을 알고는 나가서 죽음의 신과 싸워서 알케스티스를 구해 낸다.

지금까지의 설명은 주로 에우리피데스의 비극 작품 『알케스티스』를 따른 것이다. 플라톤의 『향연』에 나온 판본에 따르면 알케스티스의 사랑과 희생정신에 감동한 페르세포네가 그녀를 다시 돌려보낸 것으로 되어 있다. 이런 이야기는 여러 지역의 민담에서 비교적 흔하게 발견된다. 여기서는 아내가 남편을 위해 자신을 희생하는 것으로 되어 있지만, 반대로 남편의 희생으로 아내가 행복하게 사는 판본들도 드물지 않게 발견된다.

헤라클레스가 세계의 동쪽으로 가서 한 일은 아마존 여왕의 허리띠를 얻어 온 것이다. 이 과제는 에우뤼스테우스의 딸이 그 허리띠를 갖고 싶어 해서 부과된 것이라고 한다. 보통 알려진 이야기로는, 처음에는 협상이 잘돼서 평화롭게 허리띠를 얻을 뻔했는데, 헤라의 계략으로 결국 유혈 상황이 벌어진다. 헤라가 아마존 여전사로 변신해서, 저들이 자기들 여왕을 납치하려 한다고 외쳤다는 것이다. 하지만 헤라클레스가 멜라닙페Melanippe라는 아마존 여인을 납치해서 그 몸값으로 허리띠를 받아 냈다는 판본도 있다.

이 모험에는 보통 테세우스가 동행했던 것으로 되어 있으며, 거기서 아마존 처녀를 아내로 얻게 되었다고 한다. 이 이야기는 앞에 이미 다

헤라클레스는 처음에는 아마존 여왕의 허리띠를 평화적으로 가져오려 했으나 헤라의 계략으로 아마존 여전
사들과 싸우게 된다. 흑색상 도기 그림에서 여성의 얼굴과 팔, 다리는 흰색으로 칠하는 것이 전통이다. 이기는
사람은 왼쪽에, 지는 사람은 오른쪽에 그리는 것도 전통이다.
기원전 약 510-500년, 도기, 캘리포니아, J. 폴 게티 미술관J. Paul Getty Museum.

뤘다.

이 모험 중에 일어났던 부수적인 사건으로 트로이아 왕녀 헤시오네
Hesione를 구한 이야기가 있다. 아폴론과 포세이돈이 트로이아 왕 라오
메돈Laomedon과 계약을 맺고 성을 쌓아 주었는데, 왕이 보수를 지불하
지 않아서 포세이돈이 바다 괴물을 보냈단다. 그래서 안드로메다 이야
기와 비슷하게 결국 왕의 딸인 헤시오네가 제물로 바쳐지게 되었다. 마

헤라클레스가 헤시오네를 구하기 위해 바다 괴물과 싸우고 있다. 멀리 뒤쪽으로 성이 멋지게 그려진 것은, 이 성을 포세이돈이 쌓아 주었기 때문이다. 그 사례 문제 때문에 지금 괴물이 나타난 것이니, 성의 위용이 돋보이게 그린 것은 다분히 의도적이다.
라울 르페브르Raoul Lefèvre, 「트로이아의 역사Histoires de Troyes」에 실린 세밀화, 15세기.

침 그때 그곳을 지나던 헤라클레스가 그녀를 구출한다. 괴물의 입속에 뛰어들어서 배를 찢고 밖으로 나온 것이다. 하지만 이번에도 라오메돈이 아무 보답도 하지 않아서, 나중에 헤라클레스의 보복을 당하게 된다. 군사를 모아 쳐들어가서 트로이아를 함락했던 것이다.

세상의 서쪽으로 가서 한 일은 게뤼온Geryon의 소 떼를 몰고 온 일이다. 게뤼온은 오케아노스 강 속의 섬에 사는 존재로서 몸뚱이가 셋인 3중인간이다. 도기 그림들을 보면 사람 셋이 허리 부분만 서로 붙은 경우도 있고, 하체는 하나인데 상체가 셋인 경우도 있다. 앞서 말했던 대로 그는 메두사의 머리에서 태어난 크뤼사오르의 아들이다. 그에게는 특이한 개가 있었는데 머리가 둘인 오르트로스Orthros(오르토스Orthos)라는 개다(게뤼온은 전체적으로 하데스와 비슷한 점이 많은 존재다).

헤라클레스가 게뤼온과 싸워 이기고 소를 데려오는 과정은 별로 특별한 것이 없고, 그보다는 오고 가는 길에 있었던 일이 더 특징적이다. 오케아노스를 건너려면 뭔가 탈 것이 필요했는데, 보통 태양 신이 황금 잔을 빌려 주어서 타고 간 것으로 되어 있다. 해가 너무 뜨겁게 내리쬐어서 화가 난 헤라클레스가 해를 떨어뜨려 버리려고 활을 겨누자, 태양 신이 이 대담한 영웅이 마음에 들어 잔을 빌려 주었다는 것이다. 그 잔은 태양 신이 서쪽에서 다시 동쪽으로 갈 때 사용하는 것이었다(옛사람들은 땅이 원판처럼 생겼고, 그것을 오케아노스라는 강이 빙 둘러 흐르는 것으로 생각했으며, 하늘은 땅 전체를 덮고 있는 일종의 덮개로 여겼는데, 아마도 빵집에서 사용하는 유리 반구가 그와 가장 비슷할 것이다. 태양 신은 마차를 타고서 이 '유리 뚜껑' 위를 달려 동쪽에서 서쪽으로 간 다음, 서쪽에서 황금 술잔을 타고 아마도 북쪽으로 돌아서 동쪽에 가서 대기하고 있다가 아침이면 다시 마차를 몰고 하늘로 올라간다는 것이다).

한편 좀 더 오래된 판본들을 보면 태양 신이 헤라클레스를 가상히 여겼다기보다는, 헤라클레스가 신을 활로 위협해서 잔을 빌렸던 것 같다. 중국 신화에서도 예羿라고 하는 영웅이 있어서, 하늘에 태양이 10개나 나타나 온 세상이 타 버릴 뻔한 위기에, 화살을 날려 9개의 태양을 떨어뜨렸다고 하는데, 헤라클레스가 태양 신을 활로 위협한 사건과 유사한 데가 있다. 이 영웅은 여러 괴물도 퇴치한 것으로 알려졌는데, 그 중에는 헤라클레스가 죽인 것 같은 머리 여럿인 뱀과 멧돼지, 소, (거대한) 새 등이 들어 있어 흥미롭다.

헤라클레스가 게뤼온에게서 돌아오는 길도 순탄치 않았는데 도처에서 소 떼를 빼앗으려는 자들이 길을 막는 데다가(그중 불을 뿜는 카쿠스가 가장 유명하다. 베르길리우스의 『아이네이스』와 단테의 『신곡』에 등장하는 존재다), 헤라가 쇠파리를 보내서 소 떼를 흩어 놓았기 때문이다. 그 소들 중 일부는 결국 잡지 못해서 나중까지 희랍 북쪽 지방에 들소가 있었다고 한다(역사시대에 사냥으로 멸종해 버린 유럽 들소에 대한 원인설화로 여겨진다).

한편 단테는 『신곡』에서 게뤼온을 기만의 지옥을 상징하는 존재로 이용했다. 맨 앞은 사람 모습, 중간은 표범 같은 무늬를 갖춘 몸, 뒤쪽은 전갈 같은 침을 가진 꼬리로 되어 있다. 사기꾼은 인간적인 모습으로 웃으면서 다가오지만, 내용을 얼른 알아볼 수 없는 교묘한 문구(표범 무늬)들로 된 계약서를 내밀고, 어느 순간 꼬리의 침으로 쏘아 희생자를 쓰러뜨리기 때문이다.

세상의 동서남북을 다 돌고 나니 이제 갈 곳은 세상 끝과 저승밖에 없다. 그래서 열한 번째 모험은 세상 끝에 살고 있는 헤스페리데스 Hesperides를 방문한 것이다. 이들은 오케아노스 근처에 있는 정원에서 헤라의 황금 사과 나무를 지키고 있다 한다.

헤라클레스는 그곳으로 가다가 악당들을 적어도 둘은 만나는데, 하

단테의 『신곡』에서는 게뤼온이 앞은 사람, 중간은 표범 무늬, 뒤는 침을 가진 괴물로 그려져 있다. 단테는 게뤼온의 어깨에 올라타고 기만의 지옥으로 내려간다. 문학은 일종의 '기만'이기 때문이다. 하지만 그 뒤에서는 이성을 상징하는 베르길리우스가 든든히 지켜 주고 있다.
윌리엄 블레이크, 〈단테와 베르길리우스를 데리고 가는 게뤼온Geryon Conveying Dante and Virgil〉, 1824~1827년, 혼합 재료, 멜버른, 빅토리아 국립미술관.

나는 이집트 왕인 부시리스Busiris라는 자다. 그는 지나가는 나그네를 잡아서 신에게 제물로 바치는 자였는데, 헤라클레스도 잡아 바치려다가 죽음을 당한다. 다른 악당은 안타이오스Antaios라는 자다. 테세우스의 모험에 자주 나타나는 것같이 지나는 사람을 해치는 이자는 가이아의 아들로서, 땅에 닿으면 다시 힘을 얻는 특성이 있었기 때문에, 헤라클

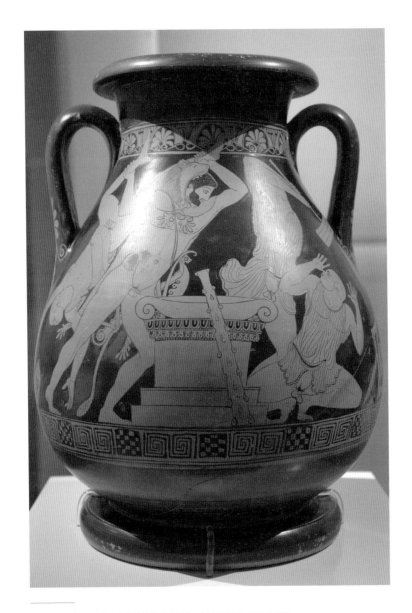

헤라클레스가, 나그네를 잡아 신에게 제물로 바치던 부시리스를 죽이고 있다.
기원전 약 470년, 도기, 아테나이, 아테나이 국립고고학박물관.

안타이오스는 땅에 닿으면 다시 힘을 얻는 악당이기 때문에, 헤라클레스는 그를 공중에서 졸라 죽인다.
프란시스코 데 수르바란, 〈안타이오스와 싸우는 헤라클레스Hércules luchando con Anteo〉, 1634년, 캔버스에
유채, 136×153cm, 마드리드, 프라도 미술관.

레스는 그를 들어서 공중에서 졸라 죽이는 수밖에 없었다(안타이오스는

『신곡』에서 저승의 제일 밑바닥으로 단테와 베르길리우스를 내려주는 역할을 한

다. 헤라클레스와 손을 맞잡고 싸웠던 이 거인의 손에 닿음으로써 단테는 일종의

헤라클레스가 된다).

　　그 도정에는 악당뿐 아니라 길을 안내해 주는 존재도 있었다. 보통

'바다의 노인'이라고 불리는 네레우스Nereus다. 그는 길을 가르쳐 주지

않으려고 여러 가지 모습으로 변했는데, 헤라클레스는 그를 끝까지 붙잡고 버틴다. 결국 노인이 본모습으로 돌아와 길을 가르쳐 주었다고 한다. 이와 같이 모습을 바꾸는 능력은 대개 물의 신들에게 있는 것으로, 아마도 그릇의 모양에 따라 물이 모습을 바꿀 수 있다는 사실 때문인 듯하다. 우리는 앞으로, 헤라클레스와 겨루게 되는 아켈로오스, 아킬레우스의 어머니가 되는 테티스, 트로이아 전장에서 돌아오던 메넬라오스가 만났던 프로테우스 등에게서 그런 모습을 다시 보게 될 것이다.

헤라클레스가 황금 사과를 어떻게 얻었는지에 대해서는 대략 2가지 판본이 있다. 하나는 자기가 직접 가지 않고 아틀라스에게 부탁했다는 것이다. (일설에 따르면) 헤스페리데스가 아틀라스의 딸들이기 때문이다. 아틀라스가 황금 사과를 얻으러 간 사이에 헤라클레스는 하늘을 떠받치고 있어야 했는데, 돌아온 아틀라스는 다시 힘들게 하늘을 받치기가 싫어서 자기가 직접 사과를 에우뤼스테우스에게 가져다주겠노라고 했다. 하지만 헤라클레스는 어깨 받침을 제대로 놓아야겠다고 속여 잠시만 임무교대를 하자 하고는, 아틀라스가 하늘을 받치고 있는 사이에 사과를 들고 달아났단다. 민담에 자주 나오는 속임수다.

다른 판본은 그냥 헤라클레스 자신이 가서 황금 사과를 얻어 왔다는 것이다. 그 사과를 지키는 것은 헤스페리데스들뿐만이 아니어서 라돈Ladon이라는, 머리 100개 달린 뱀도 있었다. 헤라클레스가 그 뱀을 죽였다는 이야기도 있고, 그냥 잠들게 했다는 이야기도 있다. 이 사과는 나중에 아테네 여신이, 원래 있던 곳으로 돌려 보냈다고 한다. 이 이야기는 헤라클레스가 자기 힘으로 생명나무의 열매를 얻어 불멸의 존재가 되었다는 뜻으로 해석할 수 있다.

헤라클레스가 하늘을 대신 떠받치고 있는 사이, 왼쪽 아래에 아틀라스가 지친 얼굴로 휴식을 취하고 있다.
루카스 크라나흐 1세, 〈헤라클레스와 아틀라스Herkules und Atlas〉, 1537년 이후, 나무에 채색, 109.7×
98.8cm, 브라운슈바이크, 헤르초크 안톤 울리히 미술관Herzog Anton Ulrich Museum.

헤라클레스가 황금 사과를 얻기 위해 괴물 뱀 라돈을 죽이고 있다. 황금 사과를 지키던 헤스페리데스들이 놀라 도망치고 있다.
루퍼트 버니Rupert Bunny, 〈헤스페리데스의 정원에 있는 헤라클레스Hercules in the Garden of Hesperides〉, 약 1922년, 캔버스에 유채, 100.6×100.4cm, 멜버른, 빅토리아 국립미술관.

헤라클레스의 마지막 위업은 저승에 가서 머리 셋 달린 개 케르베로스를 데려오는 것이다. 더 오래된 판본에 따르면 하데스와 싸워서 개를 빼앗아 왔던 것으로 보이지만, 보통은 하데스에게서 무기를 쓰지만 않는다면 데려가도 좋다는 허락을 받고, 목을 졸라 붙잡아 온 것으로 되어 있다. 이 개 역시 에우뤼스테우스가 다시 돌려보내라고 해서 저승으로 돌아갔다고 한다. 이 개의 머리 숫자는 휘드라의 경우처럼 작가마다 다르게 이야기하고 있지만, 도기 그림들에는 머리를 여러 개 그리기가 번거로워서 그랬는지 대개 3개(또는 2개)로 그려져 있다(아리스토파네스의 희극 「개구리」에는 디오뉘소스가 헤라클레스 차림을 하고 저승에 갔더니, 저승 문지기가 개 도둑 왔다고 소리치는 장면이 나온다. 지금 이 사건에 대한 패러디다).

이 여행에서 한 가지 특기할 것은 저승에 붙잡혀 있던 테세우스를 다시 데려왔다는 것이다. 테세우스는 자기 친구 페이리토오스가 페르세포네를 아내로 삼고자 하여, 그와 함께 저승에 갔다가 붙잡혔고, 망각의 의자에 앉아서 그때까지 있었다고 한다. 헤라클레스는 테세우스가 주범이 아니라는 것을 내세워 허락을 얻어 내고 그를 일으켜 세워 이승으로 다시 데리고 온다. 어떤 판본에 따르면 테세우스는 의자에 너무 단단히 붙어 있어서 그를 떼어 낼 때 엉덩이 일부가 의자에 붙어 거기 남았다고 한다(저승에 갔던 존재는 온전히 이승으로 돌아오기 어렵고, 적어도 몸의 일부 또는 어떤 물건을 남겨 두고 와야 한다. 일설에 따르면, 제우스의 벼락에 죽은 자기 어머니 세멜레를 데리러 저승을 찾아간 디오뉘소스는 신발을 한 짝 남기고 돌아왔다고 한다).

헤라클레스가 머리 셋 달린 개 케르베로스를 끌고 가고 있다. 왼쪽 뒤에는 횃불을 든 복수의 여신들이 그려져 있다.
페테르 파울 루벤스, 〈헤라클레스와 케르베로스Hercules and Cerberus〉, 1636년, 패널에 유채, 27×28.8cm, 마드리드, 프라도 미술관.

다른 모험들

12가지 위업을 마친 후에 헤라클레스가 서두른 것은 그동안 자신을 속인 자들을 징계하는 것이었다. 그래서 외양간 청소 때 약속한 보수를 주지 않은 아우게이아스, 헤시오네를 구해 준 것에 보답하지 않은 라오메돈 등과 전쟁을 한다. 특히 트로이아에 쳐들어갔을 때는 나중에 아이아스의 아버지가 되는 텔라몬과 동행하고, 그가 공을 크게 세웠으므로 헤시오네를 그의 아내로 준다. 거기서 테우크로스Teukros가 태어나는데, 이 사람은 나중에 트로이아 전쟁에 참여하여 말하자면 자기 외가 쪽 사람들과 싸우게 된다.

헤라클레스가 서두른 다른 일은 새로운 결혼이었다. 전에 테바이에서 메가라를 얻었지만 둘 사이에 난 자식들을 광기로 죽인 뒤에는 그녀와 더 이상 같이 살 마음이 없었던 듯하다. 그래서 그녀를 이올라오스에게 주고 자신은 오이칼리아로 가서 활쏘기 시합의 상으로 내걸린 처녀 이올레를 얻고자 했다(이 사건이 데이아네이라Deianeira와 결혼한 다음에 있었다는 판본도 있다). 하지만 우승을 했는데도 그쪽에서는 처녀를 내놓지 않았고, 공연히 소를 훔친 것으로 오해까지 받자 다시 광기에 빠져 그 집안 아들을 죽이게 된다.

이 살인 사건은 헤라클레스를 곤경에 빠뜨린다. 정화를 받으러 간 곳에서 푸대접을 당하고, 델포이로 갔더니 이곳에서는 상습범이라고 신탁을 거부하는 바람에 헤라클레스가 난동을 부리게 된다. 델포이 무녀가 신탁을 내리는 데 사용하는 세 발 의자를 빼앗아서 자신의 신탁소를 세우겠다고 한 것이다. 그러자 아폴론이 나타나서 헤라클레스와 다투는데, 제우스의 두 아들 사이에 싸움이 난 것이다. 결국 제우스가 벼락을 던져 두 아들을 떼어 놓아야만 했단다. 그 죄로 헤라클레스는 노예로 팔려 가서, 옴팔레Omphale라는 여왕 밑에서 여자 옷을 입고 1년(또는 3년) 동안 여자 일을 해야만 했다고 한다(희랍에는 남성도 여성의 단계를 지나야 온전한 존재가 된다는 믿음이 있었는데, 지금 이 사건도 그러한 사례다).

그 후에 심기일전하여 데이아네이라라는 여자와 결혼을 하게 되는

헤라클레스는 자신의 신탁소를 차리겠다고 난동을 부린 벌로 옴팔레 여왕 밑에서 여자 옷을 입고 여자 일을 한다. 헤라클레스는 실 잣는 도구를 들고 있으며, 그의 사자 가죽은 옴팔레가 걸치는 참이다. 다리를 상대의 허벅지 위에 얹는 것은 결혼의 표시인데, 위쪽에 다리를 얹는 사람에게 주도권이 있는 것으로 해석된다. 일반적으로 이 주제를 그릴 때는 옴팔레의 다리가 위로 가게 그리고, 이 그림에서도 그것을 따랐다.

요한 하인리히 티슈바인Johann Heinrich Tischbein, 〈헤라클레스와 옴팔레Herkules und Omphale〉, 1754년, 캔버스에 유채, 215×166cm, 카셀, 헤센 카셀 미술관Museumslandschaft Hessen Kassel.

데, 이 처녀는 유명한 칼뤼돈 멧돼지 사냥의 영웅 멜레아그로스의 동생이다. 헤라클레스가 저승에 갔을 때 거기서 멜레아그로스의 혼령을 만났고, 그에게 아름다운 여동생이 있다는 사실을 알았던 것이다. 하지만 헤라클레스가 그 집에 찾아갔을 때는 이미 이웃에 있는 아켈로오스 강의 신이 데이아네이라에게 구혼하고 있었으므로, 이 두 사위 후보는 결투를 벌일 수밖에 없었다. 물론 헤라클레스가 이겼는데, 물의 신답게 여러 모습으로 변할 수 있었던 아켈로오스가 소로 변했을 때 헤라클레스가 그 뿔을 부러뜨렸던 것이다.

하지만 결혼 후에 헤라클레스는 다시 사소한 실수로 시중드는 소년을 죽게 만들었고, 또 다시 그곳을 떠나야만 했다. 여행 중에 강을 건너게 되었는데, 거기서 삯을 받고 사람들을 강 건너로 옮겨 주는 켄타우로스 넷소스Nessos를 만나게 된다. 넷소스는 데이아네이라를 강 건너로 옮겨 주려다 겁탈하려 했고, 결국 헤라클레스의 화살에 죽게 된다. 하지만 넷소스는 죽기 전에 데이아네이라의 귀에 거짓말을 속삭였다. 자신의 피를 받아 두었다가 남편의 사랑을 잃게 되면, 그 피를 옷에 적셔 남편에게 입히라고. 그러면 사랑을 되찾게 될 것이라고.

얼마 후 정말로 그 일이 벌어지게 되는데, 헤라클레스가 전에 자신을 속였던 도시 오이칼리아로 쳐들어가서 도시를 파괴하고 이올레를 데려온 것이다. 그러자 젊은 여자에게 남편을 빼앗기게 될까 봐 걱정이 된 데이아네이라는 넷소스의 말대로 피에 적신 옷을 남편에게 보냈고, 그것을 입은 헤라클레스는 독이 온몸에 퍼져 괴로움 속에 죽어 가게 된다. 자신이 어리석은 짓을 했음을 깨달은 데이아네이라는 목매어 죽고, 헤라클레스는 너무나 고통이 심해서 화장단을 쌓아 놓고 그 위

넷소스는 헤라클레스의 아내 데이아네이라를 겁탈하려다 헤라클레스의 화살에 맞아 죽는다. 왼쪽 앞에서 넷소스를 제지하는 머리 허연 노인은 강물의 신이다. 그의 지물인 노와 물동이가 함께 그려져 있다.
루이장프랑수아 라그르네Louis-Jean-François Lagrenée, 〈데이아네이라를 납치하는 넷소스The Abduction of Deianeira by the Centaur Nessus〉, 1755년, 캔버스에 유채, 157×185cm, 파리, 루브르 박물관.

에 올라가 누군가 불을 붙여 주기를 원한다. 하지만 무서워서 아무도 그 일을 하지 않으려 한다. 결국 포이아스Poias(또는 그의 아들 필록테테스 Philoktetes)라는 사람이 헤라클레스의 활을 받기로 하고 불을 붙여 주었

헤라클레스는 넷소스의 계략으로 독 묻은 옷을 입고 괴로워하다 화장단 위에 올라가 불타 죽는다. 오른쪽 멀리, 등에 화살이 꽂힌 넷소스의 모습이 희미하게 그려져 있다. 그의 몸동작은 복수가 이루어진 것에 환호하는 듯 보인다.
프란시스코 데 수르바란, 〈헤라클레스의 죽음Muerte de Hércules〉, 1634년, 캔버스에 유채, 136×167cm, 마드리드, 프라도 미술관.

고, 헤라클레스는 죽을 수 있었다. 하지만 인간에게서 받은 부분은 불에 타고 제우스에게서 받은 부분은 올림포스로 가서, 헤라와 화해하고 그녀의 딸이자 젊음의 여신인 헤베Hebe를 아내로 얻었다고 한다(헤라클

헤라클레스 앞에 두 여신이 나타나 쾌락의 여신은 편한 길을, 덕의 여신은 험한 길을 가리킨다. 헤라클레스는 험한 길을 택한 덕분에 신의 반열까지 오른다. 오른쪽에 그려진 쾌락의 여신이 옷을 훨씬 화려하게 입었다. 그녀 옆에 그려진 가면은 위선, 기만을 상징한다.
안니발레 카라치, 〈헤라클레스의 선택The Choice of Heracles〉, 1596년, 캔버스에 유채, 165×239cm, 나폴리, 카포디몬테 미술관Museo di Capodimonte.

레스가 헤베와 결혼한 것은, 그가 자신의 힘으로 영원한 청춘을 얻었다는 뜻이라고 해석되기도 한다. 한편 넷소스는 『신곡』에서 단테를 등에 태우고 폭력 죄를 지은 자들이 벌받고 있는 뜨거운 피의 강을 건너게 해 주는 것으로 그려져 있다).

　헤라클레스의 이름은 흔히 '헤라의 영광'으로 해석된다. 하지만 이 해석을 의심하는 학자도 있다. 물론 헤라클레스의 업적들이 헤라 숭배로 유명한 아르고스를 중심으로 이루어지고 그가 가져온 많은 진기한 물건들이 헤라의 신전에 바쳐지지만, 헤라가 그를 너무나 괴롭히고 있기 때문이다. 그런 학자들은 헤라클레스Herakles란 이름이 '영웅heros'에서 왔다고 보고, 훌륭한 공을 세운 사람이 신으로 섬겨지던 풍습에 연결시킨다. 마지막에 그가 올림포스로 가서 신들과 함께 살게 되었다는 결말이 그런 과정을 보여 주는 것일 수 있다.

한편 헤라클레스의 여정을 우리 인생에 대한 알레고리allegory로 보는 입장도 있다. 그것을 가장 분명하게 보여 주는 것이 '헤라클레스의 선택'이라고 알려진 일화다. 어느 날 헤라클레스가 길을 가다가 갈림길을 만났는데 거기 두 여신이 나타났단다. 한 여신은 쾌락의 여신으로서 화려한 도시로 통하는 넓고 편한 길을 가리키고, 다른 여신은 덕의 여신으로서 좁고 험한 길을 가리키더라는 것이다. 헤라클레스는 후자를 택했고, 그로 인해 신의 반열까지 오를 수 있었다는 것이다(이와 같이 추상적 개념이 구체적인 모습으로 나타나는 것을 알레고리라고 부른다). 이 이야기는 원래 프로디코스Prodicos라는 사람이 처음 들려준 것으로, 크세노폰Xenophon의 『소크라테스 회상Memorabilia』에 나온다. 이 주제는 단테의 『신곡』 「연옥편」에서 여러 차례 암시되고 있다.

아르고호의 영웅들

황금 양털 가죽의 유래와 출발 준비

아르고호의 모험은 이아손Iason이라는 영웅을 중심으로, 여러 영웅들이 모여서 먼 땅으로 황금 양털 가죽을 찾아 떠나는 이야기다. 출발지는 희랍의 중동부 해안에 있는 이올코스Iolkos라는 곳이고, 목적지는 원래 아이아Aia라는 곳인데, 많은 사람들이 그곳을 흑해 동쪽의 콜키스Colchis로 생각하고 있다. 따라서 이 이야기에는 당시의 지리적 발견의 영향들이 보인다 하겠다.

이 먼 항해를 시킨 것은 이아손의 숙부인 펠리아스Pelias다. 그는 이아손의 아버지인 아이손Aison을 몰아내고 자신이 왕 노릇을 하고 있었는데, 샌들을 한쪽만 신은 사람이 나타나면 위험하다는 신탁을 받았단다. 어느 날 이아손이 한쪽 신발이 벗겨진 채 나타났고, 펠리아스는 그를 이 위험한 모험으로 보내 버린다. 왜 신발이 벗겨졌는지에 대해서는 여러 설이 있다. 하지만 미끄러지지 않으려고 일부러 한쪽 신발을 벗은 것이라는 합리적인 설명보다는, 헤라가 노파의 모습으로 나타나서 이 젊은이에게 강을 건너게 해 달라고 부탁해서 그랬다는 동화적 설명이 더 널리 퍼져 있다. 처음에는 가볍던 노파가 점점 무거워지고, 물살은 점점 빨라져서 비척대다가 신발을 잃어버렸다는 것이다.

(이렇게 미래의 조력자가 젊은이를 시험하는 이야기에 신발이 등장하는 경우로, 한나라 개국 공신 장량張良 이야기가 있다. 한 노인이 다리 밑에 떨어진 신발을 찾아 달라고 해서 찾아다 주었더니, 다시 신발을 멀리 던지고 다시 같은 부탁을 하더라는 이야기다. 젊은이는 짜증을 억누르고 그에 순종하고서야 귀중한 서책을 얻게 된다. 노인은 황석黃石이라는 귀인으로, 그에게서 태공망의 병법서를 얻은 이야기다.)

이아손이 왜 펠리아스를 찾아갔는지에 대해서도 2가지 설이 있다. 하나는 아버지의 왕권을 되찾으러 갔다는 것인데, 이 판본은 이아손이 그때까지는 케이론(반인반마 켄타우로스)의 양육을 받고 있었던 것으로 설정하고 있다. 다른 판본은 이아손이 숙부와 별로 사이가 나쁘지 않았던 것처럼 되어 있어서, 그냥 들판에서 지내다가 숙부가 제사를 지내는 데 참석하라고 해서 간 것으로 되어 있다(헬레니즘 시대 서사시 『아르고호 이야기Argonautika』에는 뒤의 판본이 나와 있다).

이 여행의 목표인 황금 양털 가죽은 사실 이올코스와 연관이 전혀 없진 않다. 원래 그것이 이 지역에서 떠나간 것이기 때문이다. 그 연원은 이렇다. 보이오티아의 아타마스Athamas라는 왕이 네펠레Nephele라는 여인(아마도 구름의 요정)과 결혼하여 아이를 둘 얻은 다음에, 다시 결혼했다. 그런데 그의 새 아내는 전처 소생인 두 아이를 미워하여, 아이들이 제물로 바쳐지도록 일을 꾸몄다. 우선 그녀는 나라에 흉년이 들게

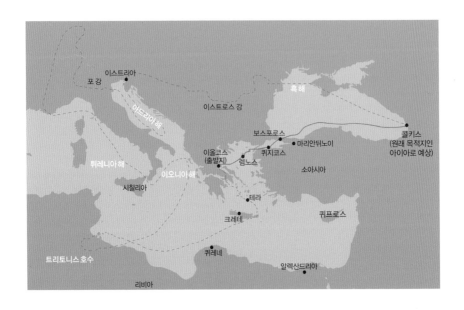

아르고호 원정대가 여행한 지역.

만들었다. 여자들을 꼬드겨서 곡물 씨앗을 볶아서 뿌리도록 했던 것이다. 그리고 곡식이 나지 않자 이번에는 신탁을 물으러 가는 사자使者를 매수했다. 그래서 사자는 신이 두 아이를(혹은 사내 아이를) 제물로 요구한다는 가짜 답을 가져다주었다.

하지만 아타마스 왕이 아이들을 죽이려 할 때, 아이들의 어머니인 네펠레가 하늘을 나는 양을 보내 주었다. 두 아이는 그것을 타고 동방으로 날아가는데, 가는 도중에 헬레Helle라는 여자 아이는 바다에 떨어져 죽고, 아들인 프릭소스Phrixos만 무사히 콜키스에 닿았다(헬레가 죽은 곳은 그 후 '헬레의 바다Hellespontos'라고 불리게 되었는데, 현재의 이름은 다르다

펠리아스는 한쪽 신발만 신은 사람이 나타나면 위험하다는 신탁을 받는데, 이아손이 한쪽 신발을 잃어버린 채 나타난다. 그림에서 오른쪽에 그려진 이아손은 왼발에 신을 신지 않았다. 인물의 가치에 따라 크기를 달리하는 기법을 썼기 때문에 멀리 있는 사람들이 더 크게 그려졌다. 펠리아스 가족은 모두 제사를 위해 머리에 나뭇잎으로 만든 관을 쓰고 있다.
1세기, 폼페이 벽화, 나폴리, 나폴리 국립고고학박물관.

프릭소스와 헬레가 하늘을 나는 황금 양을 타고 가다가 헬레는 바다에 떨어져 죽는다. 이 황금 양털 가죽을 가져오기 위해 이아손 일행의 여행이 시작된다.
1세기 폼페이 벽화를 복원한 작품, 나폴리, 나폴리 국립고고학박물관.

이아손 일행을 위해 아르고호가 제작된다. 왼쪽에서 아테네 여신이 돛을 만지고 있고, 중앙에서 티퓌스가 활대를 쥐고 있으며, 오른쪽에서는 아르고스가 작업하고 있다. 아테네 여신 뒤에는 기둥 위에 올빼미가 새겨졌고, 뒤쪽에 보이는 나무는 도도네의 참나무인 듯하다.
약 1세기, 테라코타 부조, 런던, 영국박물관.

넬스 해협이다. 에게 해에서 흑해 쪽으로 들어서는 입구다). 콜키스의 왕인 아이에테스Aietes는 하늘을 날아온 젊은이를 환대하여 자기 사위로 삼았고, 프릭소스는 황금 양을 잡아 신께 제물로 바치고 그 가죽은 아이에테스에게 선물로 주었다(자기를 구해 준 존재를 죽여서 제물로 바친다는 것이 좀 이상하게 여겨질 수도 있겠다. 하지만 이는 우선 신에게서 온 것은 신에게 돌려보내야 하기 때문이고, 또 신을 죽여서 그 고기를 먹는다는 개념도 고대 종교에서는 자주 발견된다. 어떤 학자는 기독교의 성찬식이 그 흔적이라고 본다. 그리고 보통은 이 황금 양이 말을 할 줄 알아서, 자기를 제물로 바치라 했다고 전해진다).

그 황금 양털 가죽이 지금 이아손 일행의 목표가 된 것이다. 원정대가 떠날 때 프릭소스는 벌써 죽어 있었는데, 그의 혼령이 펠리아스에게 나타나서 양털 가죽을 고향으로 옮겨 오도록 요구했다는 이야기도 있다. 펠리아스의 어머니와 프릭소스는 사촌 사이다.

이 여행을 위해 아르고스(눈 100개 달린 아르고스와 동명이인이다)라는 장인이 아테네 여신의 도움을 받아 커다란 배를 짓는다. 이 배는 희랍 최초의 배라고 하기도 하고, 좀 더 신빙성 있기로는, 50명이 들어가는 대규모 선박으로는 처음이라 하기도 한다. 이 배의 뱃머리에는 아테네 여신이, 제우스의 신탁으로 유명한 도도네Dodone의 참나무 가지를 가져다 붙였기 때문에 배가 말을 할 수 있었다고도 한다(또는 이 배의 용골이 도도네의 참나무로 만든 것이라 하기도 한다).

한편 이아손은 이 여행을 위해 동지들을 구했는데, 거기에 호응해 희랍 전역에서 많은 영웅들이 모여들었다. 너무나도 유명한 이 모험에 자기 고장 출신이 참여했다고 주장하고 싶었던 사람들 때문에 이름 좀 알려진 영웅 중에 이 모험에 참여하지 않았다는 사람이 없을 지경이다. 그래도 공통적인 사람들을 모아 보면 대충 네 부류로 나눠진다.

첫째는 이름이 널리 알려진 대大영웅들로 이아손, 헤라클레스, 테세우스, 오르페우스, 카스토르와 폴뤼데우케스 등이다(테세우스는 여기 참여했다는 판본도 있고, 그렇지 않다는 판본도 있는데, 아폴로니오스 로디오스 Apollonios Rhodios의 서사시 『아르고호 이야기』에는 테세우스가 이때 저승에 붙잡혀 있었다고 되어 있다).

둘째는 신화에 익숙하지 않은 사람들에게는 이름이 그다지 알려지

아르고호에는 희랍의 많은 영웅들이 올라탄다.
콘스탄티노스 볼라나키스Konstantinos Volanakis, 〈아르고호The Argo〉, 1907년 이전, 캔버스에 유채, 87×
67cm, 개인 소장.

지 않은 소小영웅들이다. 이들은 대개 트로이아 전쟁 영웅들의 부모이
거나, 칼뤼돈 멧돼지 사냥에 참여했던 사람들인데, 아킬레우스의 아버
지인 펠레우스Peleus, 아이아스의 아버지인 텔라몬Telamon, 그리고 여성
전사인 아탈란테Atalante와, 알케스티스의 남편인 아드메토스 등이 거기
속한다(이 사건은 헤라클레스 시대, 즉 트로이아 전쟁보다 한 세대 전에 일어난
것으로 되어 있어서, 나중에 트로이아 전쟁에 참여하는 영웅들의 아버지들이 다
수 등장한다. 한편 아탈란테 역시 이 모험에 참여했다는 판본도 있고, 그렇지 않
다는 판본도 있는데, 아폴로니오스 로디오스는 그녀가 함께 가면 남자들 사이에
분란이 생길까 봐 이아손이 그녀를 데려가지 않은 것으로 했다).

셋째는 특별한 재능을 가진 사람들로, 일종의 천리안을 가진 륑케우
스Lynkeus, 하늘을 날 수 있었던 북풍 신의 두 아들 칼라이스Kalais와 제
테스Zetes, 예언자인 이드몬Idmon과 몹소스Mopsos 등이다.

넷째는 일종의 기능인으로, 배를 만든 아르고스, 키잡이인 티퓌스
Tiphys 등이다. 그리고 펠리아스의 아들 아카스토스Akastos도 아버지의
만류를 뿌리치고 거기 동참했다고 한다.

콜키스 가는 길

영웅들의 도정이 어떠했는지는 사람마다 다르게 이야기하는데, 여기
서는 아폴로니오스 로디오스의 『아르고호 이야기』를 기준으로 따라가
보자.

아르고호 영웅들이 처음 당도한 곳은 여자들만 사는 섬, 렘노스
Lemnos였다. 여기에 여자들만 살고 있었던 이유는, 여자들이 그 섬의 남
자들을 모두 죽였기 때문이다. 이야기는 이렇다. 렘노스의 여자들은 아

아르고호 영웅들이 처음 도착한 곳은 여자들만 사는 섬, 렘노스다. 여자들은 말 등에 올라타고, 하늘에 화살을 날리고, 나팔을 불어 대는 반면, 남자들은 약간 위축된 표정으로 걸어가고 있다.
피에로 디 코시모Piero di Cosimo, 〈이아손, 렘노스 섬의 여왕 휩시퓔레와 여자들Jason and Queen Hypsipyle with the Women of Lemnos〉, 1499년, 패널에 유채, 90.8×149.8cm, 개인 소장.

프로디테 여신을 제대로 섬기지 않아서 여신의 미움을 사게 되었다. 여신은 이 여자들에게서 악취가 나게 만들었다. 그러자 남자들은 자기네 여자들을 버리고 육지로 가서 트라케 여자들을 납치해 아내로 삼았다. 이에 여자들이 앙심을 품고 남자들을 모두 죽였다(다만 여왕인 휩시퓔레 Hypsipyle만이 자기 아버지 토아스를 몰래 상자에 담아 바다로 띄워 보냈고, 그래서 그만이 유일하게 살아남았다고 한다. 하지만 이 사실이 나중에 발각되어서 휩시퓔레는 노예로 팔려 가게 된다).

하지만 아르고호가 거기 도착했을 때는 여자들의 악취가 사라졌고, 이들은 자식 낳기를 갈망하고 있었다. 그래서 영웅들은 거기 한동안(또는 1년 동안) 머물며 그 여인들에게 자식을 낳게 만들어 준다. 여자들끼리 살면서 남자들이 오기를 기다리고 있었다니 아무래도 남성 판타지가 개입된 듯도 하지만, 이 일화는 앞으로 이아손 일행이 어떤 능력의 도움을 받을지 보여 주는 것이라 할 수 있다. 그들은 아레스(전쟁 능력)보다는 아프로디테의 힘(사랑과 매력)을 필요로 할 것이다.

이들은 헤라클레스가 재촉한 뒤에야 다시 길을 떠나게 된다. 남성성의 상징이라고 할 이 영웅은 다른 때와는 달리 여인들과 어울리지 않은 것으로 되어 있다. 헤라클레스는 엄청난 정력의 소유자여서, 어떤 왕의 딸들 50명과 차례로 결합하여 아들을 50명 얻었다는 이야기도 있다. 하지만 잠시 후에 보듯 『아르고호 이야기』에서는 헤라클레스에게 휠라스Hylas라는 소년 애인이 있고, 그래서 여성과의 만남에 소극적인 것으로 그려져 있다.

그다음에 이 영웅들은 자기들을 환대해 준 돌리오네스Doliones인들과 실수로 전투를 하게 된다. 접대를 잘 받고 떠나가다가 폭풍을 만나 다시 떠난 곳에 상륙하게 되었는데, 워낙 어두워서 서로 상대가 누군지 모르고 전투를 벌였던 것이다. 그 와중에 돌리오네스인들의 젊은 왕 퀴지코스Cyzicos가 죽는다(이와 같이 '신'들이 도착하면 왕이 죽는다는 믿음도 여러 문화권에서 발견된다. 이와는 반대로 신들의 방문에서 '신'이 죽고 왕이 살아남은 사례로 탐험가 제임스 쿡James Cook의 죽음을 들 수 있다. 인류학자 마셜 살린스Marshall Sahlins가 『역사의 섬들』이라는 책에서 잘 분석해 놓았다).

그 후에 일어난 큰 사건은 헤라클레스가 배에서 내리게 되었다는 것이다. 일행이 어떤 기착지에 내렸을 때 그의 애인인 휠라스가 샘의 요정들(또는 한 요정)에게 납치되었는데, 그것을 모르고 그를 찾다가 그만 배

헤라클레스는 샘의 요정들에게 납치된 휠라스를 찾다가 아르고호 일행에서 낙오된다. 이 그림은 남성 화가의 시각을 반영해서, 여자들의 얼굴이 잘 보이게끔 그렸다. 여성 화가가 그린 같은 주제의 그림에서는 남성의 얼굴도 잘 보이게 그려진 경우가 많다.
존 윌리엄 워터하우스, 〈휠라스와 뉨페Hylas and the Nymphs〉, 1896년, 캔버스에 유채, 132.1×197.5cm, 맨체스터, 맨체스터 미술관Manchester Art Gallery.

를 놓쳤던 것이다. 일행은 뒤늦게 헤라클레스가 없다는 것을 알게 되었으나, 이것이 신들의 뜻임을 알게 되어 그냥 항해를 계속한다. 다른 판본에 따르면 "헤라클레스는 너무 무거워서 못 싣겠다"고 아르고호가 직접 말을 해서 내렸다고도 한다. 사실 이 여행의 주인공은 이아손인데, 헤라클레스가 동행하고 있으면 이아손이 주목받을 기회가 없었을 것이다. 더구나 이 이야기를 가장 자세히 전해 주는 작품, 아폴로니오스 로디오스의 『아르고호 이야기』에서는 새로운 영웅, 힘이 아니라 꾀를 사용하며 매력을 이용하여 여성의 도움을 받는 영웅을 소개하고 있어서, 헤라클레스 같은 전통적인 영웅은 어울리지 않는다. 헤라클레스는 여기서 떠나가 플레그라Phlegra로 가서 신들과 거인들의 전쟁에 참여했다는 이야기도 있는데, 이미 인간들의 사회가 자리 잡아 가는 마당에 그런 원초적인 전쟁이 있었다는 것은 좀 어울리지 않아 보인다.

그 이후에는 눈 먼 예언자 피네우스Phineus를 만나기까지 별로 큰 사건이 없다. 아뮈코스Amykos라는 왕이 있어서, 지나가는 사람들을 붙잡아 권투 시합을 하자고 하는데, 폴뤼데우케스가 나서서 제압한 것 정도가 두드러진다. 이 일화에서도, 헤라클레스가 있었으면 활약할 기회를 얻지 못했을 영웅이 기회를 얻었다.

피네우스가 눈이 멀게 된 이유에 대해서는 여러 작가가 여러 가지로 말하지만, 예언의 능력을 남용해서 그렇게 되었다는 것이 일반적인 설명이다. 그가 받은 벌은 이뿐이 아니다. 피네우스가 식사를 하려고 하면, 여자의 상체에 날개를 가진 괴물들인 하르퓌이아Harpyia가 어디선가 날아와 음식들을 빼앗아 가고 남은 것에는 배설물을 흩뿌려서 먹을 수 없게 했다 한다. 아르고호 영웅들은 이 괴조들을 쫓아 주는 대가로 앞으로 갈 길에 대한 충고를 받기로 한다.

하르퓌이아들을 쫓는 데 가장 큰 공을 세운 것은 보통 북풍 보레아스의 아들들인 칼라이스와 제테스로 되어 있다. 하늘을 나는 능력을 가지고 있던 이들은 칼을 빼어 들고 공중으로 솟구쳐 괴조들을 쫓았고, 신들의 전령인 이리스의 만류를 받고서야 추격을 그친 것으로 되어 있다(보레아스의 아들들이 하르퓌이아들을 죽였다는 이야기도 있고, 그들 자신이 하르퓌이아들과 함께 바다로 떨어졌다는 판본도 있지만, 앞에 적은 것이 가장 보편적인 이야기다).

보레아스 아들들은 하르퓌이아라는 괴물을 물리치는 데 도움을 준다. 그림 왼쪽 뒤에서는 하르퓌이아들이 음식을 빼앗아 가고 남은 음식에 배설물을 떨어뜨리고 있다. 앞부분 왼쪽에서 눈먼 예언자 피네우스가 날개 달린 칼라이스와 제테스에게 손을 내밀고 있다. 『아르고호 이야기』에서는 이 젊은이들의 발목에 날개가 있는 것으로 소개했는데, 이 그림에서는 어깨에 날개가 돋은 것으로 표현했다.
세바스티아노 리치Sebastiano Ricci, 〈피네우스와 보레아스 아들들Phineas and the Sons of Boreas〉, 1695년, 보스턴, 보스턴 미술관.

피네우스에게서 받은 충고 중 가장 소중한 것은 쉼플레가데스 Symplegades('부딪치는 바위')라는 장애물을 어떻게 통과할지 하는 것이다. 이 바위들은 흑해의 입구에 있으면서 평소에는 서로 떨어져서 있다가 그사이로 지나가는 것이 있으면 서로 부딪쳐서 그것을 박살 내는 그런 것이었다. 피네우스는 일행에게, 먼저 비둘기를 날려서 그것이 무사히 빠져나가면 그들도 빠져나갈 수 있으리라고 말했다. 사실 이 말이, 비둘기를 이용해서 점을 쳐 보라는 것인지, 아니면 바위의 움직임이 비둘기를 잡지 못할 정도면 안심해도 좋다는 뜻인지 좀 불분명하다. 어쨌든 일행은 비둘기가 꼬리 깃만 조금 다치고 빠져나가는 것을 보고 자신들도 부지런히 노를 저어 배 뒷부분만 좀 다친 채로 그곳을 통과한다. 아폴로니오스 로디오스에 따르면 이때 아테네 여신이 나타나서 손수 배를 밀어 주었다고 한다. 한편 그 후로 그 바위는 멈춰 섰고 더 이상 옛날같이 기이한 움직임을 보이지는 않게 되었다고 한다(이는 왜 현재는 그런 이상한 바위가 없는지에 대한 일종의 원인설화다).

그 후로 콜키스에 도착하기까지 큰 모험이라 할 만한 사건은 없는데, 도중에 몇 사람이 죽고 새로운 사람이 배에 오른다. 예언자 이드몬이 멧돼지에게 죽고, 키잡이 티퓌스도 병으로 죽었으며, 헤라클레스의 옛동료 몇이 배에 타고, 그 지역 왕자 한 사람인 다스퀼로스Daskylos도 길안내자로 배에 오른다(헤라클레스의 동료들이란, 전에 헤라클레스가 아마존여왕의 허리띠를 얻으러 갈 때 동행했다가 이 지역에 정착했던 이들이다. 대개는 헤라클레스가 에뤼만토스 멧돼지 사냥을 마친 직후에 아르고호에 올랐던 것으로 알려져 있고, 아마존 여왕의 허리띠 사건은 멧돼지 사냥보다 훨씬 뒤에 있었던 것으로 알려져 있지만, 그의 모험 순서는 사람마다 다르게 전한다). 그 후 아레스의 섬(칼날 같은 깃털을 날려 사람을 해치는 새들이 사는 섬이다)에서 프릭소스의 아들들을 만났다는 것이 좀 특별하다. 이들은 아버지의 유산을 얻고자 희랍 땅으로 향하다가 파선을 당했는데, 마침 아르고호를 만난 것이다.

콜키스에서 있었던 일

콜키스에 상륙한 일행은 왕 아이에테스를 찾아가 자신들의 방문 목적을 알린다. 하지만 왕은 전혀 호의적인 태도를 보이지 않는다. 아마도 좀 더 오래된 판본에서는 이 황금 양털 가죽에 그 나라 전체의 운명이 걸려 있었거나, 아니면 거기 어떤 마법적인 힘이 있는 것으로 되어 있었던 듯하다. 왕은 어려운 과제를 내리면서, 그것을 해결하면 털가죽을 주겠노라고 한다. 그 과제란 불을 뿜는 소 2마리(발굽이 청동으로 되어 있다)를 멍에 지워 밭을 갈게 하고, 용의 이빨을 땅에 뿌려 거기서 나오는 전사들과 겨루라는 것이었다.

다행히 이아손은 자신의 젊은 매력으로 아이에테스의 딸 메데이아를 사로잡는다. 약초를 많이 알고 있던 그녀는 이아손에게 신기한 약을 만들어 주는데, 이것을 바르면 하루 동안 불길에서 보호를 받을 수 있었다. 이아손은 이 약의 힘으로 불길에 아무 해도 입지 않고, 소들을 묶어 밭을 간다. 하지만 두 번째 관문이 있었다. 용의 이빨을 땅에 심어서 거기서 솟아나는 전사들과 싸워야 하는 것이다. 우리는 앞으로 이와 유사한 사태를 테바이의 건립자 카드모스 이야기에서 보게 될 것이다. 땅에서 솟아난 전사들을 어떻게 대했는지에 대해서는 대체로 2가지 판본이 있다. 하나는 카드모스의 경우와 마찬가지로, 이아손이 전사들 가운데로 돌을 던지자 전사들이 서로 싸워서 서로를 죽였다는 것이고, 다른 하나는 전사들이 아직 솟아나고 있는 사이에 이아손이 달려들어 직접 그들을 쳐 죽였다는 것이다(아폴로니오스 로디오스의 서사시에는 이아손이 직접 처리하는 것으로 되어 있다. 영웅들의 모험을 이루는 2가지 큰 주제가 괴물과의 싸움, 그리고 전쟁이니, 이 둘을 동시에 보여 줄 기회를 시

이아손은 메데이아의 신기한 약 덕분에 불길에서 보호받는다. 메데이아는 정면 모습이 보이게, 이아손은 옆모습이 보이게 구도를 잡았다. 여자에게 주도권이 있는 것이다. 이아손은 다리도 다소곳이 모으고 있다. 메데이아 곁에는 뱀이 한 마리 뻗어 접근하고 있고, 그녀의 발밑에는 두꺼비와 다른 재료들이 보인다.
존 윌리엄 워터하우스, 〈이아손과 메데이아Jason and Medea〉, 1907년, 개인 소장.

메데이아는 아버지를 배신하고 용을 잠재워 이아손이 황금 양털 가죽을 갖도록 돕는다. 왼쪽에서 메데이아가
용을 어르고 있는 사이에 이아손이 황금 양털 가죽을 나무에서 내리고 있다. 그 뒤에는 뤼라를 든 오르페우스
가 서 있다.
윌리엄 러셀 플린트William Russell Flint, 〈메데이아와 용Medea and the Dragon〉, 1910년, 삽화.

인이 그냥 지나칠 리 없다).

하지만 아이에테스는 약속을 지키지 않고 오히려 아르고호 영웅들
을 기습할 계획을 세운다. 그러자 메데이아가 이아손에게로 와서, 숲에
서 황금 양털 가죽을 지키던 용을 잠재우고 털가죽을 취한다. 그리고
는 이아손과 함께 배를 타고 도망치는데, 그 와중에 자기 형제인 압쉬
르토스Apsyrtos를 죽이게 된다. 여기서 판본이 둘로 갈라지는데, 어떤 판

사랑에 눈이 먼 메데이아는 동생 압쉬르토스를 잔인하게 죽인다. 그림 중앙에 메데이아가 자기 동생을 바다에 던지려 하고 있지만, 토막까지 내지는 않은 것으로 그려졌다. 오른쪽 위 구석에는 추격하는 배의 돛이 풍선처럼 부풀어 있다. 이아손은 메데이아 뒤쪽에서 황금 양털 가죽을 들고 적들에게 뭔가 외치고 있다.
허버트 제임스 드레이퍼, 〈황금 양털The Golden Fleece〉, 1904년, 캔버스에 유채, 155×272.5cm, 브래드퍼드, 카트라이트 홀Cartwright Hall.

본에서는 압쉬르토스가 어린 소년으로 되어 있고, 아이에테스가 추격해 오자 메데이아가 동생을 죽여 토막 내서 바다에 뿌린 것으로 되어 있다. 그래서 아이에테스가 아들의 시신을 수습하는 사이에 시간을 벌어 도망쳤다는 것이다. 하지만 아폴로니오스 로디오스의 판본에 따르면, 압쉬르토스는 성인으로서 아르고호를 따라잡았으며, 메데이아를 만나러 갔다가 매복해 있던 이아손에게 살해된 것으로 되어 있다.

돌아오는 길

아르고호가 어느 길로 귀환했는지는 작가마다 달리 말한다. 가장 간단한 것은 갔던 길을 그대로 되짚어 돌아왔다는 것이다. 한편 귀향의 길을 아주 멀리 잡는 판본들도 있는데, 콜키스 옆의 파시스 강을 타고 올라가서 오케아노스로 나가서 아프리카 쪽으로 돌아서 왔다는 설, 이스트로스(도나우) 강을 타고 북해로 나가서 대서양을 돌아 지중해로 들어왔다는 설이 그것이다. 아폴로니오스 로디오스가 택한 행로는 그보다는 조금 덜 도는 것으로, 이스트로스로 들어가서 에리다노스Eridanos 강을 통해 이탈리아 서쪽으로 해서 북아프리카 해안까지 밀려갔다가 크레테를 거쳐 귀환하는 것이다. 사실 현실적으로는 불가능한 행로인데, 옛사람들은 큰 강들이 내륙에서 서로 연결되어 있다고 믿었다. 에리다노스는 세상의 서쪽에 있다는 전설적인 강인데, 아폴로니오스 로디오스는 그것을 이탈리아 북부의 포Po 강으로 설정했다(244쪽 지도 참조).

이 과정에서 영웅들은 오뒷세우스가 나중에 거치게 되는 곳들을 대개 지나게 되는데, 우선 키르케의 섬에서는 살인죄를 정화받는다. 키르케는 아이에테스의 누이로서 메데이아에게는 고모가 된다. 그리고 세이렌Seiren의 섬을 지날 때는 오르페우스의 음악이 세이렌의 노래에 대항하는 무기가 되어 아무도 해를 입지 않는다(부테스Butes라는 영웅이 물로 뛰어들어 세이렌들에게 다가갔지만, 다행히 아프로디테가 그를 구해 내어 다른 곳에 살게 했다고 한다).

한편 아르고호 일행은 오뒷세우스와는 달리 카립디스와 스퀼라를 피하여 떠다니는 바위(플랑크타이)를 지나게 되는데, 거기서는 펠레우스의 부인인 테티스Thetis가 자기 자매들을 데리고 찾아와 도움을 준

세이렌은 배를 타고 지나가는 사람들을 아름다운 노래로 홀려 죽음에 이르게 하는 님페들이다.
존 윌리엄 워터하우스, 〈세이렌The Siren〉, 약 1900년, 81×53cm, 개인 소장.

다. 나중에 오뒷세우스가 도움을 받게 되는 나우시카의 섬 스케리아 Scheria(아폴로니오스 로디오스의 서사시에는 '드레파네Drepane'라는 이름으로 나온다)에서는 다른 길로 그들을 잡으러 온 콜키스 사람들과 마주치지만, 왕비인 아레테의 조언에 따라 이아손과 메데이아가 급히 결혼식을 치름으로써, 메데이아를 내놓으라는 이들의 주장을 물리칠 수 있었다.

그 밖에도 이들은 북아프리카 해안으로 밀려가서 배가 모래에 얹히는 바람에 며칠간 배를 들고 가기도 하고, 물이 없어 고생을 하기도 하

메데이아가 청동 거인인 탈로스를 약에 취하게 하여 죽인다. 이 그림에서 탈로스는 보통 알려진 것처럼 발목에서가 아니라, 어깨 부분에서 피를 흘리며 죽어 가고 있다. 전통적인 그림들에 비해, 좀 더 인조인간같이 그려졌다. 시빌 토시Sybil Tawse, 토마스 불핀치의 『신과 영웅 이야기Stories of Gods and Heroes』(1920)에 실린 삽화.

고, 호수에서 출구를 찾지 못하다가 트리톤의 길 안내를 받기도 한다. 또 희랍 가까이 와서는 아무것도 보이지 않는 어둠 속에 갇히기도 하는데, 이때는 아폴론이 화살을 날려 빛을 밝혀 주는 것으로 되어 있다.

돌아오는 길에 겪은 일 중 가장 큰 것은 탈로스Talos 사건이다. 탈로스는 청동으로 된 인간으로서 하루에 3번 크레테 섬을 돌아 달리며 지키는데, 누구든 가까이 오면 바위를 던져 공격하는 자였다. 그는 청동 시대의 마지막 생존자라고도 하고, 헤파이스토스의 작품이라고도 한다. 이자는 한 군데 약점이 있는데, 발뒤꿈치에 있는 마개 또는 얇은 막이 그것이다. 그 마개를 뽑거나 그 막을 찢으면 거기서 체액이 새어 결국 죽음에 이른다는 것이다. 메데이아는 약으로 이 청동 인간을 취하게 하여(또는 멀리서 저주를 보내서) 그 약점을 공격하여 처치한다.

귀환 이후

이아손이 과업을 완수했지만 펠리아스는 왕위를 내놓지 않는다. 그러자 메데이아는 남편을 위해 꾀를 낸다. 다시 젊게 만들어 주겠노라고 펠리아스를 속여서 죽인 것이다. 상대가 의심할까 봐 먼저 늙은 양을 토막 내서 솥에 넣고 약초와 함께 삶아서 다시 어린 양이 되어 나오는 것을 시범으로 보여 주고서였다. 일설에 따르면 이아손의 아버지 아이손을 먼저 젊게 만들었다고도 한다. 하지만 정작 펠리아스를 삶을 때는 약초들을 다 넣지 않아서 펠리아스는 속절없이 죽고 말았단다. 대개는, 메데이아가 이 일을 직접 하지 않고 펠리아스의 딸들을 유혹해서 그들이 자기 아버지를 토막 내도록 했던 것으로 되어 있는데, 이때 딸들 중 알케스티스만은 그 시도를 말리려 했다고 한다(앞에서 남편을 위해 죽으려다 헤라클레스에 의해 구원을 받은 그 알케스티스가 펠리아스의 딸이다).

이 일로 해서 이아손과 메데이아는 추방을 당한다. 메데이아가 남편을 위해 한 일이 오히려 해가 된 것이다. 그래서 그들이 옮겨 간 곳은 코린토스였다. 하지만 여기서 이아손이 메데이아를 버리고 왕녀 글라

펠리아스의 딸들이 메데이아의 속임수에 넘어가 아버지를 토막 내려 하고 있다.
조르주 모로 드 투르Georges Moreau de Tours, 〈딸들에게 살해당하는 펠리아스L'assassinat de Pélias par ses
filles〉, 1878년, 캔버스에 유채, 261×207cm.

에우리피데스의 판본에 따르면 메데이아는 자신과 이아손 사이에서 태어난 아이들을 죽인다. 비극 『메데이아』에서는 왕궁에서 아이들을 죽이는 것으로 되어 있는데, 이 그림에서는 배경을 동굴 비슷한 곳으로 설정했다.
외젠 들라크루아Eugène Delacroix, 〈격노한 메데이아Médée furieuse〉, 1862년, 캔버스에 유채, 122×84cm, 파리, 루브르 박물관.

우케Glauke(또는 크레우사Kreusa)와 결혼을 하는 바람에 비극이 벌어진다. 메데이아가 독이 묻은 드레스와 관冠을 보내서 왕녀를 타 죽게 했던 것이다. 왕도 딸을 구하려다가 같이 타 죽었고 왕궁도 불탔다.

그 후에 메데이아는 용이 끄는 태양 신의 수레를 타고 아테나이로 도망친다. 앞에 말했던 대로, 그녀는 아이게우스에게서 도와주겠다는 약속을 받은 바 있었고, 그래서 테세우스가 아버지를 찾아갔을 때 거기 메데이아가 있었던 것이다. 이아손과의 사이에 태어난 두 아이는 헤라의 신전에 두고 갔는데, 코린토스 사람들이 죽였다는 것이 원래의 판본이었던 것 같다. 이 이야기를 다룬 에우리피데스의 비극 『메데이아』에서는, 메데이아 자신이 남편에게 복수하느라 아이들을 직접 죽이는 것으로 되어 있지만, 이것은 에우리피데스가 처음으로 만든 판본인 것으로 보인다(이 자식 살해 사건 때문에 메데이아는 천하의 악녀로 소문이 나 있는데, 에우리피데스의 비극 작품을 보면 사정을 이해할 만하게 되어 있다. 이미 자식들을 시켜서 새 신부에게 선물을 보냈기 때문에 아이들이 사람들에게 죽으리라는 것은 분명했고, 그들을 데려갈 길도 없었다. 그래서 그녀는 여러 차례 망설이고 주저하다가 결국 아이들을 죽이고 만다).

이아손은 새 아내도, 전처에게서 난 아이들도 모두 잃고, 아르고호 밑에 누워 자다가 배가 무너지는 바람에 죽었다고 한다. 영웅들 중에 편안하게 삶을 마친 사람이 별로 없는데 이아손도 예외는 아니었다.

오이디푸스 가문

오이디푸스 가문과 다음 장에서 이야기할 아가멤논 가문은 희랍 비극을 이해하기 위해 매우 중요하다. 현재 온전하게 남아 있는 희랍 비극 작품 중 이 두 가문과 연관된 것이 절반이 넘기 때문이다. 먼저 오이디푸스 가문을 살펴보자.

카드모스

이 가문의 이야기는 카드모스Kadmos에서 시작된다. 그는, 제우스가 소로 변해 업고 달아난 페니키아 왕녀 에우로페의 오라비다. 에우로페의 아버지는 딸을 극진하게 사랑했던지, 온 가족을 딸을 찾도록 떠나보내며, 목적을 이루지 못하면 집에 돌아오지 말도록 엄명을 내렸다. 카드모스는 희랍 북쪽 트라케 지방을 뒤지고 다녔는데, 이때 제우스는 에우로페를 데리고 남쪽 크레테에 가 있었으니 처음부터 가망 없는 일이었다.

결국 누이를 찾지 못한 카드모스는 고향으로 돌아가기를 포기하고, 정착할 땅을 찾아 델포이에 신탁을 구했다. 그러자 옆구리에 보름달 무늬가 있는 소를 보면 그것을 따라가다가 소가 눕는 곳에 살라는 신탁이 내렸다. 밖에 나가 보니 정말 그런 소가 있었고, 그 소가 일행을 이끌고 가다가 한곳에 눕기에, 그곳에 세운 도시가 테바이의 전신인 카드메이아Kadmeia다.

카드모스는 우선 그 소를 잡아 아테네 여신에게 제사를 지내고자 물을 길러 사람을 보냈는데, 가는 사람마다 돌아오지 않았다. 카드모스가 직접 나서서 보니, 용이 샘을 지키면서 누구든 다가오는 자를 공격하고 있었다. 그래서 그는 용과 싸워 그것을 죽였다. 그러고는 아테네 여신의 지시에 따라 그 용의 이빨을 땅에 뿌렸다. 그러자 땅에서 용사들이 솟아났다. 이미 이아손의 황금 양털 가죽 이야기에서 보았던 것과 유사한 장면이다. 카드모스가 아테네 여신의 지시에 따라 그들 가운데 돌을 던지자 용사들은 서로 싸워 서로 죽였다. 그 숫자가 다섯만 남았을 때 카드모스가 끼어들어 싸움을 말리고 이들을 주축으로 삼아 새로운 도시를 건설했다. 스파르토이Spartoi('씨 뿌려 생겨난 자들')라고 불리는 이 사람들은 그 후 테바이 귀족 가문 조상들이 되었다(일설에 따르면 이 가문 사람들은 어깨에 창 모양의 일종의 사마귀가 있었다고 한다. 그들의 조상이 창을 들고 솟아났기 때문이다).

하지만 카드모스가 죽인 용은 아레스의 자식이었고, 그것을 죽인 죄를 씻어야만 했다. 그래서 카드모스는 1년간 예속 상태에서 봉사를 했고, 그로써 죄 씻음을 받아 아레스와 아프로디테 사이에 태어난 하르모니아Harmonia('조화')와 결혼한다. 이 잔치를 축하하기 위해 모든 신들이

카드모스는 아테네 여신에게 제사를 지낼 물을 얻고자 샘을 지키는 용을 죽인다.
헨드릭 홀치우스Hendrik Goltzius, 〈용을 죽이는 카드모스Cadmus Slays the Dragon〉, 1573–1617년 사이, 캔버스에 유채, 189×248cm, 콜딩, 콜딩후스 성 박물관Museet på Koldinghus.

선물을 갖고 참석했는데, 그중에 헤파이스토스가 가져온 목걸이는 하르모니아의 신부 드레스와 더불어 수많은 사람에게 불행을 갖다 준다.

카드모스는 테바이 사람들에게 많은 것을 가르쳐 주었는데, 특히 문자는 그가 처음 도입했던 것으로 알려져 있다. 희랍 문자가 페니키아 문자를 변형한 것이라고 하니 이 이야기는 역사적 사실과도 들어맞는 면이 있다. 카드모스 역시 일종의 문화영웅인 것이다.

카드모스가 죽은 용의 이빨을 땅에 뿌리자 땅에서 용사들이 솟아난다. 오른쪽에는 땅에서 솟아난 전사들이
자기들끼리 싸우고 있고, 왼쪽에는 죽어 있는 용과, 아테네의 지시를 받는 카드모스가 그려졌다.
페테르 파울 루벤스, 〈용의 이빨을 땅에 뿌리는 카드모스Cadmus Sowing Dragon's Teeth〉, 1636–1700년 사이,
패널에 유채, 25.5×40.5cm, 암스테르담, 암스테르담 국립미술관Rijksmuseum Amsterdam.

카드모스에게는 네 딸이 있었는데 모두 불행하게 되었다. 그중 셋은
디오뉘소스와 관련이 있다. 우선 디오뉘소스의 어머니로서 제우스의
벼락에 죽은 세멜레, 디오뉘소스를 키워 줬다가 헤라의 질투로 광기에
빠졌다는 이노Ino, 디오뉘소스 숭배에 반대하던 아들을 찢어 죽인 아
가우에가 그렇다. 이 이야기들은 에우리피데스의 『박코스의 여신도들
Bakchai』이란 비극에서 주제로 다뤄졌거나, 적어도 언급은 된다. 나머지
딸 아우토노에Autonoe는, 아르테미스의 알몸을 보았다가 사슴으로 변해
자기 사냥개들에게 찢겨 죽었다는 악타이온의 어머니다.

아들로는 폴뤼도로스Polydoros라는 이가 있었다고 전해지는데, 이 사람은 단지 계보를 채워 넣기 위해 거의 발명된 인물이기 때문에 별다른 일화가 없다. 그의 아들이 랍다코스Labdacos고, 거기서 라이오스Laios, 오이디푸스로 계보가 이어진다.

카드모스는 희랍의 서쪽으로 이주했다가 노년에는 뱀이 되었다고 하는데, 이것은 조상신들이 흔히 뱀으로 표현되던 관행을 반영한 것으로 보인다. 그가 엘뤼시온으로 옮겨 가서 살았다는 이야기도 있는데, 이것 역시 같은 의미다. 즉 신적 존재로 섬겨졌다는 것이다. 우리는 같은 이야기를, 역시 신의 딸과 결혼한 메넬라오스에게서 찾아볼 수 있다.

암피온과 제토스

암피온Amphion과 제토스Zethos는 테바이 도시에 성벽을 둘렀다는 인물들이다. 이들의 이야기는 테바이 건립 설화의 다른 판본으로 보인다. 나중에 여러 판본들을 서로 맞춰 가는 과정에서 이들 이야기도 카드모스 집안 이야기에 끼어들어 갔는데, 이들의 활동 시기는 랍다코스가 어린 아들 라이오스를 남겨 놓고 일찍 세상을 떠나서 다른 사람들이 섭정 노릇을 하던 시대로 되어 있다.

이 두 사람의 어머니는 안티오페Antiope로서, 제우스가 사튀로스의 모습으로 그녀와 동침했다고 한다. 이 애정 문제로 안티오페는 고통을 많이 겪는다. 우선 집을 떠나야 했고, 아버지가 죽으면서 숙부에게 그녀를 징계하라고 유언을 남겼기 때문에 나중까지 고생을 했다. 두 아이는 버려졌다가 목동들에 의해 키워졌으며, 그사이 어머니 안티오페는 자기 숙부인 뤼코스Lycos와 숙모 디르케Dirke에게 학대를 받았다. 하지만

제우스가 사튀로스의 모습을 한 채 안티오페를 들여다보고 있다.
장앙투안 와토Jean-Antoine Watteau, 〈윱피테르[제우스]와 안티오페Jupiter et Antiope〉, 약 1715년, 캔버스에
유채, 73.5×107.5cm, 파리, 루브르 박물관.

나중에 안티오페는 청년이 된 두 아들과 다시 만나 디르케를 벌한다.
디르케가 안티오페를 소에 묶어서 끌려 다니다 죽게 하려고 했기 때문
에 같은 방법으로 그녀를 벌주었던 것이다.

한데 테바이 성벽을 쌓을 때 암피온은 일을 하지 않고 뤼라만 연주
했다고 한다. 제토스는 그를 비난했지만, 돌들이 음악을 듣고 저절로
날아와 쌓였고, 뤼라에 7개의 줄이 있었으므로 그렇게 해서 생긴 성벽
에 7개의 문이 있었다고 한다. 이 성문들은 아르고스의 일곱 영웅이 테
바이를 공격해 올 때 하나씩 맡아서 공격했다고 해서 더 유명하다. 그
이야기는 아이스퀼로스의 비극 『테바이를 공격하는 일곱 영웅Hepta epi

암피온과 제토스는 어머니를 핍박하던 디르케를 소에 묶어 끌려 다니다 죽게 한다.
〈디르케의 징벌Dirce's Punishment〉, 1세기, 폼페이 벽화, 베티의 집Casa dei Vettii.

Thebas』에서 다뤄진다.

　　제토스가 테베Thebe라는 여자와 결혼하여 그 도시 이름이 테바이가 되었다고 하며, 암피온은 니오베와 결혼한 것으로 되어 있다. 니오베는, 앞에 소개했던 대로, 자기 자식들을 너무 자랑스럽게 생각해서 레토의 자식들과 비교했다가 자식을 모두 잃었다는 여자다. 그녀는 슬퍼하다가 돌이 되었는데, 그 후에도 여전히 돌에서 물이 흘러나왔다고 한다.

오이디푸스

오이디푸스Oidipous는 자기 아버지를 죽이고 어머니와 결혼한 사람으로서, 지그문트 프로이트Sigmund Freud가 오이디푸스 콤플렉스Oedipus complex라는 개념을 발명하여 더욱 유명하게 된 이다. 이 사람의 삶을 그린 작품 중 가장 중요한 것은 소포클레스의 『오이디푸스 왕Oidipous tyrannos』이다.

그의 아버지 라이오스는 아내 이오카스테Iokaste(호메로스에 따르면 에피카스테Epikaste)에게서 아들을 낳으면 그 아이에게 죽으리라는 예언을 받는다. 그래서 아이가 생기자 발목을 쇠꼬챙이로 꿰어 산에 갖다 버리게 한다. 하지만 그 일을 맡은 목자가 이웃 코린토스의 목자에게 그 아이를 넘겨주었고, 아이는 코린토스 왕의 양자가 되어 자란다. 어느 날 자신이 주워 온 아이라는 말을 듣고 자기 부모님이 누구인지 알고자 델포이에 신탁을 구하러 간다. 신은 질문과 무관한 엉뚱한 신탁을 내린다. "너는 아버지를 죽이고 어머니와 결혼할 것"이라는 것이다.

청년 오이디푸스는 겁이 나서 자기가 고향으로 생각하는 코린토스로 돌아가지 않고 다른 땅으로 향한다. 그러다 좁은 길목에서 마차 몰고 오는 사람을 만나고, 길을 비키라는 시비 때문에 싸움이 난다. 오이디푸스는 상대방 일행을 모두 죽인다. 그때 오이디푸스는 알지 못했지만 그가 죽인 것은 친아버지 라이오스 일행이었다(라이오스는 이때, 예전에 자기가 버린 아들이 어떻게 되었는지 신에게 물으러 가던 길이었다고 한다).

그리고 그가 찾아간 곳이 테바이다. 거기에는 스핑크스Sphinx가 나타나서 수수께끼를 내고, 문제를 풀지 못한 사람을 죽이고 있었다. 그 내용은, "두 발이기도 하고, 세 발이기도 하고, 네 발이기도 한데, 이름은 한 가지이며, 발이 가장 많을 때 발 힘이 가장 약한 것은 무엇이냐"는

오이디푸스는 아버지를 죽이리라는 신탁 때문에 죽을 뻔하다 목동에 의해 간신히 살아남는다.
앙투안드니 쇼데Antoine-Denis Chaudet, 〈나무에 묶여 있던 어린 오이디푸스를 구한 목동 포르바스Œdipe enfant rappelé à la vie par le berger Phorbas qui l'a détaché de l'arbre〉, 1801년, 대리석, 196×75×82cm, 파리, 루브르 박물관.

것이다. 오이디푸스는 "인간"이라고 답을 맞혔고, 스핑크스는 좌절하여 절벽에서 몸을 던져 죽었다고 한다(보통 스핑크스는 여성의 얼굴에 사자 몸을 하고 날개를 가진 것으로 되어 있는데, 그냥 여자 얼굴에 몸뚱이는 새로 되어 있는 것도 있다).

오이디푸스는 수수께끼를 풀고 스핑크스의 횡포에서 백성을 해방시킨 공로로 과부가 되어 있던 테바이 왕비, 즉 자기 어머니와 결혼하

오이디푸스는 아버지를 죽일 것이라는 신탁을 듣고 고향이 아닌 땅으로 향하다 길목에서 시비가 붙은 일행을
모두 죽인다. 그중에 오이디푸스의 친아버지 라이오스가 있었다. 이 그림에서는 오이디푸스가 라이오스만 죽
이고, 다른 사람들과는 뭔가 협상하는 듯 그려졌다.
작가 미상, 〈라이오스 왕의 죽음The Death of King Laius〉, 에든버러, 스코틀랜드 국립미술관National Galleries
of Scotland.

고 나라를 다스리게 되었다(옛이야기에서 왕권은 공주와 결혼하는 남자, 혹

은 과부가 된 왕비와 결혼하는 사람에게 전해지는 게 일반적이다). 하지만 아이

가 넷 태어난 다음에, 그가 아버지를 죽이고 어머니와 결혼했다는 사

스핑크스는 자신이 낸 수수께끼를 오이디푸스가 맞히자 절벽에서 뛰어내린다. 스핑크스가 자리 잡은 곳은 마치 우리 인생에 한 번은 지나야 하는 길목처럼 좁은 골짜기로 되어 있다. 오른쪽 멀리 그 과제를 회피하는 듯한 인물도 그려져 있다. 스핑크스는 시선이 뒤쪽으로 향해 있는데, 상대가 수수께끼를 맞혀서 당황한 것으로 보인다.
장 오귀스트 도미니크 앵그르Jean Auguste Dominique Ingres, 〈스핑크스의 수수께끼를 푸는 오이디푸스 Œdipe explique l'énigme du sphinx〉, 1808년, 캔버스에 유채, 189×144cm, 파리, 루브르 박물관.

오이디푸스는 자신이 아버지를 죽이고 어머니와 결혼한 사실을 알게 된 뒤 스스로의 눈을 찌르고 방랑의 길을 떠난다. 그런 그의 곁을 지켜 준 건 딸 안티고네다.
알렉산데르 코쿨라르Aleksander Kokular, 〈오이디푸스와 안티고네Oedipus and Antigone〉, 1825-1828년, 캔버스에 유채, 138×108.5cm, 바르샤바, 바르샤바 국립미술관Muzeum Narodowe w Warszawie.

실이 드러난다. 그래서 이오카스테는 스스로 목매어 죽고, 오이디푸스는 자기 눈을 찔러 장님이 된 채 방랑의 길로 떠난다. 소포클레스의 비극『콜로노스의 오이디푸스』에 따르면 오이디푸스는 딸 안티고네의 시중을 받으며 이리저리 떠돌다가, 나중에 아테나이 근교의 콜로노스에 이르러 세상을 떠났다고 한다.

방금 정리한 내용은 오이디푸스와 관련해서 가장 중요한 두 작품『오이디푸스 왕』과『콜로노스의 오이디푸스』에 기초한 것이고 다른 작가들에 따르자면 이야기가 다르다. 중요한 것만 대충 이야기하면 이렇다.

『일리아스』에 따르면 오이디푸스는 장님이 된 것이 아니라, 그 후로도 왕 노릇을 하다가 아마도 전쟁터에서 죽어 장례식 경기까지 받았던 것으로 되어 있다.『오뒷세이아』에 따르면 그의 아내 에피카스테(다른 판본의 이오카스테)는 결혼 후 곧 사실을 알고 (아마도 아이를 낳지 않고) 자살했으며, 오이디푸스는 어머니가 보낸 고통을 당했다 한다. 에우리피데스의『포이니케 여인들Phoinissai』에 따르면 이오카스테도 자살하지 않고 자기 두 아들이 서로 죽일 때까지 살아 있었던 것으로 되어 있다.

1차 테바이 전쟁

오이디푸스가 떠난 후, 그의 두 아들 에테오클레스Eteokles와 폴뤼네이케스Polyneikes가 번갈아 가며 통치를 하기로 한다. 하지만 그 둘은 결국 서로 싸우게 되고 이것이 큰 전쟁으로 번진다. 에테오클레스가 약속을 저버리고 통치권을 내놓지 않자, 폴뤼네이케스가 아르고스로 가서 군사를 모아 쳐들어왔던 것이다. 그는 아르고스 왕 아드라스토스Adrastos의 사위가 되었는데, 그 과정이 흥미롭다.

어느 날 바깥에서 싸우는 소리가 들려 아드라스토스가 나가 보니 웬 건장한 젊은이 둘이 현관의 잠자리를 놓고 서로 다투고 있었다. 그 중 하나는 사자 가죽을, 다른 하나는 멧돼지 가죽을 걸치고 있었다(또는 각각 사자와 멧돼지가 그려진 방패를 들고 있었다고도 한다). 전자는 테바이 출신의 폴뤼네이케스였고, 후자는 멧돼지 사냥으로 유명한 칼뤼돈에서 온 튀데우스Tydeus였다. 이들을 보는 순간 아드라스토스는, '딸들을 사자와 멧돼지에게 묶으라'던 신탁이 생각났고, 사윗감들이 도착했음을 알아차렸다.

여기서 튀데우스가 걸치고 나타난 멧돼지 가죽은 유명한 사건과 연관되어 있다. 칼뤼돈 멧돼지 사냥이 그것이다. 희랍의 중서부 칼뤼돈이라는 도시에 오이네우스Oineus라는 왕이 있었다. 이름부터 포도oinos(와인) 농사와 연관된 이 왕은, 그해의 수확을 마치고는 여러 신들께 감사제를 드렸는데, 유독 아르테미스 여신을 잊었단다. 사실 이 여신은 사냥의 여신이니 농사와는 별로 관련이 없어 보이고, 오이네우스가 별로 큰 실수를 한 것 같지 않아 보인다. 그러나 농경이 처음 시작되던 시대에 인간들이 차지한 땅은 광활한 야생의 영역으로 포위된 작은 부분이었으므로, '짐승들의 여주인'이 협력하지 않으면 그 농사는 잘될 수가 없었다.

여신이 내린 재앙은 거대한 멧돼지였다. 이 괴물은 온 나라를 헤집고 다니며 경작지를 파괴하고 사람과 가축을 해쳤다. 그래서 오이네우스는 희랍 전역에서 영웅들을 초대한다. 여기에 참여했던 사람 중에 유명한 이가 많지만, 여기서 특히 강조할 인물은 아킬레우스의 아버지가 되는 펠레우스와, 이미 앞에서 헤라클레스의 처남으로 소개된 멜레아그

아르테미스 여신은 자신에게 감사제 지내는 걸 잊은 칼뤼돈 도시에 거대한 멧돼지라는 재앙을 내린다. 이 멧돼지를 사냥하기 위해 희랍 영웅들이 모여든다. 그림 중앙에 멜레아그로스가 멧돼지에게 결정타를 먹이고 있으며, 그의 뒤에는 여자 사냥꾼 아탈란테가 그려져 있다. 아탈란테가 날린 화살은 멧돼지의 이마 부분에 꽂혀 있다.
페테르 파울 루벤스, 〈칼뤼돈 멧돼지 사냥The Calydonian Boar Hunt〉, 약 1611–1612년, 패널에 유채, 59.2×89.7cm, 로스앤젤레스, 게티 센터Getty Center.

로스Meleagros다.

사냥 도중에 많은 사람이 희생되지만 결국 처녀 사냥꾼 아탈란테가 멧돼지에게 첫 부상을 입히고, 이어 멜레아그로스가 결정타를 가함으로써 그 괴물이 쓰러진다. 그 후에 이 멧돼지의 머리와 가죽을 누가 가질 것인지를 두고 다툼이 생기는데, 멜레아그로스가 그것을 처녀 사냥꾼 아탈란테에게 주었기 때문이다. 멜레아그로스의 외삼촌들은 그것을 못마땅하게 여기고, 가장 공이 큰 멜레아그로스 자신이 그것을 차지하

멧돼지 사냥 후 그 머리와 가죽을 누가 가질 것인지를 두고 다툼이 일어난다. 중앙에 아탈란테가 멧돼지 머리를 들고 있고, 멜레아그로스의 외삼촌들이 그것을 빼앗으려 손을 대고 있다. 오른쪽의 멜레아그로스는 막 칼을 뽑으려는 참이다.

야코프 요르단스Jacob Jordaens, 〈멜레아그로스와 아탈란테Meleager and Atalanta〉, 약 1618년, 캔버스에 유채, 152×120cm, 안트베르펜, 안트베르펜 왕립미술관Koninklijk Museum voor Schone Kunsten Antwerpen.

든지 아니면 그의 친척인 자신들에게 양도하든지 할 것이지 왜 여자에
게 주느냐고 따졌던 것이다. 사실 멜레아그로스는 이미 결혼한 상태였
지만, 속으로 아탈란테를 좋아하고 있어서 그렇게 했던 것이다. 어쨌든
이 다툼의 와중에 멜레아그로스는 외삼촌들을 살해하고 만다.

그러자 이번에 분노한 것은 멜레아그로스의 어머니 알타이아Althaia였
다. 그녀는 그동안 고이 간직했던 장작을 꺼냈다. 멜레아그로스의 목숨
이 달려 있는 장작이었다. 그가 태어났을 때 운명의 여신이 나타나서,
화덕 속의 장작을 가리키며, "저 장작이 다 타 버리면 아이가 죽을 것
이다"라고 예언을 했단다. 그래서 어머니 알타이아가 그 장작을 꺼내
서 불을 끄고 잘 보관했던 것이다. 알타이아는 아들이 자기 오라비들
을 죽인 데 분노하여 이 장작을 불 속에 던져 버렸고, 그것이 다 타 버
리는 순간 멜레아그로스도 쓰러지고 말았다(이와 같이 어떤 사람의 힘이나
목숨이 달린 물건을 '외부영혼external soul'이라고 한다. 삼손의 머리카락이 한 예
다).

튀데우스는 멜레아그로스의 형제이자, 데이아네이라(헤라클레스의 마
지막 아내)의 오라비다. 그래서 지금 사건의 발단이 된 그 멧돼지 가죽
을 걸치고 여기 나타난 것이다.

이렇게 사위들을 맞이하고 그들의 사정을 알게 된 아드라스토스는,
여러 영웅들을 모아 폴뤼네이케스의 고향 테바이로 쳐들어간다. 이 이
야기를 다룬 비극 작품으로는 아이스퀼로스의 『테바이를 공격하는 일
곱 영웅』이 유명한데, 거기서는 7개의 성문에 각각 1명씩 배치되어 싸
운 것으로 되어 있다. 하지만 이 원정도 너무나 유명하여, 각 가문이 자
기 가문 사람이 거기 참여했다고 주장해서, 누가 지도자로 갔는지 작

가마다 다르게 쓰고 있다. 어쨌든 거기 공통으로 들어가는 사람 중에 가장 중요한 사람은 암피아라오스Amphiaraos라는 예언자다.

이 예언자는 테바이 원정이 실패할 것을 알고 참여하지 않으려 했으나, 앞서 말한 하르모니아의 목걸이 때문에 어쩔 수 없이 동참하게 된다. 그의 아내 에리퓔레Eriphyle가 폴뤼네이케스에게서 목걸이를 받고 남편이 거기 참여하도록 결정했던 것이다. 그가 아내의 뜻을 따를 수밖에 없었던 것은 이전의 약속 때문이다. 원래 암피아라오스와 아드라스토스 사이에 분쟁이 있었는데, 그것을 해소하면서 암피아라오스가 아드라스토스의 누이인 에리퓔레와 결혼하고, 앞으로 또 분쟁이 생기면 에리퓔레의 결정을 따르기로 했던 것이다.

하지만 이 원정은 실패로 돌아가고 아드라스토스를 제외한 모든 영웅이 죽게 된다. 헤시오도스는 영웅시대 사람들이 2개의 전쟁에서 모두 죽은 것으로 전하는데, 그중 하나가 트로이아 전쟁이고 다른 하나가 테바이 전쟁이다.

그중에 카파네우스Kapaneus라는 영웅은 성벽을 기어올라 불을 던지려 하면서, 제우스조차도 자신을 막지 못하리라고 호언장담하다가 벼락에 죽고 말았다. 한편 튀데우스는 멜라닙포스Melanippos라는 영웅에게 치명상을 입었는데, 이것이 그에게는 오히려 좋은 기회가 될 수도 있었다. 그를 아끼던 아테네 여신이 불사약을 가지고 그를 구하러 왔던 것이다. 하지만 그때 그는 자신을 부상 입힌 멜라닙포스를 잡아 골을 파먹고 있었다. 그 끔찍한 장면을 본 여신은 자신이 내리려던 은총을 취소하고 말았다.

암피아라오스는 적에게 맞아 죽기 직전에 제우스에 의해 마차와 함

오이디푸스의 두 아들 에테오클레스와 폴뤼네이케스는 왕권을 두고 다투게 되고, 이는 테바이 전쟁으로 이어진다. 테바이를 공격하는 젊은 영웅들이 전투에 돌입하기 전에 무장을 갖추고, 머리카락을 잘라 고향에 보내려 하고 있다.
〈테바이 공격을 준비하는 일곱 영웅Seven against Thebes〉, 기원전 약 470-460년, 도기, 뉴욕, 크리스티스 Christie's.

께 땅속으로 사라지게 되는데, 그 자리는 나중까지도 신탁을 내리는 장소가 되었다고 한다. 이 전쟁을 시작한 두 사람, 에테오클레스와 폴뤼네이케스는 서로 찔러서 동시에 죽었다고 한다. 아드라스토스도 거기서 죽을 뻔했지만, 포세이돈에게서 태어난 아레이온Areion(또는 아리온 Arion)이라는 명마가 있어서 목숨을 구할 수 있었다.

테바이 전쟁은 단테가 『신곡』에서 여러모로 이용하고 있다. 예언자 암피아라오스는 저승에서 거짓 예언자의 대표로 목이 뒤로 돌아간 채 행진하는 것으로 그려지고, 카파네우스는 여전히 제우스를 욕하면서

오이디푸스의 두 아들은 테바이 전쟁에서
서로를 찔러 동시에 죽는다.
조반니 바티스타 티에폴로, 〈에테오클레스
와 폴뤼네이케스Eteokles und Polyneikes〉,
약 1725-1730년, 캔버스에 유채, 383×
182cm, 빈, 미술사박물관.

계속 벼락을 맞고 있는 존재로서 폭력의 지옥을 표상한다. 그리고 튀데
우스가 멜라닙포스의 골을 파먹던 장면은 배신의 지옥에서 벌받는 한
인물이 자기 원수의 골을 파먹는 장면으로 재현된다. 단테는 테바이를
신에게 대항하는 패역한 도시의 대표로 여겼다(단테는 로마 시인 스타티
우스Publius Papinius Statius의 『테바이스』를 많이 참고했다).

테바이 전쟁 이후

오이디푸스의 두 아들이 죽자, 크레온이 다시 권력을 잡았다. 그는 침략자들의 시신을 장사 지내지 못하게 했다. 이러한 조치는 유족들에게 참을 수 없는 것이었는데, 『일리아스』에서 파트로클로스의 영혼이 말하듯 희랍에서는 장례를 받지 못하면 하데스로 가지 못하는 것으로 되어 있었기 때문이다. 그래서 에우리피데스의 『탄원하는 여인들』에 따르면, 유족들은 테세우스에게로 가서 탄원했고, 그는 군사를 이끌고 와서 문제를 해결해 주었다고 한다.

더 유명한 작품인 소포클레스의 『안티고네』에 따르면, 크레온은 특히 외국 군대를 이끌고 조국으로 쳐들어왔던 폴뤼네이케스의 시신을 엄히 지키게 했단다. 하지만 폴뤼네이케스의 누이인 안티고네는 몰래 장례의식을 치러 주었고, 결국 붙잡혀서 동굴 무덤에 갇히게 된다. 크레온은 안티고네에게 죽지 않을 만큼만 음식을 넣어 준다. 결국 안티고네는 절망 속에 자살하고, 그와 약혼해 있었던 크레온의 아들 하이몬도 자결했으며, 이 사실을 알고 크레온의 아내도 목숨을 끊어 크레온만이 세상에 버려져 남게 된다.

몇 년이 흘러 테바이에서 죽은 영웅들의 자식들이 장성하자 이들은 다시 모여 테바이 정벌에 나서고 이번에는 이들이 성공을 거둔다. 이들은 에피고노이Epigonoi('후손들')라고 불리는 사람들로서, 그중 몇을 우리는 트로이아 전쟁에서 다시 보게 된다. 디오메데스Diomedes, 스테넬로스Sthenelos 등이 그들이다.

한편 이 전쟁으로 해서, 암피아라오스의 집안에는 아가멤논의 집안과 비슷한 불행이 닥치는데, 아들인 알크마이온Alkmaion이 자기 아버지

안티고네는 조국을 배신한 오빠 폴뤼네이케스를 위해 몰래 장례를 치른다.
니키포로스 뤼트라스Nikiforos Lytras, 〈죽은 폴뤼네이케스 앞에 서 있는 안티고네Antigone in front of the Dead
Polynices〉, 1865년, 캔버스에 유채, 100×157cm, 아테나이, 아테나이 국립미술관.

를 사지死地로 보낸 어머니 에리퓔레를 죽인 것이다. 어떤 이야기에 따
르면, 에리퓔레는 이번에는 하르모니아의 신부 드레스를 받고서 아들
을 전장으로 보냈다고도 한다. 어쨌든 어머니를 죽인 알크마이온은 오
레스테스와 비슷하게 광기에 빠져 방랑했으며, 결국에는 하르모니아의
목걸이 때문에 죽게 된다. 그의 마지막 아내가 그 목걸이를 갖고 싶어
해서, 전처에게 가서 속임수를 써서 그것을 얻어 내려다가 죽음을 당한
것이다. 그 목걸이는 그 후에도 많은 사람을 불행하게 했다고 한다. 이
것은 신들의 선물이 갖는 일반적인 속성이다.

에리퓔레는 폴뤼네이케스에게서 하르모니아의 목걸이를 받고 남편을 전장에 내보낸다. 이 목걸이는 이후 많은 사람들을 불행하게 만든다.

〈에리퓔레에게 하르모니아의 목걸이를 건네는 폴뤼네이케스Polynices Offers Eriphyle the Necklace of Harmonia〉, 기원전 약 450 – 440년, 도기, 파리, 루브르 박물관.

아가멤논 가문

트로이아 전쟁의 총 지휘관 격인 아가멤논Agamemnon과 그의 아우 메넬라오스Menelaos의 가문 이야기다. 이 가문은 소아시아 출신인 탄탈로스Tantalos로부터 시작한다.

탄탈로스

저승에서 벌을 받고 있는 인물 중에 탄탈로스라는 이가 있다. 그는 원래 뤼디아Lydia 지역 시퓔로스의 왕이었는데, 그가 벌을 받게 된 이유에 대해서는 여러 가지가 전해진다. 그가 신들의 음식을 가져다가 사람들에게 나눠 줬다는 것이 그중 하나다. 그는 제우스의 아들이어서 신들과 친하게 지내면서 신들의 잔치에 늘 초대받곤 했던 것이다. 또 다른 이유로 꼽히는 것은 신들에게서 알게 된 비밀들을 누설했다는 것이다.

　하지만 가장 널리 알려진 이유는, 신들을 시험하기 위해 자기 자식을 잡아 식사로 대접했다는 것이다. 그때 다른 신들은 모두 사실을 알고 음식에 손을 대지 않았지만, 마침 페르세포네를 잃고 수심에 차 있던 데메테르가 고기를 일부 먹었다고 한다. 그때 식사 재료가 된 아이는 펠롭스Pelops였다. 신들은 그의 몸뚱이를 다시 모아 원래대로 만들어 주었지만, 데메테르가 먹어 버린 어깨는 어쩔 수 없이 상아로 채워 줬다고 한다.

앞으로 우리는 이 집안에서 자식들을 토막 살해하는 것을 또 보게 될 텐데, 사실은 이것이 범죄가 아니라 샤머니즘 전통에서 나온 것이라는 설명이 있다. 샤먼이 되려는 후보자는 환상 속에서 자기 몸이 갈가리 찢겨 악령들에게 먹히는 경험을 하게 되는데, 샤머니즘 전통이 사라진 희랍 사회에서는 이런 옛이야기가 무슨 뜻인지 몰라서 범죄로 각색되었다는 것이다. 메데이아가 압쉬르토스를 토막 살해했다는 것이나, 펠리아스를 토막 내어 죽이도록 사주했다는 것도 이와 관련해서 설명할 수 있을 것이다.

어쨌든 탄탈로스는 저승에 가서 벌을 받게 되는데, 그가 당한 벌도 음식과 관련되어 있다. 가슴까지 차는 물속에 몸을 담그고 있지만 물을 마시려 하면 수면이 쑥 내려가 버리고, 과일이 아름답게 열린 나뭇가지를 코앞에 두고 있지만 손을 뻗어 그것을 따려고 하면 나뭇가지가 살랑 달아나 버린다는 것이다. 이 형벌 때문에 영어로 '약 올리다 tantalize'라는 단어에 탄탈로스Tantalos의 이름이 들어가게 되었다(단테의 『신곡』「연옥편」에서는 이승에서 탐식의 죄를 지은 사람들이 눈앞에 먹을 것과 마실 것이 있는데도 먹고 마시지 못하는 벌을 받는 것으로 그렸다. 탄탈로스의 징벌을 원용한 것이다).

어떤 판본에 따르면 탄탈로스는 못 먹고 못 마시는 벌뿐 아니라, 다

탄탈로스는 신들을 시험하기 위해 자기 자식을 죽여 음식으로 대접한다. 그림 왼쪽에는 헤르메스가 탄탈로스를 묶고 있으며, 오른쪽에는 제우스가 그를 노려보고 있다. 제우스 밑에는 독수리가 벼락을 쥔 채 엎드려 있다. 제우스 뒤쪽에는 머리에 곡식 이삭을 꽂은 데메테르의 약간 당황한 모습이 보이고, 헤라로 보이는 여신이 되살아난 아이를 안으려 하고 있다.
장위그 타라발Jean-Hugues Taraval, 〈탄탈로스의 잔치La fiesta de Tantalus〉, 1766년, 캔버스에 유채, 103.5×143cm, 베르사유, 베르사유 궁전.

른 벌도 받았다고 한다. 커다란 바위가 머리 위에 매달린 채 언제 떨어질지 몰라 두려워하고 있다는 것이다. 사실 이 판본은 탄탈로스의 이름 뜻과 관련이 있다. 희랍어에서 그의 이름(Tantalos)에 들어 있는 'tal'이라는 요소는 아틀라스Atlas의 tla와 마찬가지로, '견디다', '버티다'의 뜻이 들어 있어서 하늘을 버티는 거인의 이름으로 알맞다는 것이다. 즉, 그의 머리 위에 있는 바위는 하늘을 상징하는 것이다.

탄탈로스는 신들을 시험한 벌로, 눈앞의 먹을 것과 마실 것을 잡지 못하는 형벌을 받는다.
조아키노 아세레토Gioacchino Assereto, 〈탄탈로스Tantalus〉, 약 1640−1650년, 유채, 117×101cm, 오클랜드, 오클랜드 미술관Auckland Art Gallery.

펠롭스는 힙포다메이아 왕녀와 결혼하기 위해 전차 경주에 참여한다. 전차에 함께 탄 힙포다메이아는 비둘기들의 짝짓기 장면을 보고 놀란 듯한 동작을 취하고 있다.
〈펠롭스와 힙포다메이아Pelops and Hippodamia〉, 기원전 약 410년, 항아리amphora, 아레초, 아레초 고고학박물관Museo Archeologico.

펠롭스

상아 어깨를 지닌 펠롭스Pelops는 '펠로폰네소스Peloponnesos(펠롭스의 섬)'라는 말의 어원이 된 사람이다. 그는 소아시아를 떠나 희랍 땅으로 와서, 피사라는 도시의 왕녀에게 구혼했다. 힙포다메이아Hippodameia라는 이 왕녀의 아버지는 오이노마오스Oinomaos로서, 딸에게 구혼하는 청년들에게 전차 경주를 요구했다. 상대에게 먼저 말을 달려가게 하고서, 자신은 제사를 드리고 추격한다. 상대가 코린토스 지협까지 도망치면 결혼이 성립하고 중간에 잡히면 죽음을 당한다는 조건이다.

아트레우스는 왕권을 두고 다투던 형제 튀에스테스에게 복수하기 위해 그의 자식들을 잡아 식사로 대접한다. 그림 왼쪽에 앉은 튀에스테스는 자기 자식의 머리를 보고서, 자신이 먹은 것이 무엇인지 깨닫고 놀라고 있다. 바츨라베 진드리스 노세치Václav Jindřich Nosecký, 미사엘 바츨라베 할박스Michael Václav Halbax, 〈아트레우스와 튀에스테스의 식사Hostina Átrea a Thyestese〉, 약 1700년, 리베레츠, 자쿠피 성Zámek Zákupy.

하지만 펠롭스는 상대의 마부를 매수하여 경주에서 이긴다. 마차의 축을 밀랍으로 바꾸어 놓았던 것이다. 그래서 마차가 부서져 오이노마오스는 죽음을 맞는다. 하지만 펠롭스는 마부 뮈르틸로스Myrtilos에게 처음에 약속한 보수를 주지 않고 오히려 바다로 던져 죽여 버린다. 이 마부는 마침 헤르메스의 아들이었는데, 그가 죽으면서 저주를 퍼부어서 이 집안은 대대로 불행을 당했다 한다.

아트레우스와 튀에스테스

펠롭스 자신은 별 탈 없이 삶을 마쳤지만, 저주의 효력은 그다음 세대에 본격적으로 나타나기 시작했다. 펠롭스의 자식인 아트레우스Atreus와 튀에스테스Thyestes가 말 그대로 '피비린내 나는' 싸움을 벌였던 것이다.

사건의 발단은 왕권 경쟁이었다. 오이디푸스의 두 아들에서 보듯 희랍에는 장남이 우선권을 갖는다는 관습이 없었다. 그래서 펠롭스의 왕권을 누가 이어받을지 논쟁이 되었는데, 튀에스테스가 한 가지 제안을 했다. 황금 양털 가죽을 가진 자가 왕권을 차지하자는 것이다. 그런데 마침 아트레우스에게는 그런 것이 하나 있었다. 자기 양 무리 중에 황금 양털을 가진 새끼 양이 태어나서 그것을 죽여 가죽을 보관했던 것이다. 하지만 다음날 모임에 그 양털 가죽을 가지고 나타난 것은 튀에스테스였다. 그는 이미 아트레우스의 아내인 아에로페Aerope와 정을 통하고, 그 양털 가죽을 자기가 챙겨 두었던 것이다.

억울하게 왕권을 빼앗기게 된 아트레우스는 신들께 탄원했다. 그러자 제우스는 해가 뜨는 방향을 바꾸어 아트레우스의 정당함을 보여 주었다. 그날만큼은 해가 서쪽에서 떴다는 것인지, 아니면 그 이전까지는 해가 서쪽에서 뜨다가 그날부터 동쪽에서 뜨게 되었다는 것인지 불분명하지만, 대개는 전자로 해석하고 있다(하지만 플라톤의 『정치가』에는 후자인 것처럼 되어 있다).

이렇게 해서 왕권을 차지하게 된 아트레우스는 튀에스테스에게 복수를 꾀한다. 그를 잔치에 초대해서는 그의 자식들을 잡아 식사로 대접하고, 마지막에 머리와 손발을 내보인 것이다. 튀에스테스는 상을 뒤엎고 도망쳤다 한다. 이러한 토막 살해의 의미에 대해서는 앞에서 이미 말했다.

트로이아의 영웅 아가멤논은 바람난 아내 클뤼타임네스트라에게 살해당한다. 아이기스토스는 자신이 직접 나서지 않고 여자를 부추기는 것으로 그려졌다. 보통 아가멤논은 목욕 중, 또는 잔치 중에 죽었다고 알려져 있는데, 이 그림에서는 잠자리에서 피살되는 듯 그려졌다.
피에르나르시스 게랭Pierre-Narcisse Guérin, 〈잠든 아가멤논을 죽이기 전에 망설이는 클뤼타임네스트라 Clytemnestre hésitant avant de frapper Agamemnon endormi〉, 약 1817년, 캔버스에 유채, 342×325cm, 파리, 루브르 박물관.

아가멤논과 아이기스토스

복수극은 다시 그다음 세대로 이어진다. 튀에스테스의 아들인 아이기스토스Aigisthos가 아트레우스의 아들인 아가멤논의 아내 클뤼타임네스트라Klytaimnestra(클뤼타이메스트라Klytaimestra)와 정을 통하고, 트로이아 전쟁에서 돌아온 아가멤논을 죽였던 것이다.

아이기스토스가 살아남았던 것은 아트레우스의 복수극 때 그가 워낙 어렸기 때문이라는 것이 일반적인 설명이지만, 튀에스테스가 복수를 위해 자기 딸에게서 낳은 자식이라는 설도 있다.

아가멤논이 어떻게 죽었는지에 대해서는 2가지 설이 있다. 이 사건의 '정통' 판본이라고 할 수 있는 아이스퀼로스의 『오레스테이아 3부작』에 따르면 그는 트로이아에서 돌아와 목욕을 하다가 그물 같은 천에 덮인 채 칼 또는 도끼에 맞아 죽은 것으로 되어 있다. 그를 죽인 이는 클뤼타임네스트라다.

한편 『오뒷세이아』에는 다른 판본이 전해진다. 아가멤논은 전장에서 돌아와 식사하던 도중에 아이기스토스가 매복시켜 놓은 자들에게 죽었으며, 그 부하들도 함께 죽었다는 것이다. 여기서는 아이기스토스가 주도적인 역할을 한 것으로 되어 있다.

하지만 많은 도기 그림에 클뤼타임네스트라와 아이기스토스에 의해 죽는 것으로 되어 있으니, 아무래도 클뤼타임네스트라가 가담했다는 점에서 아이스퀼로스의 판본이 더 인기를 얻었던 것 같다.

오레스테스와 엘렉트라

하지만 아가멤논을 죽인 자들은 결국 아가멤논의 자식들에 의해 복수를 당한다. 몇 년 뒤에, 먼 곳에 맡겨졌던 오레스테스Orestes가 돌아와서 누나 엘렉트라Elektra와 힘을 합쳐 아버지의 원수들을 죽인 것이다. 이 사건은 세 비극 작가가 모두 작품으로 써서 남겨 놓았기 때문에 세부적인 차이들을 볼 수 있다. 아이스퀼로스의 「제주를 바치는 여인들」

아가멤논의 딸 엘렉트라는 아버지를 죽인 어머니와 그 정부에게 복수를 가하기로 결심한다.
프레더릭 레이턴 경, 〈아가멤논 무덤 앞에 서 있는 엘렉트라Electra at the Tomb of Agamemnon〉, 약 1868-1869년, 캔버스에 유채, 150×75.5cm, 헐Hull, 페렌스 미술관 Ferens Art Gallery.

과 에우리피데스의 『엘렉트라』에는 아이기스토스를 먼저 죽이고 클뤼타임네스트라를 나중에 죽이는 것으로 되어 있고, 소포클레스의 『엘렉트라』에는 순서가 반대로 되어 있다. 이 작품들에서 엘렉트라는 아버지에 대한 애정과 어머니에 대한 미움이 매우 큰 인물로 그려져서, 현대에 와서 오이디푸스 콤플렉스와 대비되는 '엘렉트라 콤플렉스Electra complex'라는 용어의 근원이 되었다.

아가멤논의 아들 오레스테스는 아버지를 죽인 어머니와 그 정부를 죽인다. 이 그림에서는 남자를 먼저 죽이고 이어서 어머니를 죽이는 것으로 그렸다. 오레스테스 뒤에는 복수의 여신들이 와 있다.

베르나르디노 메이Bernardino Mei, 〈아이기스토스와 클뤼타임네스트라를 죽이는 오레스테스Orestes Slaying Aegisthus and Clytemnestra〉, 1654년, 캔버스에 유채, 시에나, 몬테 데이 파스키 디 시에나 은행Banca Monte dei Paschi di Siena.

어떤 판본에는 오레스테스와 이피게네이아가 타우리케에서 극적인 상봉을 하는 것으로 되어 있다.
벤저민 웨스트Benjamin West, 〈이피게네이아 앞에 포로로 잡혀 온 필라데스와 오레스테스Pylades and Orestes Brought as Victims before Iphigenia〉, 1766년, 캔버스에 유채, 100.3×126.4cm, 런던, 테이트.

    오레스테스는 어머니를 죽였기 때문에 복수의 여신들(에리뉘에스)에 의해 쫓기고 광기에 빠져 방랑을 하게 되는데, 일단 델포이로 가서 정화를 받는다. 그리고 아폴론의 지시에 따라 다시 아테나이로 가서 재판을 받았는데, 유죄와 무죄의 표수가 같아서 풀려났다고 한다. 그 과정은 아이스퀼로스의 「자비로운 여신들」에 잘 나와 있다(신화와는 별도로 이 비극 작품의 의미에 대해 이야기하자면, 이 비극은 아버지의 권리를 위해 어머니를 희생시키고 그것을 정당화한다고 해서 많은 여성주의자들의 공격을 받아 왔다. 그러나 여기서 핵심은 여성과 남성의 대립이 아니라, 이전까지의 관습이었던 '피의 복수'의 악순환을 끊고 좀 더 문명적인 재판 제도의 도입을 강조한다는 것이다).

에우리피데스는 그의 비극 『타우리케의 이피게네이아Iphigeneia en Taurois』에서 좀 다른 이야기를 전해 준다. 어머니를 죽인 후 광기에 시달리던 오레스테스는 그 광증에서 벗어나기 위해 북쪽 타우리케인들의 땅으로 가서 아르테미스 여신상을 가져와야 한다는 신탁을 받았다. 그런데 그 지방에서는 이방인을 잡아서 여신에게 제물로 바치는 풍습이 있었다. 오레스테스와 필라데스도 잡혀서 제물이 될 위험에 처하게 된다. 그런데 죽은 줄만 알았던, 오레스테스의 누나 이피게네이아가 거기 여사제였다. 트로이아 전쟁 때 순풍을 얻기 위한 희생 제물로 바쳐졌던 그녀를 아르테미스 여신이 그곳으로 데려다가 자기 여사제로 삼았던 것이다. 오레스테스와 그 누나는 서로 알아보게 되고, 계략을 써서 신상을 가지고 희랍 땅으로 도망치게 된다.

그 후 이피게네이아는 희랍에서 여사제로 일하게 되고, 필라데스는 엘렉트라와 결혼했으며, 오레스테스는 아버지의 왕권을 이어받은 것으로 되어 있다(오레스테스가 고향을 떠나 다른 곳에서 살게 되었다는 판본도 있다).

한편 오레스테스와 필라데스는 서로 상대를 위해 자신이 죽겠노라고 자원할 정도로 굳은 우정을 지녔기에, 키케로의 『우정에 관하여』에도 소개되어 있고, 단테의 『신곡』 「연옥편」에도 우리가 타인에게 보여야 할 사랑의 모범 사례로 제시되어 있다.

트로이아 전쟁과
귀향

트로이아 전쟁 1

파리스의 판정

영웅시대의 인간들을 모두 죽게 한 2개의 전쟁 중 하나로 꼽히는 트로이아 전쟁은 아킬레우스의 부모 결혼식에 그 발단이 있었다.

아름다운 바다의 여신 테티스를 두고 제우스와 포세이돈이 서로 겨루고 있었단다. 하지만 어느 날 제우스는 무서운 예언을 듣게 된다. 테티스가 아이를 낳으면 그 아이는 아버지를 능가하리라는 것이다(보통은, 그동안 벌을 받아 오던 프로메테우스가 제우스에게 이 비밀을 가르쳐 주고 풀려난 것으로 되어 있다). 그래서 제우스와 포세이돈은 이 여신을 별로 대단치 않은 인간 남자에게로 강제 결혼시키기로 결정했다. 그 신랑감으로 선택된 것이 펠레우스라는 영웅이다. 그는 칼뤼돈 멧돼지 사냥과 아르고호의 모험에 참여했던 사람이다. 그가 신들의 눈에 든 것은 아마도 '보디발 모티프'와 연관해서일 텐데, 펠리아스의 아들인 아카스토스의 집에 머물다 그의 아내에게 유혹을 받고 그것을 물리쳤던 것이다.

펠레우스와 테티스의 결혼식에 초대받지 못한 불화의 여신은 '가장 아름다운 이에게'라고 쓰인 황금 사과를 잔치석상에 던진다. 신랑 신부는 서로 눈을 맞추지 않고 있다. 구름 위의 불화의 여신은 머리카락이 뱀으로 되어 있다. 오른쪽 뒤에서 투구를 쓴 아테네는 벌써 황금 사과 쪽으로 손을 내밀고 있다.

아브라함 블뢰마르트Abraham Bloemaert, 〈펠레우스와 테티스의 결혼Wedding of Peleus and Thetis〉, 1638년, 캔버스에 유채, 193.7×164.5cm, 헤이그, 마우리트하위스 왕립미술관Royal Picture Gallery Mauritshuis.

하지만 인간에게 시집갈 생각이 전혀 없었던 테티스는 펠레우스가 구혼하러 오자 그것을 피하려 했다. 물의 신들이 늘 그러하듯, 여러 모습으로 변했던 것이다. 그러나 펠레우스는 그녀가 뱀, 사자 등으로 변하는데도 끝까지 붙잡고 놓지 않아 결국 그녀를 굴복시켰다.

이 둘의 결혼식에는 모든 신이 선물을 가지고 참석했다. 유일하게 불화의 여신 에리스Eris만이 거기 초대받지 못했는데, 이 여신은 심통이 났던지 잔치 자리 가운데에 '가장 아름다운 이에게'라고 쓰인 황금 사과를 던졌단다. 당연히 모든 여신이 자신의 것이라고 주장했고, 결국 후보는 3명으로 압축되었다. 헤라, 아테네, 아프로디테가 그들이었다.

골치가 아파진 제우스는 이 문제를 인간에게 떠넘기기로 결정했다. 헤르메스를 시켜 이 여신들을, 인간들 중 가장 미남인 파리스Paris에게로 보냈던 것이다. 알렉산드로스Alexandros라고도 불리는 파리스는 원래 트로이아의 왕자로 태어났다. 그러나 그가 날 때 불길한 태몽(어머니가 횃불을 낳아서 그것 때문에 도시가 불타 버리는 꿈이었다고 한다)이 있어서 산에 버려졌다가 목자들에 의해 키워졌다고 한다. 여신들이 나타났을 때, 그는 자신이 왕자인 줄도 모르고 양을 치고 있었던 것이다(그는 나중에 도시로 가서 운동경기에 우승하고, 그의 누이인 예언자 캇산드라Kassandra가 그의 신분을 알아보아서, 왕자로 인정받는다).

여신들은 모두 파리스를 매수하기 위해 선물을 내세웠다. 헤라가 내세운 것은 강대한 권력이었고, 아테네는 전쟁에서의 승리를, 아프로디테는 세상에서 가장 아름다운 여성을 각각 약속했다. 파리스는 마지막 것을 선택하여, 아프로디테에게 사과를 넘겨주었다. 하지만 아프로디테가 약속한 바, 세상에서 가장 아름다운 여인 헬레네Helene는 불행

파리스는 황금 사과의 주인이 누구인지 판정하는 역할을 맡게 되고, 세 여신은 그를 매수하기 위해 각자 선물을 약속한다. 제일 오른쪽 여신 앞에 어린아이(에로스)가 그려진 것으로 보아 그녀가 아프로디테다. 중앙의 아직 옷을 벗지 않은 여신 곁에는 공작이 있는 것으로 보아 그녀가 헤라. 그러면 제일 왼쪽에 있는 여신이 아테네다. 처녀인 아테네는 약간 주저하며 옷을 벗는 듯 그려졌다. 이 주제의 그림에는 대개 헤르메스가 등장하는데, 이 그림에는 빠졌다.
엔리케 시모네트Enrique Simonet, 〈파리스의 판정The Judgement of Paris〉, 1904년, 캔버스에 유채, 215×331cm, 말라가, 말라가 미술관Museo de Málaga.

히도 이미 결혼한 상태였다. 스파르타 왕 메넬라오스의 왕비인 헬레네를 파리스가 데려오는 바람에 트로이아 전쟁이 일어나게 된 것이다. 스파르타로 찾아온 파리스를 메넬라오스가 접대하다가 자기 외할아버지가 돌아가셔서 장례를 치르기 위해 집을 비운 사이, 파리스가 헬레네를 데리고 떠났다고 한다.

트로이아 전쟁의 발단을 이야기해 주는 것으로 가장 널리 알려진 이

파리스에게 최고 미녀를 약속한 아프로디테는 이미 스파르타 왕과 결혼한 헬레네를 파리스에게 인도한다. 이
것이 트로이아 전쟁의 불씨가 된다. 약간 주저하는 듯한 헬레네를 에로스와 아프로디테가 파리스에게로 이끌
어 가고 있다. 아프로디테는 가슴을 드러내고, 하체는 구름에 싸여 있다.
벤저민 웨스트, 〈파리스에게 인도되는 헬레네Helen Brought to Paris〉, 1776년, 캔버스에 유채, 143.3×
198.3cm, 워싱턴, 스미스소니언 미술관Smithsonian American Art Museum.

이야기는 현재 전하는 호메로스의 작품에는 나오지 않는다. 사라진 서
사시 『퀴프리아』에는 다른 이야기가 나왔다고 하는데, 인간들이 너무
많아져서 대지의 여신이 불평을 했기 때문에 제우스가 인간의 숫자를
줄이기 위해 전쟁을 일으켰다는 것이다.

　그리고 파리스의 판정이 무엇을 의미하는지에 대해서는 알레고리적
해석이 우세하다. 세 여신의 선물은 무엇이 인생에서 가장 중요한가 하

는 문제라는 것이다. 따라서 이 이야기의 핵심은, 나른한 건달이 벌거벗은 여자 셋을 놓고 누가 가장 예쁜지 판정을 내리는 것이 아니라, 인생의 위기에 3가지 여성적인 원리 가운데 하나를 선택해야 하는 인간의 상황이라는 것이다. 이런 해석을 하는 사람들이 내세우는 '증거'가 있는데, 바로 그 선택에 직면하여 두려움에 사로잡힌 파리스가 도망치는 도기 그림이다(결국 이 이야기는 이미 앞에서 다룬 바 있는 '헤라클레스의 선택'이라는 좀 더 노골적인 알레고리와 같은 성격의 것이다).

여기서 헬레네에 대해 조금만 더 보자. 트로이아 전쟁의 원인이 된 이 여인은 레다Leda의 딸로서, 제우스가 백조로 변신하여 레다에게 접근하여 낳게 한 아이라고 한다. 헬레네에게는 3명의 유명한 형제자매가 있었는데, 그들의 아버지가 누군지, 출생 경위는 어떤지에 대해 작가마다 다르게 말한다. 유일하게 일치하는 점은 헬레네가 알에서 태어났다는 것이다. 제우스가 백조의 모습을 취했으므로 레다가 알을 낳았다는 것이 그럴싸해 보이는데, 알의 숫자에 대해서도 의견이 일치하지 않는다. 알이 하나였다는 설, 둘이었다는 설, 아예 알이 다른 데서 왔다는 설 등이다.

알이 둘이었다는 설에 따르더라도, 한쪽 알에서는 제우스의 자식인 헬레네와 폴뤼데우케스가 나오고, 다른 쪽 알에서는 레다의 남편 튄다레오스Tyndareos의 자식인 클뤼타임네스트라와 카스토르가 나왔다는 이야기도 있고, 남자끼리 여자끼리 같은 알에서 나왔다는 이야기도 있다. 하지만 이럴 경우 네 남매가 모두 동갑이어야 하니, 우리가 보통 듣던 이야기들과는 맞지 않는다. 보통 클뤼타임네스트라가 헬레네의 언니인 것으로 되어 있고, 또 헬레네가 테세우스에게 납치되었을 때 그녀의

헬레네는 레다의 딸로, 제우스가 백조로 변신해서 레다에게 접근해 낳은 것으로 많이 알려져 있다. 헬레네의 오빠들인 디오스쿠로이가 왼쪽에 보이고, 그들 뒤로 아직 깨지 않은 알이 보인다. 그 속에 여자 쌍둥이가 들어 있을 수도 있고, 헬레네 혼자만 들어 있을 수도 있다.

레오나르도 다 빈치Leonardo da Vinci, 〈레다와 백조Leda and the Swan〉, 약 1510−1515년, 패널에 유채, 112×86cm, 로마, 보르게세 미술관.

오빠들인 디오스쿠로이가 구하러 갔다 하니 말이다. 따라서 헬레네 혼자 막내로서 알에서 나왔다고 하는 것이 가장 합리적인 판본이 된다.

헬레네만 알에서 나왔다는 판본 중에는, 레다가 알을 낳은 것이 아니라는 이야기가 있다. 원래 그 알은 네메시스Nemesis가 거위로 변했을 때 제우스가 백조로 변해서 결합해서 낳은 것인데, 레다가 발견하여 아이를 키웠을 뿐이라는 것이다. 이 이야기는 헬레네 때문에 수많은 사람이 목숨을 잃은 것과 관련이 있을 것이다. 네메시스(복수)의 딸이라면 그렇게 많은 사람을 죽게 하는 것이 당연해 보이니까 말이다.

(헬레네가 알에서 나왔다는 이야기는 『삼국유사』에 신라 박혁거세朴赫居世 임금의 부인 알영閼英이 알에서 태어난 것과 유사한 데가 있다. 이와 짝이 되는 이야기로 남자가 알에서 나온 사례는 서양에서는 앞에 언급한 디오스쿠로이, 우리나라에서는 고구려 시조인 주몽朱蒙, 신라의 박혁거세, 그리고 석탈해 임금이 있다.)

전쟁의 시작

헬레네가 납치되자 아가멤논은 희랍 전체의 군대를 동원했다. 아마도 현실적으로는 그가 매우 영향력 있는 강한 왕이었기 때문에 군대 동원이 가능했을 텐데, 신화적 설명은 이렇다.

헬레네가 성장하자 그의 미모에 대한 소문이 널리 퍼져서, 희랍 전역에서 구혼자들이 쇄도했단다. 그래서 그중 하나로 결정하면 다른 사람이 들고일어나 큰 탈이 날 수도 있겠기에, 그녀의 아버지 격인 튄다레오스가 걱정에 빠져 있었다. 그때 좋은 제안을 한 이가 오뒷세우스였단다. 말을 잡아 신께 제사를 드리고, 구혼자들을 그 위에 올라서게 하여 맹세를 시키자는 것이다. 누가 신랑으로 결정되든 다른 사람은 신랑 신부를 보호해 주겠다고 말이다. 결국 신랑은 가장 부유하던 메넬라오스로 결정이 되었고, 구혼자들은 그 맹세 때문에 나중에 전쟁에 동원된 것이다. 하지만 이런 제안을 했던 오뒷세우스 자신은 전쟁에 나가기 싫어 미친 척하다가, 팔라메데스Palamedes라는 사람 때문에 발각되어 할수 없이 전장으로 떠났다는 이야기도 있다(사람들이 그를 데리러 오자, 오뒷세우스는 나귀와 소를 또는 소와 말을 함께 묶어 쟁기를 끌게 하고 씨앗 대신소금을 뿌렸다고 한다. 이에 팔라메데스가 쟁기 앞에 오뒷세우스의 아들 텔레마코스Telemachos를 눕혔더니 오뒷세우스가 아들을 피해 갔고, 그래서 거짓이 드러났다고 한다).

『일리아스』에는 이런 이야기가 안 나오지만, 트로이아 전쟁이 2번의 시도 끝에 이루어졌다는 이야기가 있다. 처음에 희랍군이 모여서 트로이아를 향해 떠나기는 했지만 길을 잘 몰라서 엉뚱한 땅에 도착했고, 거기서 전투를 하다가 다시 고향으로 돌아가고 말았다는 것이다. 그때 희랍군과 싸운 왕은 텔레포스Telephos(헤라클레스의 아들이고 뮈시아 왕이다)라는 사람으로, 아킬레우스의 창에 부상을 입었다고 한다. 그런데 그 상처가 낫지 않고 고통이 계속되자, 그는 신탁을 구했고, '다치게 한 사람만이 낫게 할 수 있다'는 답을 받았다. 그래서 희랍 땅으로 가서, 아가멤논의 아들을 납치하여 인질극을 벌이며 자신을 다치게 한 아킬레우스를 데려오도록 요구했단다. 결국 아킬레우스가 와서 자기 창의 녹을 갈아서 상처에 붙이게 했고, 이로써 상처가 치유되었단다. 그에 대한 보답으로 텔레포스가 길을 안내하여 두 번째 시도에서는 제대로 트로이아로 찾아갈 수 있었다고 한다(이 사건은 지금은 전해지지 않는 에우리피데스의 『텔레포스』라는 작품에 자세히 그려졌는데, 그 내용을 희극 작가 아

텔레포스는 아킬레우스의 창에 상처를 입었다가 그 창의 녹으로 치유받는다. 그 보답으로 트로이아로 가는 길을 알려 준다.
〈아킬레우스 창의 녹에 의해 치유받는 텔레포스Telephus Healed by Rust of Achilles〉, 기원전 약 1세기, 헤르쿨라네움Herculaneum에서 출토된 부조.

리스토파네스가 『아카르나이인들』이라는 작품에서 패러디한 것이 꽤 유명하다).

하지만 이 이야기는 처음부터 아킬레우스가 출정하는 것으로 되어 있어서, 우리에게 더 잘 알려진 다른 판본과 잘 맞지 않는다. 아킬레우스는 헬레네의 구혼자가 되기엔 너무 어려서 구혼을 하지 않았고, 따라서 전쟁터에 갈 의무도 없었다(아킬레우스가 헬레네의 구혼자였다는 판본도 있지만, 황금 사과 사건이 아킬레우스 부모의 결혼식에서 있었던 것을 생각하면, 시간상 맞지 않는다). 하지만 그가 있어야 전쟁을 이길 수 있다는 것을 알고 있던 희랍군에서 오뒷세우스를 시켜서 아킬레우스를 데려오게 했던

아킬레우스는 전장에 나가지 않기 위해 여자 옷을 입고 있다 여러 물건들 중 칼을 집어 드는 바람에 들통난다. 이 그림에서는 아킬레우스가 투구를 써 보는 것으로 그려졌다. 앞쪽 왼쪽 기둥에 가면이 걸려 있는 것은 기만을 상징한다. 아킬레우스도, 오뒷세우스도 속임수를 사용했기 때문이다. 멀리 뒤쪽에 구불구불하게 생긴 기둥은 바티칸의 성 베드로 성당의 청동 캐노피canopy를 흉내 낸 것이다.
페테르 파울 루벤스의 공방, 〈뤼코메데스 딸들 사이에서 발각당하는 아킬레우스Achilles Discovered between the Daughters of Licomedes〉, 1625–1630년, 107.5×145.4cm, 마드리드, 프라도 미술관.

것이다. 이때 아킬레우스는 스퀴로스 섬에 있는 뤼코메데스의 궁정에 숨어 있었는데, 아들이 전쟁에 나가면 곧 죽으리라는 것을 미리 안 테티스가 그렇게 시켰던 것이다(뤼코메데스는 테세우스를 바다로 밀어 버렸다는 바로 그 사람이다).

아킬레우스는 이때 여자 옷을 입고 지냈다고 하는데, 희랍 땅의 최고 미남인 이 청년은 어찌나 잘생겼던지 여자들 속에서 구별이 되지 않았단다. 하지만 꾀 많은 오뒷세우스가 방물장수로 변장하고 방문했고, 아킬레우스는 본성을 숨기지 못하고 많은 물건 중에 하필이면 칼을 집어 들어 정체를 들키고 말았다고 한다. 일설에 따르면 밖에서 전쟁 나팔을 불자 아킬레우스가 급히 칼을 집어 들었다고도 한다.

아킬레우스는 이 궁정에서 왕의 딸과 사랑을 나눴는데, 그래서 태어난 아이가 네옵톨레모스Neoptolemos다. 우리는 트로이아 전쟁 막바지에 이 젊은이를 다시 보게 될 것이다.

희랍군이 트로이아로 떠나기 위해 아울리스Aulis라는 곳에 모였을 때, 바람이 불지 않아 고생을 하게 된다. 이유를 알아보니 아가멤논이 아르테미스의 비위를 거슬렀기 때문이라는 것이다. 여기에는 또 여러 가지 원인 설명이 있는데, 이 중에 좀 이해하기 쉬운 것은 아가멤논이 아르테미스의 성스러운 숲에서 사슴을 사냥했기 때문이라는 설과, 자기가 최고 사냥꾼이라고 자랑을 했기 때문이라는 설 등이다. 좀 더 복잡하고 이해하기 어려운 설명도 있는데, 제우스가 희랍군을 위해 보낸 전조가 여신의 마음에 들지 않았기 때문이라는 것이다. 제우스는, 희랍군이 10년 만에 트로이아를 함락하리라는 뜻으로, 독수리가 새끼 밴 토끼를 잡아먹는 전조를 보내 주었다. 그런데 이것이 동물을 지키는 여신의 비위를 상하게 했다는 것이다.

어쨌든 희랍군은 이 사태를 해결하기 위해 아가멤논의 딸 이피게네이아를 제물로 바치게 된다. 하지만 이 끔찍한 인신희생 이야기는 보통 해피엔딩으로 되어 있다. 앞에 이야기했던 대로 아르테미스 여신이 이 처녀를 불쌍히 여겨, 마지막 순간에 사슴으로 바꿔치기하고, 처녀는 데려다가 자신의 여사제로 삼았다는 것이다. 그렇지만 이 사건은 아가멤논의 아내 클뤼타임네스트라에게 큰 원한과 앙심을 남긴다. 아가멤논

아르테미스 여신의 분노를 잠재우기 위해 아가멤논의 딸 이피게네이아가 제물로 바쳐진다. 이것이 아가멤논의 아내 클뤼타임네스트라가 남편을 살해하는 동기가 된다. 그림 중앙에 아가멤논이 이피게네이아를 향해 칼을 겨누고 있다. 이피게네이아는 매우 창백하게 그려졌다. 왼쪽 위에는 머리에 초승달 관을 쓴 아르테미스가 사슴을 데리고 나타났다. 주변의 여자들은 모두 몸부림치며 울고 있는데, 남자들은 멀뚱멀뚱 보고만 있다. 전쟁을 대하는 남녀의 차이가 반영되어 있다.
조반니 바티스타 티에폴로, 〈이피게네이아의 희생The Sacrifice of Iphigeneia〉, 1770년, 캔버스에 유채, 65×112cm, 개인 소장.

은 이피게네이아를 아킬레우스와 결혼시킨다는 핑계로 불러다가 신에게 바쳤는데, 딸과 함께 거기까지 왔던 클뤼타임네스트라가 이러한 사태 전개에 큰 충격을 받았고, 이것이 나중에 남편을 죽이는 이유 중 하나로 내세워진다.

트로이아 전쟁터에 도착해서 처음 상륙한 사람은 프로테실라오스Protesilaos라는 이였다. 이때 아킬레우스는 제일 먼저 상륙하는 사람이 제일 먼저 죽으리라는 어머니의 말을 듣고 조금 지체했는데, 정말로 프로테실라오스는 그 전쟁의 최초 전사자가 되었다. 한편 이 소식이 프로테실라오스의 고향에 알려지자, 아내는 그를 너무나 그리워했고, 신들은 그녀를 불쌍히 여겨 하루 동안, 또는 3시간 동안 남편을 이승으로 보내 주었단다. 하지만 그가 떠나가자 그녀도 스스로 목숨을 끊었다고 한다. 좀 더 극적인 판본에 따르면, 그녀는 남편의 형상을 만들어 껴안고 잠자리에 들었는데, 가족들이 그것을 빼앗아 불에 던지자 자신도 불 속에 몸을 던져 죽었다고도 한다.

『일리아스』의 내용

이제 트로이아 전쟁이 어떻게 진행되었는지에 대해 『일리아스』 내용을 살펴보자.

사실 작품으로서의 『일리아스』는 트로이아 전쟁 전체를 다룬 것이 아니다. 도대체 전쟁이 왜 일어났는지, 결말은 어떻게 시작되고 어떻게 끝나는지 이 서사시만 읽어서는 알 수 없게 되어 있다. 더구나 모든 것을 앞에서부터 차례차례 이야기해 주지도 않는다. 이야기는 전쟁 10년째에 시작한다. 그리고 전쟁이 이제까지 희랍군에게 유리하게 진행되어 온 듯한데, 이 서사시에서는 그런 전체적인 진행 방향과는 반대 전세가 나타난다.

이런 특징은 『일리아스』의 직접적인 주제가 아킬레우스의 분노이기 때문이다. 『일리아스』 전체의 맨 첫 단어가 바로 '분노를'이고, 첫 줄 마지막 단어가 '아킬레우스의'이다. 이 서사시는 아킬레우스의 분노가 어떻게 시작되고 어떻게 방향을 틀어서 어떤 식으로 해소되는지 노래하고 있다. 하지만 이 서사시가 트로이아 전쟁을 다루고 있다고 해도 틀린 것은 아니다. 주의 깊은 독자라면 그 안에서 전쟁의 발단과 결말을 모두 알 수 있게 되어 있기 때문이다.

작품의 줄거리를 간추리자면 아주 간단하다. 희랍군의 용사 아킬레우스는, 아가멤논이 자신을 무시하고 브리세이스Briseis라는 여인을 빼앗아 가자 화가 나서 전투를 거부한다. 게다가 여신인 자기 어머니에게 부탁해서 자기편이 지도록 일을 꾸민다. 제우스에게 가서 희랍군이 패배하게끔 만들어 달라는 것이다. 테티스의 부탁을 받은 제우스는 마지못해 허락한다. 희랍군은 아킬레우스 없이도 한동안 잘 싸우지만 결국 엄청난 위기에 처하고, 그것을 보다 못해 아킬레우스의 절친한 친구 파트로클로스Patroklos가 전투에 참가한다. 하지만 큰 공을 세우고 적을 격퇴하는 것도 잠깐, 그는 헥토르Hektor에게 죽고 만다. 거기서 아킬레우스의 분노는 친구를 죽인 헥토르에게로 방향을 돌린다. 그는 대장장이 신 헤파이스토스가 만든 새로운 무장을 걸치고 나가 친구의 원수를 죽인다. 그는 친구의 장례를 치르고도 화가 풀리지 않아 날마다 헥토르의 시신을 학대하지만, 신들의 중재로 결국 그 시신을 돌려보내게 된다.

(줄거리를 짧게 전달하기 위해 몇 가지 세부를 생략했는데, 전투 장면에 대해서는 잠시 후에 꽤 자세히 다룰 것이니, 거기 끼기 어려운 것만 조금 덧붙이자. 아킬레우스와 아가멤논이 다투게 된 이유는 아폴론의 분노와 그가 보낸 역병 때문이다. 그 이유는 아폴론의 사제 크리세스가, 희랍군의 포로가 되어 있는 자기 딸 크뤼세이스Chryseis의 몸값을 치르고 되찾으려 찾아온 것을, 아가멤논이 거절하고 위협해서 쫓아 버렸기 때문이다. 질병이 계속되자 아킬레우스가 회의를 소집했고, 결국 예언자 칼카스가 아폴론의 분노 때문이라는 사실을 밝힌다. 그래서 자기에게 배당된 아름다운 여인 크뤼세이스를 돌려보내게 된 아가멤논이 화를 내며, 아킬레우스의 여자 브리세이스를 빼앗았던 것이다. 그러자 아킬레우스가 칼을 뽑아

크리세스가 아가멤논에게 희랍군의 포로가 된 딸을 돌려 달라고 탄원하고 있다. 한 손으로는 아가멤논의 무릎을 잡았고, 다른 손은 상대의 턱을 향해 뻗었다. 탄원할 때의 전형적인 자세다. 그가 가져온 '헤아릴 수 없는 선물'은 아래 오른쪽에 여인이 이고 있는 항아리로 표현되었다.
기원전 약 360-350년, 타란토(타렌툼)에서 발견된 도기, 높이 78.5cm, 파리, 루브르 박물관.

왕 아가멤논을 치려는 순간, 아킬레우스에게만 보이도록 나타난 아테네 여신이 그를 제지한다. 그 후, 앞에 말한 것처럼 테티스의 부탁을 받은 제우스는 아가멤논에게 거짓된 꿈을 보냈고, 왕은 그 꿈을 믿고 군대를 정비한 후 일단 그들을 시험하기 위해 짐짓 귀향을 제안한다. 그 말을 곧이들은 병사들이 배로 달려가 귀향을 준비하는데, 오뒷세우스가 나서서 그들을 제지한다. 결국 모두 그의 말에 설득되어 제자리로 돌아오지만, 테르시테스Thersites라는 못생긴 수다쟁이만 계속 떠들며 모임을 방해한다. 오뒷세우스는 그를 때려 조용하게 만든다. 그렇게 해서 군대

자기 여자를 빼앗긴 아킬레우스가 칼을 뽑았다가 아테네 여신에 의해 제지당한다. 아킬레우스는 수염 없는 젊은이로 그려졌다. 그림에서 제일 왼쪽에 약간 뾰족한 모자를 쓰고 있는 인물은 오뒷세우스다. 그는 마법사 같은 데가 있어서 자주 뾰족 모자를 쓴 것으로 그려진다. 제일 오른쪽에 그려진 백발 노인은 네스토르다. 그는 아가멤논과 아킬레우스의 싸움을 말리려 애쓴다.
미셸 드롤링Michel Drolling, 〈아킬레우스의 분노La colère d'Achille〉, 1810년, 캔버스에 유채, 113×146.1cm.

가 트로이아를 향해 진격하게 된다.)

핵심만 간추리면 이렇게 간단하지만 실제로 『일리아스』를 읽자면, 전투 장면이 너무 많아서 독자는 도대체 자기가 어디까지 왔는지 위치 파악을 하기 어렵다. 하지만 사실은 전투 장면들이 날짜별로 잘 나뉘어 있고, 그래서 그 사실을 아는 사람에게는 오히려 잘 정리된 인상을 준다.

전투는 모두 해서 나흘간만 벌어지는 것으로 되어 있다. 전투 첫날에 중요한 것은 맨 앞과 맨 뒤에 단독 대결이 있었다는 것이다. 첫 대결

트로이아 전쟁을 일으킨 두 당사자인 파리스와 메넬라오스의 대결이 전쟁 첫날에 벌어진다. 그림 양쪽에 각기 두 영웅을 응원하는 여신이 와 있다. 왼쪽의 여신은 누구인지 불분명하지만, 오른쪽 여신은 트로이아를 응원하는 아르테미스다. 두 전사 중 오른쪽에 도주하는 모습으로 그려진 것이 파리스다. 여기에는 보이지 않지만 원래 그 위에는 파리스의 별칭인 '알렉산드로스'가 적혀 있다.
기원전 약 485~480년, 도기, 파리, 루브르 박물관.

은 전쟁의 발단이 된 두 사람, 파리스와 메넬라오스 사이의 것이다. 맨 뒤의 대결은 헥토르와 아이아스Aias 사이의 것이다. 이 두 대결은 첫날 전투를 균형 있게 만들어 주는 일종의 균형추 역할을 한다. 앞의 것은 전쟁을 시작하는 대결이고, 뒤의 것은 전쟁을 이어 나가는 대결이다.

이 대결들이 전투 첫날의 양 끝에 있다면, 그 중간에는 디오메데스가 대활약을 보이는 부분이 있다. 디오메데스는 원래 트로이아 이야기에 속하는 사람이 아니라, 2차 테바이 전쟁, 이른바 '후손들(에피고노이)'에 속하는 사람인데, 말하자면 다른 이야기로 영입되었다. 그는 아킬레우스가 없는 동안, 마치 아킬레우스처럼 싸운다(지나간 9년 동안 아킬레

디오메데스는 아테네가 모는 전차를 타고 있는 모습으로 그려졌다. 그에게 부상당한 아이네이아스가 중앙 백마 위에 누워 있고, 자기 아들을 구하려다 디오메데스의 창에 손목을 다친 아프로디테(오른쪽)는 올림포스로 달아나고 있다.
아르투르 하인리히 빌헬름 피트게르Arthur Heinrich Wilhelm Fitger, 〈아프로디테에게 부상을 입히는 디오메데스Diomedes Wounding Aphrodite when She Tries to Recover the Body of Aeneas〉, 1905년, 캔버스에 유채, 129.5×194.3cm, 개인 소장.

우스가 어떻게 싸웠는지 보여 주는 것, 이것이 등장인물로서 그의 역할이다). 그의 곁에는 거의 언제나 아테네 여신이 있고, 그는 신들까지 부상 입히는 것으로 되어 있다. 아프로디테와 아레스가 그에게 부상을 당하고만 것이다.

하지만 디오메데스는 사실은 경건한 사람이어서, 다음에 만나는 상대와는, 혹시 신이 아닐까 해서 곧장 전투에 돌입하지 않고 우선 대화

헥토르가 아내 안드로마케와 만나 행복한 시간을 보내고 헤어진다. 이것이 이 가족의 마지막 모습이 된다.
앙겔리카 카우프만Angelica Kauffman, 〈안드로마케를 떠나는 헥토르Hector Taking Leave of Andromache〉,
1769년, 캔버스에 유채, 116.2×116.2cm, 런던, 테이트.

를 나누게 된다. 이것이 또 유명한 장면으로 이른바 '무장 교환'이라는
것이다. 글라우코스Glaukos라는 영웅을 만나서, 서로 이야기를 주고받은
끝에 자신들의 집안이 조상 때부터 서로 친구인 것을 알고는 서로 무
장을 교환한 것이다. 하지만 디오메데스가 내놓은 무장은 청동으로 된
것이고, 상대의 것은 황금으로 된 것이어서 디오메데스가 10배 이상의

이득을 본다. 그래도 글라우코스로서는 다행인 셈인데, 신까지 퇴장시킨 엄청난 전사와 마주쳤는데 그냥 대화를 나누고 무사히 돌아왔기 때문이다. 사실 그의 경제적 손실은 목숨값이라고 해도 좋을 것이다.

한편 이 장면이 벌어지는 사이에 다른 장소에서 또 유명한 장면이 전개되고 있다. 잠시 트로이아 성안에 들어간 헥토르가 아내인 안드로마케Andromache를 만나 작별 인사를 한 것이다. 이제 곧 영영 이별하게 될 가족이 마지막 행복을 누리는 모습이 따뜻하고도 애잔하게 그려져 있어서 유명한 장면이다.

전투 첫날은 아킬레우스 없이도 잘 넘어갔지만, 둘째 날에는 희랍군이 큰 패배를 겪고 후퇴한다. 제우스가 테티스에게 했던 약속이 본격적으로 이행된 것이다. 그래서 희랍군 지휘관들은 그날 밤에 아킬레우스의 막사로 사절을 보낸다. 많은 선물을 줄 테니 다시 전투에 참가해 달라는 것이다. 그러나 아킬레우스는 아가멤논이 진심으로 사과하지 않는 것을 눈치채고 화해를 거부한다. 그러고는 자기 배가 불에 탈 때까지 싸우지 않겠노라고 선언한다.

그다음 내용은 거의 모든 학자들이 맨 나중에 덧붙여진 것으로 간주하는 부분이다. 오뒷세우스와 디오메데스가 야간 정찰을 나갔다가 공을 세우고 돌아오는 내용인데, 트로이아 쪽 정탐꾼으로 돌론Dolon이라는 인물이 나오기 때문에 '돌로네이아Doloneia'라는 별칭이 붙어 있다. 이 부분이 의심을 사는 여러 이유 중 하나는 말 등에 타는 장면이 나온다는 점이다. 디오메데스가 레소스Rhesos라는 장수의 말을 훔쳐 급히 도망치느라고 말 등에 매달리기 때문이다(『일리아스』에서 말 등에 타는 장면은 여기밖에 나오지 않는다). 그의 희생이 된 레소스라는 인물은 도착한

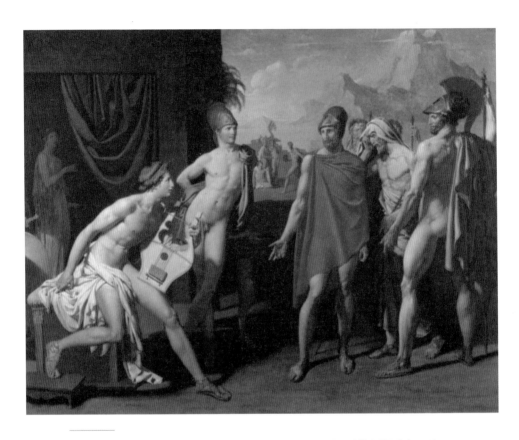

둘째 날 전투에서 지자 아가멤논은 사람을 보내서 아킬레우스의 분노를 풀어 주려 한다. 왼쪽에서 포르밍스를 연주하며 옛 전사들의 행적을 노래하던 아킬레우스가 놀라 일어서고, 그 곁에는 파트로클로스가 서 있다. 오른쪽에 그려진 사절단 중 제일 왼쪽이 오뒷세우스. 오른쪽 끝이 아이아스. 그들 사이에 있는 노인이 포이닉스다. 멀리 오른쪽 뒤에는 이데 산이 그려져 있고, 아킬레우스의 동료들이 원반던지기로 시간을 보내는 모습이 보인다.

장 오귀스트 도미니크 앵그르, 〈아킬레우스를 만나는 아가멤논 사절단Achille recevant les envoyés d'Agamemnon〉, 1801년, 캔버스에 유채, 110×155cm, 파리, 에콜 데 보자르École des Beaux-Arts.

디오메데스가 레소스를 죽이고 그
의 말을 훔쳐 달아난다.
기원전 약 360년, 도기, 나폴리, 나
폴리 국립고고학박물관.

날 밤에 바로 죽음을 당하는데, 그의 말이 트로이아 강물을 마시면 트
로이아 쪽이 승리한다는 예언이 있었다. 그의 죽음을 다룬 비극 작품
으로 『레소스』라는 것이 있는데, 에우리피데스의 것이라고 전해지지만
많은 학자들이 후대에 만들어진, 다른 작가의 작품이라 보고 있다.

전투 셋째 날은, 처음엔 아가멤논이 나서서 큰 공을 세우면서 희랍
군이 기세를 올리지만, 곧 거의 모든 영웅이 부상당하여 퇴장하고 희
랍군이 뒤로 몰리게 되는 날이다. 하지만 희랍군이 일방적으로 몰리기
만 하는 것은 아니어서, 적어도 2번 반격을 하게 된다. 한 번은 헤라가
제우스를 속여서 잠들게 했기 때문이고, 또 한 번은 파트로클로스가
참전했기 때문이다.

헤라 여신은 트로이아 전쟁에서 희랍군을 이기게 하기 위해 제우스를 유혹한다. 『일리아스』에는 헤라와 제우스가 산꼭대기에서 잠자리에 드는 것으로 되어 있지만, 이 그림에서는 실내에서 결합하는 것으로 설정했다. 그래도 헤라가 가슴 밑에, 아프로디테에게서 빌린 매혹의 띠를 두르고 있는 것은 『일리아스』를 따랐다.
안니발레 카라치, 〈읍피테르와 유노[제우스와 헤라]Jupiter et Junon〉, 1597년, 로마, 파르네세 미술관Farnese Gallery.

헤라는 파리스의 판정 때문에(파리스가 그녀를 안 예쁘다고 했기 때문에) 당연히 희랍군의 편인데, 자신이 응원하는 희랍군이 지고 있는 것을 보자 사태를 이렇게 만든 제우스를 유혹하고 잠들게 만든다. 그리고 그 틈을 타서 희랍군이 다시 반격에 나선다. 그런데 사실 이 장면은 태초의 하늘과 땅의 결합을 재현하는 '성스러운 결혼sacred marriage'의 한 예라고 할 수 있다. 이런 결합에서 온 세상 만물이 생겨나는데, 제우스가 헤라와 잠자리에 들었을 때도 그 밑에서 풀과 꽃들이 피어나 쿠션을 만들어 주었던 것이다.

하지만 잠시 후 제우스가 깨어나자, 희랍군은 다시 수세에 몰리게 된다. 그러자 이번에는 파트로클로스가 아킬레우스에게 전투 참가를 허락해 달라고 애원한다. 처음에 자신을 모욕한 아가멤논을 벌하고자 전투를 거부하고 희랍군이 지게 해 달라고 어머니께 부탁까지 했던 아킬레우스지만, 친구인 파트로클로스가 동료들의 희생을 슬퍼하며 눈물로써 호소하자 그의 출전을 허락하고 만다. 파트로클로스는, 상대방의 착각을 불러일으키기 위해 아킬레우스의 무장을 걸치고 나선다. 그는 처음에는 엄청난 기세로 트로이아군을 몰아붙이고 심지어 제우스의 아들인 사르페돈Sarpedon까지 쓰러뜨리지만, 결국 아폴론과 헥토르의 공격 앞에 쓰러지고 만다. 우선 아폴론이 갑자기 등을 치는 바람에 파트로클로스의 정신이 멍해지면서 무장이 벗겨져 내리고, 이어 에우포르보스Euphorbos라는 전사가 방금 아폴론이 때린 자리를 창으로 찌른다. 무장도 없이 돌아서던 파트로클로스는 결국 헥토르의 창에 배를 맞고 절명한다.

여기서 먼저 무장이 벗겨진 것이 주목할 만하다. 애당초 아킬레우스의 무장은 헤파이스토스 신이 만든 것이기 때문에 뚫릴 수 없는 것이다. 그래서 그것을 입은 사람이 죽기 위해서는 먼저 그것이 벗겨져야만 한다. 우리는 신이 만든 무장을 걸친 사람이 모두 쓰러지는 것을 보게

아킬레우스는 친구 파트로클로스의 죽음을 대하고는 다시 전쟁에 참여한다. 그림 왼쪽에 있는 테티스는 아들을 위해 새로운 무장을 구해 왔다.
니콜라이 게Nikolai Ge, 〈아킬레우스와 파트로클로스의 시신Achilles and the Body of Patroclus〉, 1855년, 유채, 민스크, 벨라루스 국립미술관The National Art Museum of the Republic of Belarus.

되는데, 파트로클로스의 것을 벗겨 입은 헥토르와, 헤파이스토스가 새로 만든 무장을 걸친 아킬레우스가 그 당사자다. 헥토르는 투구와 갑옷이 만나는 목의 틈새에 창을 맞아서 죽고, 아킬레우스는 발목에 화살을 맞아 죽는 것이다. 결국 신이 보낸 선물은 인간의 운명을 막아 주

헤파이스토스가 다시 만들어 준 아킬레우스의 방패에는 온갖 인간사의 장면들이 들어가 있었다고 한다.
카트르메르 드 캥시Quatremère de Quincy, 〈고전을 해석해서 그린 아킬레우스의 방패The Shield's Design as
Interpreted〉, 약 1814년.

지 못한 셈이다.

파트로클로스의 죽음을 전해 들은 아킬레우스는 슬픔과 고통, 분노
에 빠진다. 그는 한시바삐 친구의 죽음을 복수하고자 하나, 그에게는
무장이 없다(보통 아킬레우스는 어렸을 때 어머니가 발목을 잡아서 저승 강에

아킬레우스는 헥토르를 죽이고 친구의 복수를 한다. 아킬레우스는 아테네 여신이 되돌려준 창을 사용하고, 헥토르는 창이 없어서 칼로 저항하고 있다. 아킬레우스는 상대의 투구와 갑옷이 만나는 목 부분을 가격한다. 페테르 파울 루벤스, 〈헥토르를 찌르는 아킬레우스Achilles Slays Hector〉, 약 1630~1635년, 소장처 불명.

담갔기 때문에 발목 부분, 이른바 아킬레스 건腱만 빼고는 부상을 당하지 않는다고 알려져 있다. 하지만 『일리아스』 시인은 마법을 싫어하기 때문에, 아킬레우스도 무장이 없으면 나가지 못하는 것으로 그렸다. 심지어 그의 팔에 창이 스쳐서 피가 나는 장면도 한 군데 나온다). 그래서 어머니 테티스가 헤파이스토스를 방문하여 새로운 무장을 만들어 온다. 그 무장을 만드는 과정이 또 자세히 묘사되는데, 특히 방패에는 온갖 인간사의 장면들이 들어가서 온 세계의 축소형으로 유명하다.

전투 넷째 날은 아킬레우스의 날이라고 할 만하다. 그가 출전하면서 다른 영웅들의 활약은 전혀 언급되지 않고 작품의 진행은 오직 아킬레우스의 행적만을 따라간다. 그중에 유명한 것은, 아킬레우스가 아이네이아스와 마주쳤는데, 포세이돈이 아이네이아스를 멀리 빼돌리는 장면이다. 아이네이아스는 나중에 트로이아를 탈출하여 이탈리아로 가서 로마의 기원이 되는 나라를 세웠다는 인물이다.

마지막에 트로이아 병사들은 모두 성안으로 도망치는데, 헥토르만은 멈춰 서서 아킬레우스를 기다린다. 전날 후퇴하자는 의견이 있었는데, 그가 야단치고 거절해서 오늘 수많은 사람이 쓰러졌기 때문이다. 그 전략적 실책의 수치를 아킬레우스와 맞붙음으로써 씻고자 한 것이다. 성벽 위에서 그의 부모가 애원하지만 그는 꿈쩍도 하지 않는다. 하지만 이런 도전적 자세는 계속되지 못한다. 아킬레우스가 다가오자 헥토르가 갑자기 공포에 사로잡혀 도망친 것이다.

하지만 곧이어 제우스가 황금 저울에 두 사람의 운명을 달고, 헥토르의 운명이 죽음의 방향인 땅 쪽으로 처지자, 아테네 여신이 나타나서 헥토르를 속여 멈추게 한다. 여신은 그의 형제 데이포보스Deiphobos 모습을 하고서 그를 돕겠다고 한 것이다. 결국 헥토르는 아킬레우스와 맞서다가 죽는다. 여기서도 마법적인 측면이 살짝 드러나는데, 아킬레우스의 창이 빗나간 것을 아테네 여신이 다시 가져다준 것이다. 이 창은 원래 마법의 무기로서, 북유럽 신화에 나오는 토르의 망치처럼, 원래의 주인에게로 돌아가는 것이었단다. 하지만 호메로스는 그런 마법을 싫어해서 이렇게 꾸몄던 것이다(현대의 독자로서는, 여신이 가져다주는 것이나 마법이나 마찬가지가 아니냐고 생각할 수도 있지만, 옛사람들이 보기에 여신은 자

아킬레우스는 헥토르의 시신을 마차에 매달고 돌아온다. 『일리아스』에 따르면 아킬레우스의 말 이름은 각기
'누렁이'와 '점박이'인데, 이 그림에서는 2마리 다 검게 그려졌다.
프란츠 마치|Franz Matsch, 〈트로이아 성문 앞에서 헥토르의 시신을 끌고 다니는 승자 아킬레우스Triumphant
Achilles Dragging Hector's Lifeless Body in front of the Gates of Troy〉, 1892년, 프레스코화, 코르푸 섬, 아킬레이
온Achilleion.

연 질서 중 하나인 데 반해 마법은 자연 질서를 거스르는 것이어서, 이 둘은 완전
히 달랐다).

아킬레우스는 헥토르의 발목에 끈을 꿰어 마차에 묶어 끌고 돌아온
다. 그다음에는 파트로클로스의 장례식과 기념경기, 그리고 헥토르의
시신 반환 이야기가 뒤따른다.

헥토르의 아버지 프리아모스Priamos가 헥토르의 시신을 찾기 위해 희
랍군 진영으로 찾아가는 과정은 보통 영웅의 저승 여행 패턴을 따른
것으로 알려져 있다. 그는 밤에 길을 떠나, 무덤을 지나고, 강을 지나,

헥토르의 아버지 프리아모스는 아들의 시신을 받기 위해 아킬레우스를 찾아간다. 그는 상대에게, 고향에 계신 늙은 아버지를 생각해서 자기를 불쌍히 여겨 달라고 간청한다. 아킬레우스는 자신이 전장에서 죽어서 고향으로 돌아가지 못할 것을 알고 있기에, 아들을 잃어버린 이 노인의 처지가 자기 아버지와 같다고 여기고 그를 동정한다.
알렉산드르 이바노프Aleksandr Ivanov, 〈아킬레우스에게 헥토르의 시신을 달라고 호소하는 프리아모스Priam Begging the Body of Hector from Achilles〉, 1824년, 모스크바, 트레티야코프 미술관Tretyakov Gallery.

영혼 인도자인 헤르메스의 안내를 받고, 다시 동트기 전에 집으로 돌아온다. 그렇게 돌아와서 헥토르의 장례를 치르는 것이 『일리아스』의 끝이다. "그들은 이와 같이 말을 길들이는 헥토르의 장례를 치렀다"가 『일리아스』의 마지막 구절이다. 이 서사시는 여신의 아들 아킬레우스로 시작해서, 인간의 아들 헥토르로 끝난다.

트로이아 전쟁 2

펜테실레이아

헥토르가 죽고 나서도 트로이아는 함락되지 않았는데, 그것은 트로이아 쪽에 계속 응원군이 왔기 때문이다. 그중에 헥토르 죽음 직후에 온 것이 아마존 전사들이다. 이들의 지휘관은 펜테실레이아Penthesileia였는데, 그녀는 결국 아킬레우스와 맞서다가 죽고 만다. 그녀가 쓰러지고 나서 아킬레우스는 상대가 여자였다는 것을 알게 되는데, 너무나 아름다운 모습에 사랑을 느꼈다고 한다.

　귀족적인 영웅 서사시인 『일리아스』에서 신분이 높은 사람은 모든 좋은 것을 가지는 것으로 되어 있다. 아킬레우스가 그 대표적인 인물로서, 그는 여신의 아들일 뿐 아니라 잘생기고 부유하고 잘 싸우고 운동도 잘하고 성품도 고상한 것으로 되어 있다. 이런 문화에서 신분이 낮은 사람은 모든 나쁜 점을 다 갖게 되는데, 그런 인물의 대표가 앞에도 나왔던 테르시테스다. 그는 아가멤논이 병사들의 사기를 시험해 보는

아킬레우스는 펜테실레이아를 죽이고 나서야 그녀가 여자임을 알게 된다.
요한 하인리히 티슈바인, 〈아킬레우스와 펜테실레이아Achill und Penthesilea〉, 약 1823년, 캔버스에 유채, 259
×194cm, 오이틴Eutin, 오이틴 궁전Schloss Eutin.

와중에, 여러 사람을 선동하고 계속 떠들어 대다가 오뒷세우스에게 얻어맞는데, 신분도 낮고 엄청나게 못생기고 싸움도 못 하는 것으로 되어 있다. 이 테르시테스는 『일리아스』 이후의 이야기에 다시 등장한다. 바로 펜테실레이아가 죽는 자리에서 아킬레우스의 '순정'을 비웃었던 것이다. 그는 그냥 말로 놀리고 빈정거리는 데서 그치지 않고, 펜테실레이아의 눈을 파내기까지 했으며, 결국 분노한 아킬레우스에게 죽음을 당했다고 한다(이 일화는 지금은 전해지지 않는 『아이티오피스Aithiopis』라는 서사시에 들어 있던 것이다. 테르시테스에 대해서는 셰익스피어와 괴테를 포함해서 여러 작가가 작품에 등장시키거나 언급했기 때문에, 이름을 기억해 두는 게 좋다).

베르길리우스는 펜테실레이아를 본떠서 이탈리아 여전사 카밀라를 만들었고, 단테는 펜테실레이아와 카밀라가 나란히 림보에 머물고 있는 것으로 그렸다.

멤논

펜테실레이아 이후에 온 지원군은 아이티오피아인들이었다. 그들의 지휘관은 멤논Memnon으로서, 그는 새벽의 여신 에오스와 티토노스Tithonos 사이에 태어난 자식이다. 에오스가 티토노스를 처음 발견했을 때, 이 여신은 신들에게 달려가 그에게 영원한 생명을 주기를 청했다고 한다. 하지만 그때 깜빡 잊고 영원한 젊음을 함께 요구하지 않아서, 티토노스는 살기는 오래 살았지만, 점점 쭈글쭈글 늙어 갔단다. 이 황당한 사태를 당하여 여신이 어떻게 했는지는 2가지 판본이 전해지는데, 티토노스를 방 안에 가두어 버렸다는 판본도 있지만, 매년 허물을 벗을 수 있게 매미로 만들었다는 판본이 더 유명하다. 그런데 티토노스는 프리아모스의 형제였기 때문에, 그의 아들인 멤논이 이제 트로이아를 도우러 온 것이다(아이티오피아는 '얼굴 그을린 사람들의 땅'이란 뜻이다. 아이티오피아는 세상의 동쪽에도, 서쪽에도 있다고 알려져 있지만, 신화에는 동쪽에 있는 아이티오피아가 더 자주 등장한다. 멤논은 새벽의 여신의 아들이고, 새벽은 동쪽에서부터 밝아 오기 때문에 멤논의 근거지도 역시 동쪽으로 되어 있다).

멤논과 아킬레우스의 싸움 이야기는 그것이 『일리아스』 이야기의 원형일지도 모른다는 사실 때문에 많은 주목을 받고 있다. 이야기는 이렇다.

멤논이 등장했을 때, 아킬레우스는 어머니 테티스로부터, 그를 죽이면 그다음은 자신이 죽을 차례라는 경고를 들었다. 그래서 아킬레우스가 전투에 나가지 않고 있는 사이에, 멤논은 아킬레우스의 절친한 친구 안틸로코스Antilochos를 죽인다. 안틸로코스는 늙은 전사 네스토르의 아들인데, 자신이 멤논의 상대가 되지 못한다는 것을 알면서도 아버지를 지키려고 그 앞을 막아섰다가 죽음을 당한 것이다. 그 소식을 듣자 아킬레우스는 분노하여 친구의 죽음을 복수하겠노라고 나선다.

그런데 두 영웅이 맞서게 되자, 그들의 어머니인 두 여신은 제우스에게 달려가 각각 자신의 아들이 이기게 해 달라고 탄원한다. 입장이 난처해진 제우스는 헤르메스를 시켜 두 사람의 운명을 달아 보게 하는데, 멤논의 운명이 죽음의 방향인 땅 쪽으로 처져서 그의 죽음이 결정된다. 멤논이 죽고 나자 에오스는 그 아들의 시신을 고향 땅으로 실어 간다.

이 이야기가 주목받는 이유는 이야기의 골자가 『일리아스』와 너무 비슷하고, 또 여기 나온 여러 요소가 『일리아스』 여기저기에 흩어진 채

헤르메스가 아킬레우스와 멤논의 운명을 저울로 재고 있다. 양쪽에서 두 여신이 각기 자기 아들에게 유리하게 해 달라고 청하고 있다. 저울 접시 위에는 희미하게 작은 사람이 그려져 있다.
기원전 약 490~480년, 도기, 보스턴, 보스턴 미술관.

등장하기 때문이다. 말하자면 여기 나오는 안틸로코스의 역할은 『일리아스』의 파트로클로스가 했던 역할이고, 멤논은 헥토르의 역할을 하고 있다. 더구나 말이 다치는 바람에 네스토르가 위기에 처하는 장면도, 두 전사의 운명을 저울에 다는 장면도, 죽은 전사를 날개 달린 존재가 고향 땅으로 옮겨 가는 장면도 『일리아스』에 들어 있는 것이다. 이 이

새벽의 여신 에오스가 아들 멤논의 죽음을 애도하고 있다.
〈멤논 피에타Memnon Pietà〉, 기원전 약 490-480년, 도기, 파리, 루브르 박물관.

야기를 전해 준 서사시 『아이티오피스』 자체는 『일리아스』보다 늦게 나
온 것이지만, 거기 담긴 이야기는 훨씬 전부터 있어서 『일리아스』를 창
작하는 데 기초가 되었으리라는 추측이 있고, 또 상당한 지지를 받고
있다.

　이집트의 룩소르에 가면 〈멤논의 거상〉이라는 석조물이 있는데, 이

아스완 댐이 생기기 전에 그려진 그림이다. 그때는 여름에 홍수가 나면 이 석상 부근까지 물이 들어왔다.
데이비드 로버츠David Roberts, 〈멤논의 거상Statues of Memnon〉, 1845-1849년, 판화, 멜버른, 빅토리아 국립
미술관.

것은 '노래하는 멤논'이라고도 알려져 있다. 그 이유는 한때 이 거대한
석상이 아침이면 미묘한 소리를 냈기 때문이다. 2세기쯤에는 그것이 꽤
유명해서 로마 황제인 하드리아누스도 보러 왔다고 하는데, 황제 자신
은 듣지 못했지만, 황제의 부인은 그 '노랫소리'를 들었다고 한다. 사람
들은 이 소리를, 멤논이 자기 어머니인 새벽의 여신이 나타날 때 부르
는 슬픔의 노래라고 설명했지만, 사실 그것은 멤논이 아니라 아멘호테
프 3세의 상이다. 그때 벌써 만들어진 지 1400년 정도나 지나 있었기
때문에 금이 많이 가 있어서, 아침 햇살이 비치면 돌 틈의 공기가 팽
창해 빠져나가면서 그런 소리를 냈던 것 같다. 그 석상은 나중에 보수

불사의 몸인 아킬레우스는 유일한 약점인 발목 부위에 화살을 맞아 죽는다. 이 그림에서는 정확히 아킬레스 건 부분이 아니라, 화살이 발바닥에 맞아 발등으로 뚫고 나온 것으로 표현했다. 왼쪽의 파리스 뒤에는 월계관을 두르고 머리에서 빛이 나는 아폴론이 그려져 있다. 아킬레우스는 전투 중이 아니라, 청혼의 한 과정으로 제사를 드리다가 죽는 것으로 설정되어 있다. 그림 앞쪽에는 족제비가 화살 맞은 독수리를 뜯어 먹는 장면이 그려졌는데, 전체 상황을 상징적으로 보여 주는 장치 같다. 파리스가 왼손으로 시위를 당겼다가 놓은 것처럼 되어 있다.

페테르 파울 루벤스, 〈아킬레우스의 죽음The Death of Achilles〉, 1630-1635년, 패널에 유채, 45.3×46cm, 로테르담, 보이만스 반 뵈닝겐 미술관.

하면서 돌 틈을 메운 뒤로는 노래를 하지 않게 되었다고 한다. 다른 자료에 따르면 지진으로 틈이 더 벌어지자 소리가 나지 않게 되었다고도 한다.

한편 멤논을 죽인 아킬레우스는 곧 파리스의 화살에 맞아 죽게 된다. 대개는 전투 중에 죽은 것으로 전해지지만, 다른 판본도 있다. 그가 폴뤽세네Polyxene라는 트로이아 왕녀에게 반해서 결혼을 위해 협상하러 갔다가 매복에 걸려 죽었다는 이야기다. 하지만 이것은 나중에 생긴 이야기로 보인다. 폴뤽세네는 트로이아 함락 후에 아킬레우스의 무덤에 제물로 바쳐졌다는 왕녀인데, 아킬레우스의 영혼이 요구해서 그런 일이 있었다고 한다. 그러니까 왜 아킬레우스의 혼령이 이런 요구를 했을까 설명하느라고 다른 이야기가 생겨났던 것이다.

아이아스의 자결

아킬레우스가 죽고 나서, 희랍군 진영에는 분란이 생겼다. 아킬레우스가 남긴 무장을 누가 차지할 것인지를 두고 다툼이 생겼기 때문이다. 오뒷세우스와 아이아스가 각각 권리를 주장했다. 이 문제를 해결한 방법에 대해서는 여러 판본이 있는데, 가장 심심한 것은 희랍군들끼리 투표를 했다는 것이고, 그 밖에 트로이아 포로들에게 누가 가장 두려운지를 물었다는 설, 트로이아 성벽으로 염탐꾼을 보내서 그들이 누구를 가장 두려워하는지 염탐했다는 설 등이 있다. 어쨌든 아이아스의 힘보다는 오뒷세우스의 꾀가 더 무섭고 희랍군에게 소중하다고 판정이 되어서, 그 무장은 오뒷세우스가 차지하게 된다.

체면이 손상된 아이아스는 그날 밤에 자기에게 적대적인 자들에게

아킬레우스가 죽자, 그의 무구를 차지하기 위해
오뒷세우스와 아이아스가 다툼을 벌인다.
기원전 약 520년, 도기oinochoe, 파리, 루브르
박물관. © Marie-Lan Nguyen

복수하려고, 무기를 들고 무리에게 뛰어드는데, 그때 아테네 여신이 그에게 광기를 불어넣었다. 그가 적들을 도륙하고 아침에 정신 차려 보니 자기 주위에는 죽어 쓰러진 가축들로 가득했다. 수치심을 못 이긴 그는 외진 곳으로 가서 자결한다. 이 이야기는 소포클레스가 『아이아스』라는 비극 작품으로 남겨 놓아 역시 잘 알려진 것이니 알아 두면 좋다.

하지만 이 이야기는 『일리아스』 내용과 맞지 않는다. 『일리아스』에서 헥토르가 죽는 순간, 희랍군에는 신이 만든 무장이 2벌 있었다. 하나는 아킬레우스 것을 파트로클로스가 입고 나갔다가 헥토르에게 빼앗긴 것을 되찾은 것이다. 다른 하나는 헤파이스토스가 아킬레우스를 위

해 다시 만든 것이다. 그러니 여기서 오뒷세우스와 아이아스가 싸울 필요가 없는 것이다. 아마도 이 '무구 다툼' 이야기는 『일리아스』가 만들어지기 전부터 전해지던 것인 듯싶다(그러니까 파트로클로스가 죽으면서 아킬레우스의 무장을 잃어버려서 아킬레우스를 위해 헤파이스토스가 무장을 다시 만들었다는 이야기는 호메로스의 창작이란 뜻이다. 파트로클로스 자체가, 호메로스가 만들어 낸 인물일 가능성이 높다). 일반적으로 오뒷세우스가 차지했던 무구는 아킬레우스의 아들 네옵톨레모스에게 전달된 것으로 되어 있다. 오뒷세우스가 모든 것을 잃고 고향에 맨몸으로 돌아가게 된 것을 생각한다면, 미리 아킬레우스의 아들에게 넘겨준 것이 다행스런 일이다.

필록테테스

아킬레우스에 이어 아이아스까지 죽고 나니 희랍군은 곤경에 빠졌다. 가장 유능한 전사들이 죽었기 때문이다. 신의 뜻을 물으니, 아킬레우스의 어린 아들 네옵톨레모스와 필록테테스Philoktetes를 데려와야 트로이아를 함락할 수 있다고 했다. 그래서 오뒷세우스와 디오메데스가 예전에 아킬레우스가 머물렀던 뤼코메데스의 궁정으로 가서 네옵톨레모스를 데려왔고, 또 뱀에 물려 렘노스 섬에 버려졌던 필록테테스도 데리고 왔다.

필록테테스라는 사람은 포이아스의 아들이다. 헤라클레스가 독 묻은 옷을 입고 고통 속에 차라리 타 죽기를 원했을 때, 포이아스가 불을 붙여 주고 그 대가로 헤라클레스의 활과 화살을 받았다는 사실은 이미 앞에서 말했다(필록테테스 자신이 불을 붙여 주었다는 판본도 있다). 필록테테스는 이 활을 가지고 트로이아로 떠났는데, 중간에 뱀에 물리게 된

필록테테스는 오뒷세우스가 자신을 속이려 했다는 사실을 알고 분노하지만, 결국 트로이아 전쟁에 참여하게 된다. 오른쪽에서 필록테테스를 제지하는 젊은이는 네옵톨레모스다.
아스무스 야코프 카르스텐스Asmus Jacob Carstens, 〈헤라클레스의 활로 오뒷세우스를 겨누는 필록테테스 Philoctetes Aiming the Bow of Hercules at Odysseus〉, 1790년, 종이에 혼합 재료, 49.5×58.8cm, 베를린, 베를린 동판화관Kupferstichkabinett Berlin.

다. 그런데 상처가 낫지 않아 냄새가 심해지고, 또 이따금 발작이 일어났다. 고통의 비명을 질러 대니 신들께 드리는 제사도 경건하게 모실 수 없었다. 그래서 오뒷세우스의 제안에 따라 무인도에다 버리고 온 것인데, 이제 전쟁의 막바지에 그가 다시 필요했던 것이다(그가 버려진 섬은 무인도 또는 렘노스라고 알려져 있다. 하지만 렘노스는 매우 큰 섬이고 오래전부터 사람이 살고 있었다. 물론 렘노스 섬의 한 구석, 사람들이 접근하기 어려운 해안에 버려졌다고 하면 안 될 것도 없다).

이 사람은 별로 중요하지 않은 인물인 것 같지만, 소포클레스가 그의 이름을 제목으로 하는 비극 작품 『필록테테스』를 남겨 놓았기 때문에 꼭 알아 두어야 하는 이름이다. 소포클레스는 오뒷세우스와 함께 네옵톨레모스가 그를 찾아가는 것으로 이야기를 꾸몄다. 젊은 네옵톨레모스는 오뒷세우스의 지시에 따라, 처음에는 필록테테스를 속이려고 하지만 결국 그의 참상을 보고 동정하여 모든 사실을 고백하게 된다. 사실을 알게 된 필록테테스는 경악과 분노 속에 트로이아로 가기를 거부하지만, 신이 된 헤라클레스의 개입으로 결국 뜻을 굽힌다. 그는 트로이아로 가서 마카온 형제에게 상처를 치료받고, 화살을 날려 파리스를 쓰러뜨린다.

목마

파리스가 죽었는데도 트로이아는 함락되지 않았다. 트로이아 성안에는 하늘에서 떨어졌다는 아테네 여신의 목상木像이 있었다. 팔라디온Palladion이라고 불리는 이 상을 훔쳐 와야 성이 함락된다는 예언이 있어서, 오뒷세우스와 디오메데스가 들어가 그것을 훔쳐 왔는데도 성은 여전히 버티고 있었다(나중에 희랍 땅 여기저기에 '진품' 팔라디온이라는 것들이 있었는데, 어떤 판본에 따르면 이들이 훔쳐 온 것은 가짜고, 진짜는 아이네이아스가 가지고 탈출했다고 한다).

그래서 나온 것이 목마 작전이다. 오뒷세우스가 제안한 이 작전에서 '말 여신'인 아테네는 목마 만드는 것을 도왔다고 한다. 희랍군은 트로

오뒷세우스와 디오메데스는 예언에 따라 팔라디온을 훔쳐 오지만 트로이아 성은 함락되지 않는다. 디오메데스와 오뒷세우스는 매우 젊게 그려졌고, 아테네 여신이 직접 칼을 들고 이들과 동행한 것으로 설정되었다. 가스파레 란디Gaspare Landi, 〈팔라디온을 훔치는 디오메데스와 오뒷세우스Diomedes and Odysseus Steal the Paladium〉, 1783년, 캔버스에 유채, 97.2×134.7cm, 파르마, 파르마 국립미술관Galleria Nazionale.

이아에서도 섬겨지고 있던 아테네 여신에게 목마를 만들어 바치고, 자신들이 떠나가는 것처럼 배를 띄워 테네도스라는 섬 뒤에 숨었다. 물론 목마 안에는 주도적인 전사들이 들어 있었고, 시논Sinon이라는 첩자까지 하나 남겨 두었다. 시논이란 사람은 자신이 희랍군들에게 버림을 받은 것처럼 꾸며서 은근히 그 목마를 성안으로 들여가도록 부추겼다.

트로이아 사람들은 이 목마를 어떻게 할 것인지 의논했고, 절벽에서 밀어 버리자는 의견, 불태워 버리자는 의견도 나왔지만 결국 성을 허물어서라도 길을 만들고 성안으로 들여놓자는 쪽으로 결정되었다. 이런

트로이아 사람들은 희랍군의 꾐에 빠져 목마를 성안으로 들여놓는다.
조반니 도메니코 티에폴로Giovanni Domenico Tiepolo, 〈목마를 트로이아로 들여놓는 사람들The Procession of the Trojan Horse into Troy〉, 약 1760년, 캔버스에 유채, 38.8×66.7cm, 런던, 내셔널 갤러리.

결정에 가장 심하게 반발한 이는 포세이돈의 사제였던 라오코온Laokoon 이란 사람이다. 하지만 포세이돈이 바다 뱀 2마리를 보내서 라오코온을 두 아들과 함께 죽이자, 트로이아 사람들은 자신들의 결정이 옳았다고 믿게 되었다(라오코온이란 이름은 계몽주의 시대 독일 학자 레싱Gotthold Ephraim Lessing이 『라오코온』이란 미학 이론서를 내서 더욱 유명해졌다).

잔치 끝에 사람들이 모두 잠들자, 시논은 목마를 열어 그 안에 있던 사람들을 나오게 하고 신호를 보내 배들을 불러들였다. 그렇게 해서 트로이아는 함락되었다.

목마를 성안에 들여놓는 데 반대하던 라오코온은 두 아들과 함께, 포세이돈이 보낸 바다 뱀에게 죽는다. 헬레니즘 시대 작품이어서 동작이 매우 격렬하다. 라오코온의 오른팔은 나중에 발견되어 현재처럼 끼워 맞춰졌다. 이전에는 팔을 쭉 뻗은 것으로 복원되었었다. 이 작품은 미켈란젤로 시대에 로마의 목욕탕 유적(원래는 네로의 황금궁전 자리)에서 발견되었는데, 이따금 이것이 미켈란젤로의 작품이라고 주장하는 학자도 있다.
하게산드로스Hagesandros, 아테노도로스Athenodoros, 폴뤼도로스Polydoros, 〈라오코온 군상Gruppo del Laocoonte〉, 기원전 1세기, 대리석, 208×163×112cm, 바티칸시국, 바티칸 박물관.

트로이아 함락과 그 이후

트로이아가 함락되는 과정에 어떤 일이 있었는지는 에우리피데스의 『트로이아 여인들』과 『헤카베』에 상세히 나와 있다.

트로이아 왕인 프리아모스는 제우스의 제단에서 참살되었고, 헥토르의 아들인 아스튀아낙스Astyanax는 성벽에서 떨어뜨려져 죽었다. 이때 특히 무자비한 행동을 많이 한 사람이 아킬레우스의 아들 네옵톨레모스였다고 한다. 그래서 그는 단테의 『신곡』「지옥편」에서 폭력의 지옥에 배정되어 있다. 하지만 단테는 네옵톨레모스의 별칭인 퓌르로스Pyrrhos라는 이름을 사용해서, 나중에 로마인들과 싸웠던 에페이로스 왕 퓌르로스Pyrrhos(기원전 3세기)와 혼동시키고 있다. 단테가 뜻했던 것이 둘 중 누구인지 불분명하기 때문이다. 무자비하기는 둘이 마찬가지여서 두 사람 모두 폭력의 지옥에 어울리긴 한다.

한편 전쟁 끝에 여자들은 모두 노예로 배분되었는데, 헥토르의 아내인 안드로마케는 네옵톨레모스에게 배당되었고, 프리아모스의 아내 헤카베Hekabe는 오뒷세우스에게 주어졌다. 프리아모스의 딸 중에 폴뤽세네는 앞에 말한 대로 아킬레우스의 무덤에 제물로 바쳐져 죽었고, 캇산드라는 아가멤논에게 배당되어 그와 함께 희랍 땅으로 갔다가 그가 죽을 때 같이 죽었다고 한다.

트로이아 쪽의 중요 인물 중에 유일하게 살아남은 인물은 아이네이아스다. 그는 이미 『일리아스』에, 앞으로 살아남아서 트로이아 사람들을 다스리리라고 예언되어 있었던 인물이다. 그는 가족을 충실하게 돌본 것으로도 유명한데, 그가 아버지를 어깨에 얹고 아들의 손을 잡고서 집안의 신상들을 모시고 탈출하는 모습은 조각, 그림으로 상당히

트로이아가 함락된 뒤 트로이아 공주 폴뤽세네는 제물로 바쳐진다. 젊은이들이 아킬레우스의 무덤 앞에 모여 폴뤽세네의 죽음을 애도하고 있다. 아마도 희랍군이 떠나간 다음으로 설정된 장면인 듯하다.
폴 프랑수아 캥사크Paul François Quinsac, 〈폴뤽세네의 죽음Death of Polyxena〉, 약 1882년, 캔버스에 유채, 146×206.3cm.

많이 남아 있다. 로마의 시인 베르길리우스의 『아이네이스』에 따르면, 그는 지중해 연안 여기저기를 떠돌아다니다가 이탈리아 라티움 지방에 정착하여 로마의 기초가 되는 나라를 건설했다고 한다.

한편 헬레네는 메넬라오스가 자기를 죽이려고 다가올 때 달아나면서 일부러 옷이 흘러내리게 하여 아름다운 몸매를 보여 주었고, 다시 그를 매혹했다고 한다. 그래서 『오뒷세이아』에 보면 고향으로 돌아가 행복하게 살고 있는 것으로 되어 있다. 헬레네에 대한 다른 이야기도 있

아이네이아스가 아버지를 어깨에 얹고 가족과 함께 트로이아를 탈출하고 있다. 그는 이탈리아로 가서 살아남은 트로이아 사람들과 함께 로마의 기초가 되는 나라를 세운다.
페데리코 바로치Federico Barocci, 〈아이네이아스의 트로이아 탈출Fuga di Enea da Troia〉, 1598년, 캔버스에 유채, 로마, 보르게세 미술관.

다. 에우리피데스의 비극 『헬레네』에 나온 판본에 따르면 트로이아에 갔던 것은 신들이 구름으로 만든 가짜 헬레네이고, 진짜 헬레네는 이집트에 있었다고 한다. 그런데 트로이아에서 돌아오다가 풍랑을 만난 메넬라오스가 거기로 찾아오고 둘은 다시 만나게 된다는 것이다.

한편 10년 고생 끝에 트로이아를 차지한 희랍군도 사정이 그리 좋지는 않았다. 몇몇 사람은 별 탈 없이 고향에 돌아갔지만, 많은 사람이 풍랑에 고생을 하게 된다. 그 가장 큰 이유는 트로이아 함락 과정에서 아테네 여신의 분노를 산 일이 벌어졌기 때문이다. 작은 아이아스가 여사제인 캇산드라를 신전에서 억지로 끌어내어 겁탈했기 때문이다. 그때 캇산드라가 아테네 여신의 목상을 잡고 있었으므로, 작은 아이아스는 신성모독을 저지른 셈이다(앞에 자살한 아이아스는 살라미스 출신으로 텔라몬의 아들이고, 지금 나오는 아이아스는 로크리스 출신으로 오일레우스의 아들이다. 앞 사람은 '큰 아이아스', 뒤 사람은 '작은 아이아스'라고들 한다). 하지만 정작 자기 잘못으로 많은 무고한 동료들을 죽게 만든 아이아스 자신은 바다에서 바로 죽지 않고 육지까지 헤엄쳐 나왔더란다. 그러나 자기가 신들의 뜻을 거슬러서 살아남았노라고 큰소리치던 중에, 분노한 포세이돈이 삼지창으로 바위를 내리쳐, 결국 그는 다시 바다로 빠져 죽었다 한다.

더구나 오뒷세우스가 처음에 자기를 전쟁터로 끌어낸 팔라메데스에게 복수를 한 것 때문에 재난이 더 커졌다. 오뒷세우스는 증거를 조작하여 팔라메데스를 첩자로 몰았고, 그는 결국 돌에 맞아 죽었다. 한편 고향에서 이 소식을 들은 팔라메데스의 아버지 나우플리오스Nauplios는, 희랍군이 돌아오는 것을 알게 되자 바위가 많은 곳에 불을 지폈다. 멀리서 불빛을 본 사람들은 거기 항구가 있는 줄 알고 그쪽으로 가다가 암초에 부딪쳐 수없이 목숨을 잃었다 한다.

오뒷세우스의 모험과 귀환

트로이아 전쟁 영웅들의 귀향 이야기들 중에 가장 중요한 것이 『오뒷세이아』다. 하지만 작품으로서의 『오뒷세이아』는 우리가 대충 알고 있는 오뒷세우스[울릭세스Ulixes]의 이야기보다 훨씬 복잡한 구성을 가지고 있다. 젊은이의 성장담, 뱃사람의 모험 이야기, 그리고 집 떠난 이의 귀향을 함께 다루고 있기 때문이다.

그래서 처음 책을 펼치면 기대했던 재미있는 바다의 모험이 나오기까지, 한참 다른 이야기를 읽어야 한다. 그 첫 부분은 이른바 '텔레마키아Telemachia'란 부분으로, 이제 막 성인이 되려는, 오뒷세우스의 아들 텔레마코스가 아버지의 행방을 찾아 육지로 떠나서 아버지의 옛 동료들을 만나는 내용으로 되어 있다. 그 부분을 무사히 넘기면 누구나 즐겁게 읽을 수 있는 부분, 오뒷세우스의 모험 이야기가 나온다. 그 이야기는 오뒷세우스 자신의 입을 통해 1인칭 화법으로 전해진다. 그가 나우시카아Nausikaa에게 구원받아 그녀의 아버지 알키노오스의 궁정에 머물

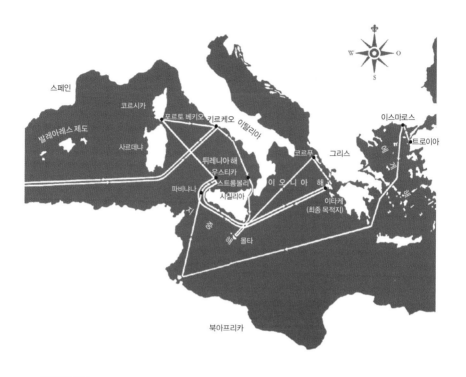

때, 다른 이들에게 들려주는 것이다. 그 부분이 지나면 오뒷세우스의 복수 이야기가 나온다. 몇 년 동안이나 그의 집에 모여서, 그의 아내 페넬로페Penelope에게 결혼하자고 졸라 대며, 그 집 재산을 먹어 치우고 온갖 패악을 부린 자들을 응징하는 것이다.

하지만 시간적으로 보자면 오뒷세우스의 모험 이야기가 제일 앞에 오게 되는데, 오뒷세우스 자신이 들려주는 이야기 내용은 이렇다.

이스마로스 약탈

오뒷세우스 일행이 트로이아를 떠나 제일 먼저 했던 일은 이스마로스 Ismaros라는 곳에 상륙하여 그곳을 약탈한 것이다. 영웅이 해적처럼 행동한 것이 다소 놀라울 수 있지만, 당시에는 해적질도 일종의 경제 활동으로 여겨졌던 데다가, 방금 끝난 전쟁에서 이스마로스가 트로이아의 편에 섰던 것을 감안하면, 그럭저럭 정당화가 될 수 있겠다. 여기서 오뒷세우스는 좋은 포도주를 얻는데 이것이 나중에 그의 목숨을 구해 준다. 그는 그 지역 제사장인 마론Maron이라는 사람의 집안을 특별히 보호해 주었는데, 그가 고맙다고 내어 준 포도주가 나중에 외눈박이 거인 폴뤼페모스를 취하게 하여 주인공 일행을 구해 준 것이다(희랍인은 보통 술과 물을 1 대 3으로 섞어 마셨는데, 이 술은 물을 훨씬 많이 부어서 1 대 20 정도로 섞어도 그 맛과 향이 매우 뛰어났다고 한다).

이 약탈은 결말이 좋지 않았는데, 첫 공격이 성공하자 부하들은 오뒷세우스의 말을 듣지 않고 성급히 잔치를 벌였고, 그사이 상대방의 지원군이 기습하여 재난을 당하고 말았던 것이다. 여기서 그들은 전체 병력의 1/10 정도를 잃는다. 그 이후에 오뒷세우스 일행은 심한 폭풍을 만나 9일 동안이나 떠밀려 간다. 희랍에서 9는 상징적인 숫자로서, 이들이 9일 동안 바람에 휩쓸려 갔다는 것은 현실계를 떠나 환상계로 들어갔음을 뜻한다.

로토스 먹는 사람들

환상의 세계라고 할 수 있는 데서, 처음 겪는 모험은 로토스lotos 먹는 사람들을 만난 것이다. 이들은 별달리 해를 끼치는 존재는 아니고, 그들이 주는 로토스라는 달콤한 열매를 먹으면 집도 동료도 다 잊고 그냥 거기 계속 머물고 싶어 한다는 것뿐이다. 오뒷세우스가 겪는 위험을 3가지로 나누자면, 직접적 폭력, 성적 유혹, 그리고 무책임의 유혹이라고 할 수 있는데, 로토스가 마지막 부류에 속하는 것이다. 그리고 그의 모험이 자기 정체성을 확보해 가는 과정, 또는 그것을 유지하려 분투하는 과정이라면 환상계에서 겪는 이 첫 모험에 기억이 문제되는 것은 당연하다 할 것이다.

여기 나오는 '로토스'는 현재 '연꽃'이라는 뜻으로 쓰이는 단어라서, 흔히 이것을 먹는 사람들을 '연밥 먹는 사람들'이라고들 옮긴다. 하지만 이것은 그저 편의적인 해석일 뿐이니 그리 아시기 바란다. 연꽃 열매 중에 먹을 수 있는 것이 몇 종류 있지만, 모두 환각을 일으키지는 않는 것으로 알려져 있다. 결국 여기 나온 로토스는 정체를 알 수 없는 약초인 셈이다.

폴뤼페모스

그다음 모험은 퀴클롭스 폴뤼페모스Polyphemos 이야기다(퀴클롭스는 종족 이름이고 폴뤼페모스는 개인 이름이다). 오뒷세우스는 동료 12명만 데리고 어떤 땅을 탐험한다(그곳이 섬인지 아닌지는 불분명하다). 거기 큰 동굴이 있고 그 안에 새끼 양, 새끼 염소들과 치즈, 유장乳漿(지방을 걷어낸 젖) 등이 그득하다. 동료들은 그것을 가지고 얼른 떠나자고 하지만, 오뒷세우스는 주인을 만나 교제하고 선물을 교환하기 원한다. 그들이 안에 있는 음식을 먹으며 시간을 보내고 있는 사이, 주인이 돌아온다. 외눈박이 거인이다. 그는 먼저 엄청난 돌을 굴려 동굴 입구를 막는다. 그리고

오뒷세우스 일행은 잠든 괴물 폴뤼페모스의 하나뿐인 눈을 찌른다. 『오뒷세이아』에는 5명이 함께 찌르는 것으로 되어 있는데, 이 그림에서는 오뒷세우스 혼자 찌르는 것으로 바뀌어 있다.
펠레그리노 티발디Pellegrino Tibaldi, 〈폴뤼페모스의 실명The Blinding of Polyphemus〉, 1550–1551년, 프레스코화, 볼로냐, 포지 궁Palazzo Poggi.

정성껏 동물들을 돌보고 실내를 정리하다가 구석에 숨어 있는 사람들을 발견한다. 그들이 누군지, 배는 어디 두었는지 묻고는, 그중 둘을 잡아 바닥에 때려서 죽이고 그대로 토막 내어 먹는다(현대인들은 잘 의식하지 못하겠지만, 고대에 낯선 이를 보자마자 신분을 묻는 것은 예법에 어긋나는 것이었다. 먼저 식사를 제공하고 난 후에야 신분을 확인할 수 있는데, 일단 그 단계까지 간 다음에는 상대를 해치면 제우스에게 큰 벌을 받게 되어 있다).

그러고 나서 이 괴물이 잠들었지만 오뒷세우스 일행은 그를 죽일 수 없다. 그럴 경우 돌문을 열 길이 없어서다. 다음날 아침 다시 2명이 같은 방식으로 죽고, 저녁에 또 2명이 죽는다. 그때 오뒷세우스는 그에게 마론에게서 받아 온 포도주를 권한다. 폴뤼페모스는 술을 마시고 기분이 좋아져서 그에게 이름을 묻는다. 오뒷세우스는 자신이 '아무것도 아닌 자outis'라고 말한다. 상대는 오뒷세우스에게 호의를 약속한다. '아무 것도 아닌 자'를 맨 마지막에 먹겠다는 것이다.

괴물이 잠들자, 일행은 낮 동안 준비해 둔 말뚝을 그의 눈에 박는다. 뾰족한 끝을 불에 달구기까지 한 것이다. 괴물은 비명을 지르고, 그의 동료 퀴클롭스들이 달려온다. 누가 그를 괴롭히는지 묻자, 그는 '아무것도 아닌 자'가 그랬다고 대답한다. 그의 동료들은 그러면 신이 괴롭히는 것이니 기도나 하라며 돌아가 버린다.

날이 밝아 오자 폴뤼페모스는 동굴 문을 열고 양과 염소들을 내보낸다. 하지만 혹시나 그중에 오뒷세우스 일행이 섞여 나갈까 하여 손으로 짐승들의 등을 쓸어 본다. 오뒷세우스는 양을 3마리씩 묶은 뒤, 동료들을 하나씩 그 배에 매달려 나가게 하고, 자신은 대장 수컷의 배에 매달려 나간다. 그 양이 평소와 달리 느릿느릿 나가자, 폴뤼페모스는 양에게 "너도 주인의 고통을 아느냐"고 묻는다.

(여기서 탈출 과정에 동원된 양은 모두 19마리, 사람은 7명이다. 어떤 학자는 이것을 '19년 7윤법'과 연결시킨다. 양력과 음력이 맞아 들어가기 위해서는 19년 동안 윤달을 7번 넣으면 되는데, 만 19년이 지나서 다시 양력과 음력이 맞아 들어가는 순간에 오뒷세우스가 귀향했다는 것이다. 이 경우, 그가 태양 신의 상징이라고 해석할 수도 있는데, 아닌 게 아니라 그는 집에 가서 자신을 아이톤Aithon['빛나는 사람']이라고 소개한다. 그는 보통 전장에서 10년, 바다에서 10년을 보내고,

오뒷세우스 일행은 폴뤼페모스의 동굴에서 빠져나가기 위해 양을 이용한다.
야코프 요르단스, 〈오뒷세우스Odysseus〉, 약 1635년, 캔버스에 유채, 61×97cm, 모스크바, 푸시킨 주립미술관.

20년 만에 집에 돌아갔다고 알려져 있다. 하지만 어떤 이들은, 그가 사실은 만 19년 지나서 20년째 될 때 집으로 돌아왔다고 본다.)

하지만 멀리 도망쳐 왔을 때 오뒷세우스는 자신을 드러내고 싶은 욕구를 참지 못한다. 그는 소리쳐 상대에게 자신의 이름을 밝힌다. 폴뤼페모스는 엄청난 크기의 바위를 소리 나는 방향으로 던져 대는 한편, 자신의 아버지 포세이돈에게 오뒷세우스를 벌해 주기를 빈다.

이 이야기에 쓰인 '아무것도 아닌 자' 속임수는, 그냥 속임수라기보다는 완전히 무장 해제된 채 동굴 속에 갇힌 영웅의 무력감과 자괴감을 표현하는 것이라는 해석이 있다. 우리는 제우스와 튀폰의 싸움에서도 비슷한 사태를 접한 적이 있다. 영웅들의 행적에는 한 번씩 그런 위기

오뒷세우스에게 속은 것을 깨달은 폴뤼페모스는 엄청난 크기의 바위를 던진다. 오뒷세우스는 부하들이 말리는데도 듣지 않고 거듭 소리를 질러서 동료들을 위험에 빠뜨린다. 모험의 초기 단계에 그는 매우 경망스럽고 자기과시욕이 지나친 사람이었다.
아르놀트 뵈클린Arnold Böcklin, 〈오뒷세우스와 폴뤼페모스Odysseus and Polyphemus〉, 1896년, 패널에 유채와 템페라, 66×150cm, 보스턴, 보스턴 미술관.

가 있는 것이다. 다른 해석으로는, 오뒷세우스의 일련의 모험은 자기 정체성을 확보하기 위한 투쟁인데, 그 시작점이 바로 여기라는 것이다. 그는 아무것도 아닌 상태에서 시작해서 한 나라의 왕으로 자신을 회복해간다.

또 하나 중요한 점은 이 사건이 그의 모험 초기에 놓여서, 앞으로 있을 그의 성격 변화에 하나의 기준점으로 작용한다는 것이다. 이 사건이 시작되는 시점에 오뒷세우스는 매우 호기심 많고 무모하며 자기과시적인 인간이었다. 하지만 그 이후로 그는 점차 조심성 있는 사람으로 변해 간다. 모든 사람에게 신분을 감추고, 심지어는 아테네 여신에게까지 거짓말을 하기에 이른다.

아이올로스의 섬

폴뤼페모스와의 만남에서 부하를 여섯이나 잃었지만 그래도 나쁜 일만 계속되지는 않아서, 그다음에 만난 바람들의 왕 아이올로스Aiolos는 우호적인 인물이었다. 그는 떠다니는 섬에 사는 왕으로서, 그의 섬은 청동으로 담이 둘러져 있어서 거의 항공모함 같은 것이었다(이렇게 바다를 떠다니는 섬은 나중에 루키아노스의 『진실한 이야기』에서는 하늘을 떠다니는 섬이 되고, 그것이 소설 『걸리버 여행기』와 애니메이션 〈천공의 성 라퓨타〉를 거쳐, 영화 〈아바타〉에 반영된다). 그는 남들과 교류할 것도 없이, 자식 열둘을 서로 결혼시키고 날마다 잔치를 하면서 자족적으로 행복하게 지내고 있다.

오뒷세우스 일행은 거기서 한 달 동안 접대를 받고, 바람 자루 하나를 받아 떠나게 된다. 이 자루는 아이올로스가, 오뒷세우스가 집으로 가는 데 도움이 되는 부드러운 서풍 하나만 빼놓고, 모든 나쁜 바람들을 가둔 것이다. 오뒷세우스는 9일 동안 잠도 자지 않고 직접 돛을 조종한다. 하지만 10일째에 고향땅이 가까워 이제 화톳불이 보일 정도가 되었을 때, 그는 그만 깜빡 잠이 든다. 부하들은 그 자루 속에 금은보화가 가득할 것으로 생각하고, 호기심과 질투심에 그것을 풀어 본다. 거기서 바람들이 튀어나오고, 그들은 다시 아이올로스의 섬으로 휩쓸려 간다.

오뒷세우스는 다시 아이올로스에게 도움을 청하지만, 그는 냉담하

바람을 자유자재로 조정할 수 있는 아이올로스는 오뒷세우스에게 바람 자루를 준다. 아이올로스의 뒤에는, 남들과 통혼하지 않고 자기들끼리 결혼해서 늘 잔치하며 지내는 그의 자녀들이 그려져 있다.
이사크 무아용Isaac Moillon, 〈오뒷세우스에게 바람 자루를 주는 아이올로스Aeolus Giving the Winds to Odysseus〉, 17세기, 캔버스에 유채, 르 망Le Mans, 테세 미술관Musée de Tessé.

다. 오뒷세우스가 신들의 미움을 받고 있음이 틀림없다는 것이다. 그래서 그들은 바람도 없는 바다를 노를 저어 고생스럽게 항해해야 했다.

이때까지 오뒷세우스에게는 모두 12척의 배가 있었는데, 사실은 그의 모험에 이렇게까지 많은 배가 필요하지는 않았다. 그저 1척이면 충분했을 것이다. 하지만 뱃사람의 모험 이야기를 트로이아 영웅과 연결시키다 보니 이렇게 배가 여러 척으로 늘어났다(보통 말하길 『오뒷세이아』는 민담이 변해서 된 서사시라고 한다). 그래서 조금 어색한 점도 생기는데, 폭풍을 만난 배들이 모두 함께 아이올로스의 섬으로 돌아갔다는 것도 그런 점 중 하나다. 메넬라오스도 그렇고 다른 희랍군들은 폭풍을 만나 모두 흩어졌는데, 어떻게 이들은 '질서 정연하게' 같은 곳으로 간단 말인가? 애당초 배 1척의 모험이 여러 척의 모험으로 변형되었기 때문이다.

라이스트뤼고네스인들

그다음 모험에서 만난 것은 퀴클롭스들과 비슷한 식인 거인들인 라이스트뤼고네스Laistrygones다. 이들이 사는 곳은 우리가 보통 피오르fiord 해안의 특성으로 알고 있는 특징들을 갖추고 있다. 바닷가까지 벼랑이와 있고, 좁은 길목을 통과하면 그 안에 널찍하고 파도 없는 좋은 포구가 있는 것이다.

오뒷세우스는 정탐꾼 두 사람과 전령 하나를 먼저 보내 어떤 사람들이 사는지 알아보라고 한다. 그들은 샘가에서 소녀 하나를 만나 그녀의 집으로 따라간다. 거기 혐오스럽게 생긴 거인 여자가 있다가 자기 남편을 불러온다. 남편은 회의장에서 달려와 이들을 보고, 하나를 잡

식인 거인들인 라이스트뤼고네스는 돌로 오뒷세우스의 선단을 공격한다.
기원전 1세기 후반, 벽화, 바티칸시국, 바티칸 박물관.

아서 점심거리로 삼는다. 그리고 소리를 질러 동료들을 불러 모아 함께
배를 공격한다. 엄청난 바윗덩이를 던져 배를 부수고, 물고기 잡는 꼬챙
이로 선원들을 꿰어 식사거리로 가져간 것이다. 오뒷세우스는 처음부터
이상한 낌새를 채고 배를 맨 바깥쪽에 묶어 두어서 그나마 도망칠 수
있었다.

이 이야기에는 민담의 요소와 나중에 도입된 문명적 요소가 복합되어 있다. 샘가에서 소녀를 만난 점이나, 찾아간 집의 주인이 마침 없다든지, 주인이 왔는데 식인귀여서 도망쳐야만 했다든지 하는 것은 모두 민담에 자주 등장하는 요소들이다. 하지만 이 식인 거인들은 모여서 회의도 하고, 그들의 땅에 그럴싸한 이름(텔레퓔로스Telepylos)도 있으며 왕(라모스Lamos)의 이름도 버젓이 나와 있다. 이것은 아마도 호메로스 이전에 있던 아르고호의 모험담이 변형되어 들어간 탓인 듯하다(정탐꾼들이 소녀를 만난 샘 이름이 아르타키에Artakie인데, 이 이름은 아르고호의 모험에 나오는 것이다).

그리고 전체적으로 묘사는 자세하지만 이야기 자체는 매우 축약되어 있다. 몇 줄 사이에 거인이 회의장에서 달려와 바로 식사 준비를 하고, 또 배를 부수자마자 사람을 잡아서 식사거리로 가져가는 것으로 되어 있다. 이런 축약성은, 이 이야기가 기본적으로 사람을 잡아먹는 거인, 폴뤼페모스 모험과 같은 성격의 것이기 때문이다. 2번이나 같은 이야기를 하자니 하나는 좀 압축해서 들려줄 수밖에 없게 된 것이다.

그러면 아예 이 이야기를 빼지 않고 넣은 이유는 무엇인가? 물론 폴뤼페모스 이야기와 완전히 같지는 않으니 자체적인 재미가 있기는 하다. 하지만 그보다는 전체 이야기 진행을 위해 필요해서다. 이 사건으로 해서 그동안 '쓸데없이' 따라다니던 짐이 사라진 것이다. 오뒷세우스의 모험에는 그렇게까지 많은 배가 필요하지 않은데, 주인공이 트로이아의 영웅으로 설정되다 보니 그가 많은 배를 거느릴 수밖에 없었던 것이다. 이제 여기서 배가 1척만 남게 되므로, 앞으로의 모험은 좀 더 뱃사람 이야기에 맞게 진행된다.

키르케

라이스트뤼고네스인들을 만나 90% 이상의 병력을 잃고 나니, 모두 기가 꺾였다. 그래서 키르케Kirke의 섬에 도착했을 때는 전체가 함께 움직이지 않기로 했다. 인원을 둘로 나눠서 제비를 뽑아 절반만 섬을 탐험하기로 한 것이다. 하지만 그 정탐꾼들은 한 사람만 제외하고 모두 돼지로 변하고 만다.

이들이 키르케의 아름다운 집에 도착했을 때 주변에는 사자, 늑대 같은 짐승들이 어슬렁대고 있었다. 하지만 이들은 사람을 보고 달려들지 않고 오히려 꼬리를 쳤다. 뒤에 일어난 일로 보아 이들은 사람이 변해서 된 짐승들인 듯도 하지만, 키르케가 약으로 이들을 '홀렸다'는 표현을 쓴 것으로 보아 그냥 태도만 바꾸어 놓았다고 볼 수도 있다(키르케는 '짐승들의 여주인' 성격이 강하다).

이들은 짐승들이 무서워서 문간에 서서, 안에서 길쌈하며 노래를 부르고 있는 여자(키르케)를 불렀다. 그녀는 사람들을 불러들여 식사를 대접했다. 하지만 마법의 약이 든 그 음식을 먹는 순간 그들은 고향을 잊었고, 키르케가 지팡이로 건드리자 외모가 돼지로 변했다. 겉모습은 짐승이지만 속생각은 여전히 사람인 그들을 키르케는 무정하게도 돼지 우리로 몰아넣었다.

하지만 에우뤼로코스Eurylochos라는 이는 낌새가 이상해서 들어가지 않고 밖에서 엿보고 있었다. 동료들이 나오지 않자 그는 오뒷세우스에게로 달려가 그 사실을 알린다. 그래서 오뒷세우스 자신이 직접 부하들을 구하러 가는데, 도중에 젊은이 모습의 헤르메스를 만난다. 헤르메스는 그에게 몰뤼moly라는 약초를 준다. 그것이 있으면 키르케의 마법에

키르케는 마법의 약으로 오뒷세우스 부하들을 돼지로 만든다. 그림에서 키르케 주변에 그녀가 약을 먹여 순하게 만든 짐승들이 둘러서 있다. 이들도 원래는 사람이었을 가능성이 높다.
라이트 바커Wright Barker, 〈키르케Circe〉, 1889년, 캔버스에 유채, 138×188cm, 브래드퍼드, 카트라이트 홀 미술관.

대항할 수 있다는 것이다(하지만 그 후 그것을 어떻게 사용했는지는 나오지 않는다). 오뒷세우스를 맞이한 키르케는 같은 방법으로 식사를 대접하고 그를 지팡이로 건드린다. 하지만 그는 돼지로 변하기는커녕, 오히려 칼을 뽑아 들고 키르케를 위협한다.

그러자 키르케는 태도를 바꾸어 그에게 같이 잠자리에 들자고 한다.

오뒷세우스는 부하들을 구
하기 위해 키르케에게 칼을
들어 위협한다.
후베르트 마우러Hubert
Maurer, 〈키르케와 오뒷세
우스Circe and Odysseus〉,
약 1785년, 캔버스에 유채,
144×111cm, 빈, 빈 미술학
교Akademie der bildenden
Künste Wien.

혹시 옷을 모두 벗으면 뭔가 해코지를 하지나 않을까 의심을 한 오뒷세
우스는 상대에게, 아무 해도 끼치지 않겠다고 맹세하도록 한다. 키르케
가 그대로 하자, 그제야 같이 잠자리에 든다.

그 후에 키르케가 음식을 차려 대접하는데, 이번에도 오뒷세우스는
시무룩한 채 음식에 손을 대지 않는다. 키르케가 이유를 묻자, 부하들

이 돼지로 변해 있는 상황이라 그렇다고 말한다. 그러자 키르케는 돼지 우리로 가서 부하들의 몸에 약을 발라 모두 사람으로 돌려놓는다. 기쁘게 상봉한 그들은 거기서 1년간 잔치를 즐기며 시간을 보낸다.

마법의 약, 마법의 지팡이, 마법에 대항하는 다른 마법, 마법 대결에 등장하는 조력자 등은 명백히 민담의 영역에 속한다. 하지만 여기는 2가지 이야기가 섞여 있고, 약간 어색한 연결 부위도 드러난다. 오뒷세우스가 두 번째 식사에서 시무룩한 모습을 보인 것이 그런 부분이다. 조금 전에는 부하들이 돼지로 변해 있는데도, 여자와 함께 잠자리에 들지 않았던가! 학자들은 남자들을 해치는 마녀들에 2가지 부류가 있다고 설명한다. 하나는, 만나는 즉시 죽이거나 짐승으로 만드는 유형으로서 키르케가 처음에 보여 준 모습이다. 다른 하나는, 싫증이 날 때까지 남자를 데리고 살다가 나중에야 처치하는 유형으로 오뒷세우스에게 동침을 청하는 키르케가 거기 속한다. 따라서 그녀가 잠자리에 들자고 청한 것은 또 하나의 계략이었고, 오뒷세우스가 상대에게 맹세를 시킨 것은 거기에 제대로 대응한 것이었다.

저승 여행

1년이 되도록 오뒷세우스가 떠날 생각을 하지 않자, 오히려 부하들이 그를 재촉한다. 키르케가 주는 음식에 로토스와 비슷한 효력이 있는 것으로 되어 있는데, 오뒷세우스도 다소간 그 영향을 받은 것 같다.

오뒷세우스가 떠나겠다고 하자, 키르케는 잡지 않는다. 다만 그전에 저승에 다녀와야 한다고 말한다. 일행은 충격을 받지만 그 과제가 피할 수 없는 것임을 알고 받아들인다. 그들이 향하는 방향은 우선 남쪽이

오뒷세우스 일행은 저승으로 가서 예언자 테이레시아스를 만나고, 그에게서 미래의 경고를 듣는다. 오뒷
세우스 앞에는 목을 딴 양이 놓여 있다. 저승의 혼령들은 그 양의 피를 마시면 말을 할 수 있게 된다.
헨리 푸젤리, 〈오뒷세우스가 봉헌하는 중에 모습을 드러낸 테이레시아스Tiresias Appears to Ulysses
during the Sacrificing〉, 1780-1785년, 판지에 수채와 템페라, 91.4×28cm, 빈, 알베르티나 미술관
Albertina.

다. 북풍을 받아 그대로 가면 저승이기 때문이다. 아마도 이들은 세상을 두루 도는 오케아노스의 흐름을 타고서 시계 방향으로 남쪽을 거쳐 서쪽으로 가는 모양이다. 일반적으로 저승의 입구는 서쪽에 있는 것으로 알려져 있다. 서쪽은 해 지는 곳, 어둠의 땅이어서다(옛사람들은 땅덩이가 평평하면서 위에서 내려다보면 둥글게 생겼고, 그것을 에워싸고 오케아노스라는 강이 흐른다고 믿었다. 오뒷세우스 일행은 지금 태양 신의 딸 키르케에게 가 있기 때문에 세상의 동쪽[3시 방향]에 있고, 거기서 오케아노스에 배를 띄우고 북풍을 받으면 남쪽[6시 방향]을 지나, 서쪽[9시 방향]으로 가게 된다. 돌아올 때는 아마도 북쪽[12시 방향]으로 왔을 듯한데, 확실치는 않다).

오케아노스의 흐름을 타고서 컴컴한 땅을 지나, 저승 강 둘이 서로 만나는 곳 부근에 상륙한 그들은 키르케가 지시한 대로 양을 잡아 그 피를 구덩이에 받아 놓고 혼령들을 기다린다. 그 혼령들은 피를 먹으면 말을 할 수가 있다. 그들이 만나려는 것은 전설적인 예언자 테이레시아스Teiresias다. 하지만 그전에 오뒷세우스는 전혀 생각하지도 않은 사람 둘을 만난다. 하나는 그의 어린 동료 엘페노르Elpenor고, 다른 하나는 그의 어머니 안티클레이아Antikleia다. 전자는 일행이 저승으로 떠날 준비를 하느라 소란스러운 와중에 잠이 깨어 허겁지겁 나오다가 지붕에서 떨어져 죽었다. 그는 자신의 장례를 치러 달라고 부탁한다. 한편 오뒷세우스의 어머니는 자신이 아들에 대한 그리움 때문에 죽었다면서, 고향의 상황에 대해 알려 준다.

테이레시아스에게 듣는 것은 태양 신의 섬 트리나키아에서 조심하라는 경고와, 그러지 않았을 때의 고통스런 결과뿐이다. 앞으로 어떤 길을 통해서 귀향할지는 나중에 키르케가 가르쳐 준다. 겉으로는 예언을 들으러 가는 것으로 되어 있지만, 사실 이 모험의 의미는 삶과 죽음의 경계까지 영웅을 데려가는 것에 있었던 모양이다. 이미 헤라클레스와 테세우스도 거쳤던 이런 저승 여행은 그 후 모든 영웅들이 꼭 겪어야 하는 것으로 자리 잡는다.

오뒷세우스는 그 밖에도 많은 유명한 여성들을 보고, 아가멤논, 아킬레우스, 아이아스 등 트로이아 전쟁의 동료들도 만난다. 아이아스는 아직도 무구 다툼을 잊지 못했는지 멀리서 다가오지 않는다. 그리고 미노스, 오리온, 티튀오스, 탄탈로스, 시쉬포스 등 저승의 '관광 목록'에 해당하는 인물들도 구경한다. 하지만 너무 많은 죽은 자들이 몰려들어 겁이 나서 그곳을 떠나게 된다.

세이렌들

오뒷세우스 일행이 저승에 다녀오자 키르케는 앞길에 놓인 위험들을 미리 가르쳐 준다. 그녀가 가르쳐 준 위험 중 첫 번째는 노래로 사람들을 홀리는 세이렌들이다. 『오뒷세이아』에는 이들의 숫자가 둘이라는 것과 여성이라는 것만 나와 있으며, 꽃이 핀 들판에 사는 것으로 되어 있다. 하지만 나중에 숫자가 셋으로 늘어나고, 가슴까지는 여자고 다른 부분은 새로 되어 있는 존재로서 자주 바위 위에 있는 것으로 그려진다. 『오뒷세이아』에 따르면, 그들의 발밑에서 남자들의 시신이 말라 가고 있다 하니, 사람을 잡아먹는 존재는 아니었던 듯하다.

아르고호의 모험에서는 오르페우스가 음악을 연주하여 세이렌들에 대항했던 것으로 되어 있는데, 오뒷세우스 일행은 다른 전략을 취한다. 오뒷세우스만 제외하고 모두가 귀를 밀랍으로 막아 위험을 사전에 차

오뒷세우스 일행은 귀를 밀랍으로 막고 오뒷세우스 자신은 돛대에 몸을 묶은 채, 세이렌의 유혹에서 벗어난다. 세이렌 중 둘은 인간 여자같이, 하나는 인어같이 그려졌다. 다른 사람들은 귀를 막아서 별 반응이 없고, 오뒷세우스는 눈이 뒤집힌 채 풀어 달라고 몸부림을 치고 있다. 그의 동료 하나가 그를 더욱 세게 묶고 있다. 허버트 제임스 드레이퍼, 〈오뒷세우스와 세이렌Ulysses and the Sirens〉, 약 1909년, 캔버스에 유채, 177× 213.5cm, 헐, 페렌스 미술관.

단한 것이다. 하지만 오뒷세우스만은 돛대에 몸을 묶고서 그 노래를 듣는데, 세이렌들은 오뒷세우스에게 그가 알고 있는 것보다 더 많은 지식을 주겠노라고 유혹한다. 죽은 사람은 산 사람보다 지식이 많기 마련이니, 이것은 죽음의 유혹인 셈이다(세이렌들은 자신들이 트로이아에서 있었던 일을 잘 알고 있노라 했기 때문에, 이 유혹에 오뒷세우스가 저항한다는 사실은 그가 더는 영웅적 세계관에 머물지 않고 더 너른 세계로 나아감을 의미한다고 해석할 수도 있다). 달콤한 노래를 들은 그가 풀어 달라고 발버둥을 치자, 미리 약속된 바에 따라 그의 동료가 밧줄을 더욱 단단히 맨다. 이렇게 돛대에 묶인 오뒷세우스는 어떤 위험을 무릅쓰고서라도 지식을 얻으려는 욕구의 상징으로 꼽힌다. 한편 오뒷세우스가 노래를 듣고도 무사히 통과하자 세이렌들은 바다로 떨어져 죽은 것으로 보통 전해진다.

카륍디스와 스퀼라

세이렌의 유혹이 정신적인 것이었던 반면에 다음에 만나는 위험은 노골적으로 물리적이다. 우선 2가지 위험 중에 하나를 선택해야 한다. 하나는 떠다니는 바위다. 이 위험은 이미 아르고호 영웅들이 헤라의 도움으로 지나간 것으로 되어 있다(이것은 플랑크타이Planktai라는 것으로, '부딪치는 바위Symplegades'의 변형이라 하겠다). 다른 쪽에는 2개 봉우리의 사잇길이 있다. 봉우리 하나는 구름까지 닿도록 높은데, 중간에 동굴이 있어서 거기서 6개의 긴 목을 가진 괴물이 튀어나와 6개의 입으로 6명을 동시에 물어 간다. 다리가 12개 달린 이 괴물의 이름은 스퀼라Skylla다. 이 봉우리에서 화살로 맞힐 만한 거리에 좀 낮은 다른 봉우리가 있는데, 그 곁에는 하루에 3번씩 물을 빨아들이고 내뱉는 무서운 소용돌이가 자리 잡고 있다. 그 이름은 카륍디스Charybdis다. 키르케는 두 번째 길을 권한다. 떠다니는 바위는 도저히 통과할 수 없기 때문이다.

그녀는 두 봉우리 사잇길에서도 카륍디스보다는 스퀼라 쪽으로 붙어서 항해하기를 권한다. 소용돌이에 휘말려 모두 죽는 것보다는 6명만을 희생시키는 쪽이 그래도 낫기 때문이다. 그 충고에 따라 스퀼라 곁을 지나던 오뒷세우스는 부하 여섯을 잃는다. 무기를 들고 저항하려 했으나 소용없었고, 눈앞에서 부하들이 구해 달라고 외치며 낚여 가는 것을 그냥 보면서 지나갈 수밖에 없었다.

오뒷세우스 일행은 소용돌이인 카륍디스와 식인 괴물인 스퀼라 사이를 통과하게 된다. 이 그림에서 오뒷세우스는 동료 6명을 동시에 물어 간 괴물 스퀼라에게 저항해 보려 애쓰고 있다. 그의 주변에 보이는 파도와 포말은 가까이에 엄청난 소용돌이가 있음을 암시한다.

헨리 푸젤리, 〈카륍디스와 스퀼라를 만난 오뒷세우스Odysseus in front of Scylla and Charybdis〉, 1794–1796년, 캔버스에 유채, 126×101cm, 아라우Aarau, 아르가우어 미술관Aargauer Kunsthaus.

카립디스와 스퀼라는 나중에 시칠리아와 이탈리아 본토 사이의 양쪽 절벽으로 알려졌으나, 이것은 합리적으로 설명한 것이다. 『오뒷세이아』에 나오는 다른 모험이 그렇듯 이것 역시 장소를 확정할 길이 없다. 역시 환상의 세계에서 일어난 일이라고 보아야 할 것이다(서양에서 '카립디스와 스퀼라 사이에 있다'는 말이 '진퇴양난進退兩難'이란 뜻으로 쓰이니 알아두면 좋다).

태양 신의 섬

다음에 만난 것은 테이레시아스가 조심하라고 강조했던 태양 신의 섬 트리나키아Thrinakia다. 거기는 태양 신이 특별히 아끼는 소와 양 무리가 있다. 오뒷세우스는 이 섬을 그냥 지나치고자 하지만, 부하들의 저항에 부딪쳐 할 수 없이 상륙한다. 하지만 그 후로 바람이 불지 않아 결국 식량이 동나고, 오뒷세우스가 잠시 자리를 비운 사이에 부하들은 신성한 소들을 잡아먹고 만다. 분노한 태양 신은 제우스에게 가서 이들을 벌해 주기를 요구하고, 자기 말을 듣지 않으면 하계로 가서 죽은 자들에게 빛을 비추겠다고 위협한다. 그러자 제우스는 짐짓 좋은 바람을 보낸다. 하지만 오뒷세우스 일행이 큰 바다로 나갔을 때 갑자기 폭풍이 불고 벼락이 쳐서, 배는 파선되고 오뒷세우스를 제외한 전원이 희생된다.

혼자 남은 오뒷세우스는 부서진 배의 용골과 돛대를 묶어 타고 표류하게 되는데, 불행하게도 그는 카립디스 쪽으로 떠밀려 간다. 그 소용돌이는 마침 물을 빨아들이는 중이다. 오뒷세우스는 자기 '뗏목' 위에 올라서서는 펄쩍 뛰어 곁의 벼랑 위에 난 무화과나무 가지에 매달린다. 그대로 박쥐처럼 매달려서 소용돌이가 자신의 탈 것을 다시 내놓을 때

태양 신의 소를 잡아먹은 오뒷세우스 부하들은 결국 다 죽는다. 멀리 왼쪽 하늘에 태양 신이 마차를 타고 하늘로 올라가는 것이 보인다. 중앙에 칼을 뽑으며 달려 나가는 인물은, 부하들을 제지하려는 오뒷세우스로 보인다. 왼쪽 앞의 인물은 약간 정신이 나간 듯 눈이 이상하게 그려졌다.

펠레그리노 티발디, 〈헬리오스의 소를 잡는 오뒷세우스 일행The Companions of Odysseus Rob the Cattle of Helios〉, 1554-1556년, 프레스코화, 볼로냐, 포지 궁.

오뒷세우스는 자기 남편이 되어 달라는 칼륍소에게 붙잡혀 그녀의 섬에서 7년 동안 지낸다. 중앙에 남녀가 즐거운 시간을 보내고 있다. 여자의 다리가 남자의 허벅지에 얹혀 있다. 왼쪽 멀리 동굴 밖에는 바다를 바라보고 있는 남자가 있다. 고향을 그리워하는 오뒷세우스를 다시 한 번 그린 것으로 보인다.
안 브뤼헐 1세Jan Brueghel der Ältere, 〈환상적인 동굴에 있는 오뒷세우스와 칼륍소A Fantastic Cave with Odysseus and Calypso〉, 약 1616년, 캔버스에 유채, 런던, 조니 반 해프턴 갤러리Johnny van Haeften Gallery.

까지 버틴다. 그렇게 해서 다시 찾은 용골과 돛대에 매달려 간 곳이 칼륍소의 섬이다.

칼륍소의 섬

오뒷세우스는 그 섬에서 7년이나 칼륍소Kalypso에게 잡혀 있게 된다. '감추다'라는 뜻의 이름을 가진 이 여신은 아틀라스의 딸로서, '바다의 배꼽'에 위치한 오귀기아Ogygia라는 섬에 살고 있다. 물론 오뒷세우스가 9일간 떠밀려 가서 도착한 곳이라니, 어디인지 현실적인 공간 안에 위치 지을 수는 없고, 아마도 아틀라스처럼 세상의 서쪽 끝에 있는 듯하다(태양 신의 딸 키르케는 세상의 동쪽에, 아틀라스의 딸 칼륍소는 서쪽에 배치되어 있다).

그녀는 오뒷세우스를 사랑하여, 영원한 삶을 약속하며 그에게 자신의 남편이 되어 주기를 거듭 청한다. 하지만 드디어 아테네 여신이 신들의 회의석상에서 이 영웅의 귀향 문제를 제기하고, 제우스의 허락을 받아 낸다. 그래서 헤르메스가 칼륍소에게로 파송된다. 헤르메스를 통해 신들의 뜻을 들은 칼륍소는 불평을 하지만 그래도 거역하지는 않는다. 마지막으로 다시 한 번 오뒷세우스를 설득하려 시도해 보고, 여의치 않자 그를 보내 준다. 오뒷세우스는 뗏목을 만들어 타고 칼륍소가 보내 준 순풍에 따라 18일 동안 항해한 끝에 스케리아에 당도한다.

스케리아

스케리아Scheria 가까이 갔을 때, 포세이돈이 오뒷세우스의 뗏목을 발견하고 그것을 부숴 버린다. 오뒷세우스가 자신의 아들 폴뤼페모스의 눈을 찔러 장님으로 만들었기 때문이다. 오뒷세우스가 부서진 뗏목에 매달려 버티는 가운데, 여신 레우코테아Leukothea가 새의 모습으로 나타나 머리띠를 풀어 주며 그것을 가슴에 매고 있으면 살 수 있다고 말한다. 오뒷세우스는 헤엄쳐서 해안으로 다가가지만 바위 절벽이어서 상륙할 수 없다. 이틀 동안이나 파도와 싸우며 평평한 해안을 찾던 그는 마침

부서진 뗏목에 매달린 오뒷세우스 앞에, 레우코테아가 나타나 목숨을 부지하게 해 주는 머리띠를 전해 준다.

프리드리히 프렐러 1세Friedrich Preller der Ältere, 〈레우코테아에 의해 구출되는 오뒷세우스Rettung des Odysseus durch Leukothea〉, 1865-1868년, 캔버스에 유채, 158× 96cm, 라이프치히Leipzig, 라이프치히 조형예술박물관Museum der bildenden Künste.

빨래를 하러 나온 나우시카아는 초췌한 오뒷세우스를 보고 반한다.
윌리엄 러셀 플린트, 〈오뒷세우스와 나우시카아Odysseus and Nausicaa〉, 1924년, 『호메로스의 오뒷세이아
The Odyssey of Homer』 초판본(1924, London, The Medici Society Limited)에 실린 삽화.

내 강이 바다로 흘러 들어가는 곳 근처에 상륙하여 나무 밑으로 들어
가 나뭇잎을 덮어쓰고 잠이 든다.

　그는 다음날 저녁 무렵 빨래하러 나온 왕녀 나우시카아Nausikaa와 마
주쳐 도움을 받게 된다. 아테네 여신이 나우시카아의 꿈에 나타나 그녀
의 결혼식을 암시하며 빨래를 가도록 부추겼던 것이다. 나우시카아는
하녀들과 함께 도시락을 싸서 나귀가 끄는 마차를 타고 강물이 바다로
흘러드는 곳으로 빨래하러 간다. 빨래를 마치고 도시락도 먹고 공놀이

도 하다. 저녁이 되어 집으로 돌아가려는 즈음, 나우시카아가 한 하녀에게 던진 공이 깊은 소용돌이로 떨어져 버리고 하녀는 비명을 지른다. 그 소리를 듣고 거의 24시간 만에 오뒷세우스가 잠에서 깨어난다(여기에 '개구리 왕자' 모티프가 쓰였다. 공, 소용돌이, 물에서 나온 초라한 존재, 결혼 문제 등).

그는 나뭇가지를 꺾어 몸을 가리고 나우시카아 일행에게 다가간다. 그의 초췌한 모습에 모두가 소리를 지르며 달아나지만 나우시카아는 침착하게 그를 대한다. 목욕을 마치고 나오는 영웅은 건장하고 늠름하다. 나우시카아는 그에게 옷과 음식을 주고 앞으로 할 일을 일러 준다. 자기 집에 가서 어머니 아레테에게 탄원하라는 것이다. 그리고 남의 눈을 의식해서 나중에 뒤따라오도록 이른다. 하지만 그가 자신의 마음에 들었다는 사실을 숨기지 않는다.

나우시카아의 집은 너무나 아름답고 호화롭게 꾸며졌으며, 정원에는 아름다운 꽃과 과실나무들로 그득하다. 도시의 포구도 더할 수 없이 훌륭하다. 오뒷세우스는 이 모든 것에 감탄하는데, 학자들은 이 아름답고 편안한 나라를 사람들이 상상하는 '좋은 저승'이라고 해석한다. 바다에서 가족을 잃은 사람들이, 자신의 실종된 가족이 그런 곳에 살고 있기를 바라는 바로 그런 장소라는 것이다. 특히 여기에는 계절이 따로 없이 한쪽에서는 꽃이 피고, 다른 쪽에서는 과일이 익어 가고 있는데, 이런 것은 '좋은 저승'의 특징이다(애니메이션 〈센과 치히로의 행방불명〉에서도 센이 찾아간 목욕탕 뜰에 봄꽃인 영산홍과 여름꽃인 수국이 나란히 피어 있다).

오뒷세우스는 그 집에서 알키노오스Alkinoos 왕의 접대를 받아 이틀

오뒷세우스는 연회에서 트로이아 목마를 주제로 한 노래를 듣다 눈물을 흘린다. 그림 중앙에 오뒷세우스가 서서 울고 있고, 그 왼쪽에서 알키노오스 왕이 노래를 중지시키는 손 동작을 하고 있다. 왕의 맞은편에는 눈 먼 가객 데모도코스가 있고, 그 곁에 시중드는 소년이 함께 그려졌다.
프란체스코 하예즈Francesco Hayez, 〈알키노오스의 궁에 있는 오뒷세우스Ulisse alla corte di Alcinoo〉, 1814–1815년, 캔버스에 유채, 381×535cm, 나폴리, 카포디몬테 국립미술관Museo e Gallerie Nazionali di Capodimonte.

간 머문다. 눈 먼 가객 데모도코스Demodokos의 노래를 듣고 눈물을 흘리기도 하고, 운동경기 하던 젊은이들의 도전을 받아 원반던지기로 그들을 제압하기도 한다. 마지막에는 트로이아 목마에 대한 노래를 듣다가 눈물을 흘리는 바람에 신분이 드러나고, 그래서 그들에게 자신의 모험 이야기를 해 주게 된다. 바로 우리가 앞에서 본 이야기들이다. 그가 누군지 알게 된 알키노오스는 넌지시 나우시카아와의 결혼을 권하지만, 오뒷세우스가 완곡하게 사양하자 결국 많은 선물과 함께 그를 배에 실어 보낸다. 하지만 잠든 오뒷세우스를 이타케Ithake에 내려놓고 가던 그 배는 포세이돈의 분노에 돌로 변하고 만다.

나우시카아의 섬은 환상계와 현실계를 이어 주는 일종의 중간 지대라고 할 수 있다. 비현실적으로 너무나 평화롭고 행복한 생활이 동화적인 측면인 데 반해, 정치 체제나 혼례 경쟁 같은 것은 현실 세계와 비슷하다. 폭풍에 떠밀려 환상계로 들어섰던 오뒷세우스는 저승 여행까지 가능한 기이한 세계를 지나, 좀 덜 환상적인 칼립소의 섬과, 좀 더 현실에 가까운 스케리아를 거쳐 이타케로 귀환한 것이다.

오뒷세우스의 복수

오뒷세우스가 이타케 섬 해변에서 홀로 깨어나는 데서 새로운 국면이 시작된다. 그동안 포세이돈과의 마찰을 피하느라 노골적인 도움을 주지 않던 아테네 여신이 여기부터는 적극적으로 나선다. 오뒷세우스는 아테네의 힘에 의해 머리 벗겨진 늙은 거지꼴이 되어, 우선 충직한 돼지치기 에우마이오스Eumaios를 찾아간다. 그의 오두막에서 일어난 가장 큰 사건은 여행에서 돌아온 아들 텔레마코스를 만나 서로 알아보게 된 것이다. 텔레마코스는 아버지의 행방을 찾아 육지로 여행을 갔다가 돌아오는 길에 거기 들렀던 것이다. 그는 그 여행에서 네스토르와 메넬라오스를 만났는데, 이런 여행을 통해 아버지의 모험과 비슷한 것을 겪고 그로써 당당한 어른이 되어 아버지를 돕게 된다.

그 후 오뒷세우스는 거지꼴로 자기 집으로 돌아간다. 20년 만에 돌아온 주인을 아무도 알아보지 못하는데, 늙은 개 아르고스만이 그를 알아보고 꼬리를 흔들다 죽는다.

　그의 집은 난장판이다. 오뒷세우스가 죽었다고 생각하고 수많은 청년들이 모여서 그의 아내에게 결혼을 조르고 있다. 페넬로페는 시아버지의 수의를 완성하면 결혼하겠노라면서, 낮에는 옷감을 짜고 밤에는 그것을 풀고 하면서 3년 동안이나 시간을 끌었다(이것은 민담에 자주 등장하는 모티프로서, 대개는 여자가 남편의 수의를 짜는 것으로 되어 있고, 그것이 완성되는 순간 남편은 죽은 것으로 간주된다). 그러나 마침내 그런 속임수가 들통 나고 말았다. 그 후로 구혼자들은 날마다 이 집에 모여 잔치를 벌이며 재산을 먹어 치우고 있는 중이다.

　오뒷세우스는 집 문간에 앉아 구걸하면서, 구혼자들이 시키는 대로 이로스라는 거지와 격투를 벌이기도 하고, 구혼자들이 집어 던지는 물건에 얻어맞기도 하면서 동태를 살핀다. 그리고 밤중에는 페넬로페와 둘이서만 이야기를 나눌 기회도 얻는다. 미리 에우마이오스를 통해 자신이 오뒷세우스의 행방을 알고 있다고 알려 놓았기 때문이다. 거기서 그는 오뒷세우스가 처음 집 떠날 때의 모습을 묘사하면서, 오뒷세우스가 많은 재산을 모아 곧 돌아올 것이라고 전한다.

　그런 소식에 대한 보답으로 페넬로페는 그를 접대하고자 하는데, 그는 그저 발이나 씻기를 원한다. 그래서 늙은 유모 에우뤼클레이아 Eurykleia가 그의 발을 씻기는데, 이것이 유명한 흉터 발견 장면이다. 오뒷세우스의 무릎에는, 그가 어려서 외삼촌들과 사냥 나갔다가 멧돼지에게 받혀서 얻게 된 흉터가 있었다. 늙은 유모가 그것을 발견한 것이다. 하지만 오뒷세우스는 얼른 그녀의 입을 막아 소리치는 것을 막는다.

　이날 페넬로페는 활쏘기 시합으로 새 남편감을 정하겠다는 뜻을 밝

고향으로 돌아온 오뒷세우스는 신분을
속이기 위해 거지와 싸우기도 하고 자기
정체를 알아챈 유모의 입을 막기도 한다.
위 : 로비스 코린트Lovis Corinth, 〈거지와
싸우는 오뒷세우스Odysseus im Kampf
mit dem Bettler〉, 1903년, 캔버스에 유채,
83×108cm, 프라하, 프라하 국립미술관
Národní galerie v Praze.
아래 : 귀스타브 불랑제Gustave
Boulanger, 〈오뒷세우스의 정체를 알아
차리는 에우뤼클레이아Ulysse reconnu
par Euryclée〉, 1849년, 146.5×113.7cm,
파리, 에콜 데 보자르.

오뒷세우스는 아내에게 구혼한 사람 108명을 모두 몰살해 버린다. 그림 중앙에 오뒷세우스가 구혼자들을 향해 화살을 날리고 있다. 그의 왼쪽에는 아들 텔레마코스가 구혼자 무리에서 서열 3위인 암피노모스Amphinomos를 창으로 찌르고 있다. 오뒷세우스 오른쪽 뒤에 투구를 쓴 채 구혼자들을 공격하는 사람은 충직한 소치기 필로이티오스이거나 돼지치기 에우마이오스다. 오른쪽 앞에 뤼라를 든 채 무릎을 꿇고 오뒷세우스에게 탄원하는 사람은, 구혼자들의 압박 때문에 그들 앞에서 노래를 불러 왔던 가객 페미오스Phemios다.
토마 드조르주Thomas Degeorge, 〈페넬로페의 구혼자들을 응징하는 오뒷세우스와 텔레마코스Ulysse et Télémaque massacrent les prétendants de Pénélope〉, 1812년, 클레르몽페랑Clermont-Ferrand, 로제 킬리오 미술관Musée d'Art Roger Quilliot.

히고, 실제로 다음날 그 시합이 벌어진다. 오뒷세우스가 남기고 간 활에 시위를 걸어, 화살로 12개의 도끼를 꿰뚫는 것이 주어진 과제였다. 하지만 구혼자 중 어느 누구도 활을 쏘기는커녕, 줄을 걸지조차 못한다. 마지막으로 오뒷세우스가 나서서 쉽게 시위를 걸고 화살을 날려 도끼를 꿰뚫는다. 그리고 곧장 다른 화살들을 날려 구혼자들을 처치하기 시작한다. 그러자 텔레마코스는 무장을 갖추고 아버지 곁에 서고, 화살이 떨어지자 충직한 돼지치기 에우마이오스와 소치기 필로이티오스Philoitios를 동료로 삼아 창으로 구혼자들을 처치한다. 그렇게 해서 한 방에서 108명이나 되는 구혼자들이 모두 참살당하게 된다.

여러 신화책들에서는 화살이 12개의 도끼 자루 구멍을 꿰뚫었다고 소개하고 있지만, 『오뒷세이아』 원문에는 대개 '도끼를' 또는 '무쇠를' 꿰뚫은 것으로 되어 있다. '도끼 자루 구멍'이라고 해석할 수 있는 구절은 한 군데뿐이다. 물론 사실적으로 따지자면 이 해석이 제일 그럴듯하지만, 원래의 민담에서는 그의 활이 마법의 활이고, 꿰뚫은 것은 진짜 쇠도끼였다는 해석도 있다.

이어서 집을 청소하고, 불충한 하녀들과 하인들을 처단한다(전체적으로 이 과정은 새해맞이 축제와 비슷한 순서로 진행된다). 그 후에는 아내와의 만남이 있다. 하지만 영웅이 목욕을 마치고 멋진 모습을 되찾아도 아내는 가까이 다가올 생각을 않는다. 늙은 거지꼴이었던 간밤에 화롯가에서 이야기를 나눌 때는 훨씬 따뜻한 분위기에서 공감을 주고받지 않았던가! 하지만 이것이 오뒷세우스가 통과해야 하는 마지막 시험이었다. 그 집에는 비밀이 있었다. 움직일 수 없는 침대가 그것이다. 땅에서 자라난 올리브 나무를 베지 않은 채 대충 자르고 다듬어 하나의 기둥으로 삼고 다른 기둥들을 세워 침대를 꾸몄던 것이다. 그전에 담을 둘렀기 때문에 사람들은 집 안에서 무슨 일이 일어나는지 아무도 몰랐다. 그러니까 말하자면 집 이전에 침대가 있었고, 침대 이전에 나무가 있었던 셈이다. 아내는 수수께끼도 아닌 듯 지나가는 말처럼 하녀들에게, 그 침대를 내다가 손님께 잠자리를 보아 드리라 명하고, 영웅은 누가

오뒷세우스는 수수께끼를 맞춘 뒤에야 페넬로페에게 남편으로 받아들여진다.
프란체스코 프리마티초Francesco Primaticcio, 〈오뒷세우스와 페넬로페Ulysses and Penelope〉, 약 1545년, 캔버스에 유채, 오하이오, 톨리도 미술관Toledo Museum of Art.

자신의 침대 다리를 베어 냈냐고 화를 냄으로써 답을 말한다.

『오뒷세이아』에 등장하는 여성들은 거의 언제나 남자들보다 지적으로 우월하고 상황을 빨리, 또 정확히 파악한다. 이러한 특징을 갖기는 페넬로페도 마찬가지여서, 그녀는 거의 모든 남자들을 사실상 뜻대로 통제해 왔다(3년 넘게 구혼자들을 붙잡아 두었다가 한자리에서 모두 죽게 만들었다). 단 한 사람 오뒷세우스에게만 그녀는 굴복하는데, 그것도 시험을 한 다음에야 그런 것이다.

오뒷세우스가 수수께끼를 맞힌 후에야 페넬로페의 마음이 열리고, 남편으로 인정받는다. 다음날 오뒷세우스는 아버지 라에르테스의 과수원으로 가서 늙은 아버지를 만난다. 그리고 거기로 찾아온 구혼자들의 친척들과 전투를 벌이게 되는데, 아테네 여신이 나서서 싸움을 그치게 하여 화평을 맺는 데서 『오뒷세이아』는 끝이 난다.

다른 이야기들에 따르면, 오뒷세우스는 테이레시아스의 예언대로 다시 여행을 떠나 내륙으로 가서 바다를 알지 못하는 사람들의 땅까지 갔다고 한다. 거기서 자신이 들고 가던 노를 땅에 꽂고 포세이돈께 제사를 드리고 돌아섰다는 것이다. 지금은 사라진 옛 서사시에 따르면 나중에 키르케에게서 태어난 그의 아들이 찾아와 잘못으로 그를 죽였다고 한다. 테이레시아스가 예언한 '바다로부터 오는 부드러운 죽음'이 그런 식으로 이뤄졌다는 것이다.

로마인들이
들려준 이야기

오비디우스의 『변신 이야기』가 전해 주는 신화들

『변신 이야기Metamorphoses』는 기원전 1세기 말에서 서기 1세기에 걸쳐 로마에서 활동했던 시인 오비디우스Publius Ovidius Naso의 작품으로, 아폴로도로스의 『도서관』, 휘기누스의 『신화집』과 함께 세계 3대 신화집이라고 할 만한 것이다. 국내에도 여러 번역본이 나와 있고, 많은 사람이 그 내용을 알고 있다. 이 작품은 서로 연관이 없는 여러 이야기를 '변신'이라는 주제로 묶어서 연결해 놓은 것이다. 따라서 우리가 이제까지 주로 족보를 따라 살펴본 이야기들에 끼기 힘든 주제들도 많이 소개하고 있는데, 이번에는 거기 소개된 이야기 중 유명한 것들만 몇 가지 알아보기로 하자.

파에톤

파에톤Phaethon은 어쩌면 『변신 이야기』를 토대로 소개할 신화 주인공 중 가장 유명한 사람일 법하다. 핵심만 말하자면, 그는 태양 신의 아들로서 아버지의 마차를 잘못 몰다 제우스의 벼락에 맞아 죽었다는 것이다. 그의 이름은 원래 '빛나다'의 뜻으로, 태양 자체를 수식하는 말로 쓰이던 것이었다(phaos가 희랍어로 '빛'이다). 아마도 이 이름을 태양 자신이 아니라 태양의 아들에게 붙인 것은 오비디우스 이전의 어떤 시인일 텐데, 적어도 헬레니즘 시대에는 벌써 그런 식으로 정착되어 있었던 모양이다. 기원전 3-2세기에 만들어진 서사시 『아르고호 이야기』에 파에톤의 죽음이 중요한 소재로 쓰이고 있으니 말이다.

그의 어머니는 요정 클뤼메네Klymene고, 그녀의 남편은 메롭스Merops라는 왕으로 아이티오피아를 다스리고 있었다. 파에톤이 친아버지를 찾아가게 된 것은, 친구와 놀다가 혈통에 대한 시비가 붙었기 때문이다(제우스의 사랑을 받았다고 소로 변한 이오가 이집트에 가서 낳은 자식 에파포스가 바로 그 친구다). 자기 어머니에게 자기 혈통에 대해 확답을 들은 파에톤은 자기 친아버지인 태양 신을 찾아 나선다(앞에서도 말했지만, 후대에 태양 신은 아폴론과 동일시되었지만, 원래 희랍에서는 태양 신 헬리오스가 별도의 신으로 자리 잡고 있었다). 태양은 일반적으로 아이티오피아에서 떠오르는 것으로 되어 있으니, 파에톤이 살고 있던 곳에서 태양 신의 거처를 찾아가기가 그리 어려운 일은 아니었겠다.

그를 맞이한 태양 신은 먼 길을 찾아온 아들에게 소원을 묻는다. 그리고 어떤 것이든 다 들어주겠노라고 맹세를 덧붙인다. 천만뜻밖에 아들이 원한 것은 아버지의 마차를 모는 것이었다. 아버지는 그것이 얼마나 위험하고 힘든 일인지, 하늘 꼭대기로 오르는 길과 거기서 내려오는 길은 얼마나 가파른지, 도중에는 얼마나 무서운 것들(주로 황도 12궁의 별자리)이 많이 있는지, 자기 말들은 얼마나 힘이 좋고 제멋대로인지 설명하며 아들을 간곡히 말리지만, 젊은이는 뜻을 굽히지 않는다. 결국 아들의 마음을 돌리기 전에 해 뜰 시간이 다가오고, 자기 맹세에 묶인 아버지는 아들에게 말고삐를 맡긴다. 하지만 말들은 곧 평소보다 마차가 가벼운 것을 눈치채고 제멋대로 날뛰기 시작한다. 소년이 어쩔 줄 모르는 가운데 마차는 전에 가지 않던 영역으로 내달리고, 온 세상에 불을 붙인다. 뜨거움에 견디다 못한 땅의 여신이 제우스에게 항의하고, 제우스는 결국 벼락을 던져 이 무능한 마부를 제거한다. 파에톤은 잿덩이가 되어 땅으로 떨어졌는데, 그가 떨어진 곳의 강과 호수에서는 아직도 벼락의 유황 냄새가 난다고 한다. 이 사건은 젊은이의 무모한 도전과 그것의 좌절을 보여 준다는 점에서 하늘을 날다 떨어져 죽은 이카로스의 경우와 비슷하다 하겠다.

　파에톤이 떨어진 곳은 세계의 서쪽에 있다는 에리다노스Eridanos 강인데, 이 강은 대개 이탈리아 북쪽의 포Po 강과 동일시된다. 파에톤의 누이들은 그의 죽음을 슬퍼하다가 버드나무가 되었고, 이들이 흘린 눈물은 굳어져 호박琥珀(나무진 화석)이 되었다고 한다. 또한 그의 죽음을 슬퍼하던 친구 퀴그노스Cygnus(또는 퀴크노스Kyknos)는 백조가 되었다고 한다. 희랍 비극 시인 에우리피데스가 이 이야기를 소재로 『파에톤』이라는 작품을 썼지만 일부 조각만 전해지며, 휘기누스가 전하는 판본에는 파에톤이 태양 신의 아들이 아니라 그의 손자로 되어 있다. 하지만 우리는 가장 유명한 판본인 오비디우스의 것을 좇아, 파에톤이 태양 신의 아들이라고 기억하는 게 좋겠다.

　이 사건은 좋은 의미로도, 나쁜 의미로도 해석되고 이용된다. 파에톤이 큰일을 시도했다는 점을 칭찬하는 저자도 있고, 단테같이 이것을

파에톤은 아버지인 태양 신의 마차를 몰다 온 세상을 불태우고 제우스의 벼락에 맞아 죽는다. 그림 위쪽에는 벼락을 던지는 제우스가 보이고, 그의 발밑에는 독수리가 그려져 있다. 거꾸로 떨어지는 파에톤의 아래쪽에 하늘을 올려보고 있는 여성들은 그의 누이들(헬리아데스Heliades)로서 곧 버드나무로 변할 것이며, 이들의 눈물은 호박이 될 것이다. 맨 밑 물속에 잠긴 채 위를 올려 보는 남성은 파에톤의 친구인 퀴그노스로서, 그는 물을 떠나기가 두려워서 백조로 변한다.

요제프 하인츠 1세Joseph Heintz der Ältere, 〈파에톤의 추락Der Sturz des Phaëton〉, 1596년, 패널에 유채, 122.5×66.5cm, 라이프치히, 라이프치히 조형예술박물관.

잘못된 행로로 해석하는 이도 있다. 『신곡』에는 이 사건이 여러 번 언급된다.

나르킷소스와 에코

『변신 이야기』에서 사람들이 가장 즐겁게 읽는 내용은 아마도 사랑 이야기들일 것이다. 거기 소개되는 이야기 중, 큰 신들의 사랑에 대해서는 대체로 개별 신이 소개되는 앞부분에서 언급했으므로, 여기서는 그럴 기회가 없었던 작은 신들, 그리고 인간들 사이의 사랑 이야기를 몇 가지 살펴보자.

나르킷소스Narkissos는 자신의 모습에 도취되어 아무 일도 하지 못하고 결국 시들어 죽었다는 인물로, 자기도취형 인물을 가리키는 일종의 대명사가 되었기 때문에 많은 사람이 알고 있을 것이다(보통 프랑스어 이름 '나르시스Narcisse'로 알려져 있다). 한데 오비디우스는 그의 이야기를 에코Echo라는 요정과 연결시켜 놓았다. 그녀의 이름 뜻('메아리')에서 알 수 있다시피 그녀는 자기 스스로는 말을 온전하게 할 수 없었고 늘 남의 말을 따라 하는데, 그것도 상대의 말 마지막 부분만 반복할 수 있었다. 그녀가 이런 장애를 갖게 된 것은 언어 능력을 지나치게 발휘하여 헤라를 방해했기 때문이다.

제우스가 요정들과 즐기고 있는 현장에 헤라가 나타났는데, 에코가 그녀를 붙잡고 수다를 떨면서 요정들이 달아날 시간을 벌어 주었다가 나중에 벌을 받은 것이다. 이런 장애를 지닌 요정이, 모두가 사모하는 미남 청년 나르킷소스를 사랑하게 되었다. 그는 여성과의 사랑에 관심이 없었는데, 에코가 그의 소리를 되울리는 것을 듣고는 친구인 줄 알

자기 자신에게만 몰두하는 나르킷소스와 타인에게만 몰두하는 에코 모두가 비슷한 종말을 맞는다. 그림 왼쪽에 나무 구멍에 걸터앉아 슬픈 눈길로 나르킷소스를 바라보는 에코가 그려져 있다. 물을 들여다보는 나르킷소스 곁에는 수선화가 그려져 있다.
존 윌리엄 워터하우스, 〈에코와 나르킷소스Echo and Narcissus〉, 1903년, 캔버스에 유채, 109.2×189.2cm, 리버풀, 워커 미술관.

고 부른다. 에코는 자기 사랑이 받아들여진 것으로 착각하여 나섰다가 바로 거절당한다. 수치심에 사로잡힌 그녀는 동굴 속에 몸을 숨기고, 시들어 가다가 결국 거기 목소리만 남기게 되었다. 아마도 동굴에서 소리가 잘 울리기 때문에 이런 이야기가 생겼을 것이다. 한편 나르킷소스는 물에 비친 자기 모습을 보게 되고, 그 모습과 사랑에 빠져 물가를 떠나지 못한 채 시들어 가다가 결국 수선화로 변한다. 오비디우스는 전적으로 자신에게 몰두하는 인물과 전적으로 타인에게 몰두하는 요정이 비슷한 종말을 맞는 것으로 그려 놓았다.

존 밀턴은 『실락원』에서, 처음 태어난 이브가 물속에 비친 자기 모습을 보고 그것에 반했다가, 어디선가 들려오는 목소리를 듣고 돌아서는 것으로 그렸다. 나르킷소스와 에코의 이미지를 모두 사용한 것이다.

퓌라모스와 티스베

희랍을 배경으로 삼지 않으면서도 늘 희랍 신화책에 등장하는 이야기가 있다. 바로 바빌론을 배경으로 하는 퓌라모스Pyramos와 티스베Thisbe 이야기다. 이웃에 살면서 서로 적대적인 가문에 속하는 남녀가 우연히 사랑에 빠지고, 남의 눈을 피해 벽 틈으로 소식을 전하다가, 처음으로 바깥에서 만나기로 한 날 사소한 착오로 둘 다 죽게 된다는 이야기다. 여자가 먼저 약속된 장소에 도착했는데, 그녀는 멀리서 사자가 다가오는 것을 보게 되고, 잠시 다른 곳으로 몸을 피한다. 하지만 그녀는 급히 움직이느라 그만 베일을 떨어뜨렸고, 사자는 금방 짐승을 잡아먹은 입으로 그것을 갈가리 찢어 놓고는 가 버린다. 여자가 아직 숨어 있는 사이에 남자가 도착하여 찢긴 천을 본다. 거기 묻은 피가 자기 연인의 것이라고 생각하여, 자기가 먼저 와서 여자를 보호하지 못한 것을 자책하며 칼로 가슴을 찌른다. 잠시 후 은신처에서 돌아온 여자는 자신의 사랑이 피를 흘리며 죽어 가는 것을 발견한다. 무슨 일이 있었는지 짐작한 그녀는 자기도 남자와 함께 죽고자, 연인의 상처에서 뽑은 칼로 자신을 찌른다. 그들이 뿜어낸 피가 곁에 있던 뽕나무를 적시고, 이전까지는 하얗던 뽕나무 열매가 그때부터 붉게 변했다고 한다.

윌리엄 셰익스피어의 『로미오와 줄리엣』의 원형이라고 할 만한 일화다. 오비디우스는 이 이야기를 아마도 어떤 요약집에서 빌려 온 듯한데, 토마스 불핀치를 포함해서 수많은 작가들이 이 일화를 각색해 옮기는

벽 틈으로 사랑을 키우던 퓌라모스와 티스베는 처음 밖에서 만나기로 한 날 사소한 오해로 함께 죽는다. 이 이야기는 『로미오와 줄리엣』의 원형이 된다.

그레고리오 파가니Gregorio Pagani, 〈퓌라모스와 티스베Pyramus and Thisbe〉, 16세기, 캔버스에 유채, 239×180cm, 피렌체, 우피치 미술관.

남편 케윅스의 시신이 밀려오자 알퀴오네가 오열하고 있다.
리처드 윌슨Richard Wilson. 〈케윅스와 알퀴오네Ceyx and Alcyone〉, 1768년, 캔버스에 유채, 101.5×127.0cm,
웨일스, 웨일스 국립미술관National Museum Wales.

바람에 희랍 신화가 아니면서도 다른 신화들과 함께 널리 알려지게 되
었다. 두 주인공의 이름이 모두 강 이름으로 쓰이고 있는 것으로 보아
원래는 강물 신의 사랑에 대한 일화가 아닐까 하는 추측도 있다.

이 일화 역시 단테의 『신곡』에서, 때로는 좋은 의미로, 때로는 나쁜
의미로, 여러 차례 언급되거나 암시된다. 예를 들면 두 남녀가 벽 틈으
로 소통하는 것에 대해, 육체에 갇힌 영혼이 바깥과 소통하는 것으로

보기도 하고, 그것으로 육체의 연약함을 상징하기도 한다. 또 뽕나무 열매가 피에 붉어지는 것으로써 죄가 우리 영혼을 오염시키는 것을 상징하기도 한다.

한편 이와 비슷하게 애절한 사랑을 나눈 남녀 중에 케윅스Keyx와 알퀴오네Alkyone 부부가 있다. 이야기의 골자는 이렇다. 케윅스라는 왕이 아내의 만류를 뿌리치고 폭풍 부는 철에 바다 건너로 신탁을 구하러 가다가 결국 풍랑 속에 죽게 된다. 그의 혼령이 아내의 꿈에 나타나고, 다음날 아내가 바닷가에 나갔을 때 거기로 남편의 시신이 흘러온다. 절망한 아내가 바다에 몸을 던지자 신들이 그 둘을 모두 물총새로 만들었다는 것이다. 알퀴오네는 바람들의 신 아이올로스의 딸이어서, 그 후로 물총새가 바다에 둥지를 띄우고 알을 낳을 때면 폭풍이 심한 겨울이라도 일주일 정도 바람이 멎고 바다가 고요하게 되었다고 한다.

케팔로스와 프로크리스

다음은 아내가 남편을 의심하여 엿보다가 죽음을 당하는 이야기다. 먼저 다른 작가들이 전하는 판본을 살펴보자. 아폴로도로스가 『도서관』에 전하는 내용은 이렇다.

이야기는 몇 단계로 나뉘어 있는데, 기본적으로 문제는 케팔로스Kephalos의 아내인 프로크리스Prokris가 선물을 너무 좋아한다는 데서 비롯한다. 그녀가, 아름다운 관冠을 선물로 주겠노라고 접근한 사람에게 잠자리를 허용한 것이 첫 단계다. 그러고는 남편이 두려워 집을 떠나고, 크레테로 가서는 미노스 왕의 선물을 받고 그의 애인이 된다. 한데 미노스 또한 묘한 데가 있어서, 여자들과 사랑을 나누면 독거미 따위를 이용해서 상대를 죽이는 버릇이 있었단다. 『천일야화』에 나오는 세헤라자데의 남편이나, 서양에서 '푸른 수염'으로 알려진 인물과 비슷하다. 하지만 프로크리스는 상대에게 약물을 먹여 그 재난을 피한다. 그렇지만 그녀는 결국 미노스의 아내가 두려워서, 선물을 챙겨서는 다시 남편에게로 돌아온다. 그녀가 얻어 온 선물은 2가지인데, 하나는 무엇이든 맞힐 수 있는 창이고, 다른 쪽은 어떤 사냥감도 놓치지 않는 사냥개다. 이 사냥개는, 헤라클레스 탄생 부분에서 이미 다뤘듯, 암피트뤼온이 빌려다가 테바이의 괴물 여우를 퇴치하는 데 사용한다.

오비디우스가 전해 주는 이야기는 이와는 조금 다르게 되어 있어서, 남녀 사이의 미묘한 심리 문제가 나타난다. 그 이야기는 케팔로스 자신이 자기 창의 유래에 대해 설명하는 데 끼어 있어서, 그 창이 어떻게 자기 손에 들어오게 되었는지를 말하기 꺼리는 것으로 되어 있다.

사실은 이 판본도 나름대로 복잡하다. 처음에 다른 여자와 관계된 것은 남편이었다. 아직 새신랑인 그를 새벽의 여신이 납치해 간 것이다. 하지만 아내에 대한 그의 사랑을 떨쳐 낼 수 없자 여신은 그를 보내 주며, 그의 아내도 정절이 그리 굳은 여자는 아닐 거라고 시험해 보라며 그의 모습을 바꾸어 주었다. 다른 사람의 모습으로 집에 돌아간 그는 온갖 달콤한 말과 선물들로 자기 아내를 유혹하고, 결국 뜻을 이루게 되었다. 그가 자기 본모습을 드러내며 아내의 부정함을 꾸짖자, 부끄럽기도 하고 남편의 행태에 실망하기도 한 아내는 집을 나가 몇 년이나 돌아오지 않는다. 그러니까 다른 판본들에서는 프로크리스가 원래 행실이 분방해서 집을 나가게 된 것을, 오비디우스는 남편이 지나치게 행동해서 아내가 가출한 것으로 바꾼 것이다. 그러고는 몇 년 뒤에 아내

사랑하지만 서로를 믿지 못하는 케팔로스와 프로크리스는 결국 슬픈 결말을 맞는다. 손을 맞잡고 있는 부부 뒤에 개가 1마리 그려져 있는데, 아마도 프로크리스의 선물인, 어떤 사냥감도 놓치지 않는 개인 듯하다. 왼쪽에는 창을 날리는 사냥꾼이 그려져 있는데, 조금 전 케팔로스가 했던 행동을 다시 보여 주는 것일 수 있다.
파올로 베로네제Paolo Veronese, 〈케팔로스와 프로크리스Cephalus and Procris〉, 약 1580년, 캔버스에 유채, 스트라스부르Strasbourg, 스트라스부르 미술관Musée des Beaux-Arts.

가 돌아와 2가지 선물을 전한 것으로 해 놓았다.

　미노스 이야기를 다른 식으로 바꾸었기 때문에 이 선물들이 어디서 생긴 것인지 조금 불분명하다. 사냥개를 아르테미스에게 받았다고 했으니, 창도 여신에게서 받아 온 것으로 생각해야 할 것이다. 다른 작가들에 따르면 아르테미스가 프로크리스에게도, 다른 사람인 척하면서 이것들을 선물로 주고 남편을 유혹해서 남자의 정절이란 것도 믿을 수 없다는 걸 입증하라 했단다. 케팔로스가 이런 사정을 숨기느라고 이야기를 꺼렸던 모양이다.

어쨌든 케팔로스는 아내가 가져온 신기한 창을 들고 사냥에 나선다. 한데 이번에는 아내가 남편을 의심하게 되었다. 숲 속을 돌아다니느라 땀에 젖은 남편이 솔바람을 부르는 것을 두고, 애인을 부르는 것으로 생각한 어떤 이가 프로크리스에게 알렸기 때문이다. 아내는 몰래 남편의 뒤를 밟아 숨어서 지켜보기로 한다. 한데 남편은 수풀 속에서 뭔가 부스럭거리는 소리를 듣고는 빗나가지 않는 창을 날린다. 자기 수확물을 확인하러 간 남편은 사랑하는 아내가 창에 맞아 죽어 가는 것을 발견한다. 아내는 죽으면서까지 다른 여자를 사랑하지 말아 달라고 남편에게 부탁한다. 오비디우스는 이렇게 이야기를 바꿔, 더러 말썽이 있기는 하지만 기본적으로 서로 사랑하는 두 사람이 오해 때문에 불행을 당한 사연을 전하고 있다.

프로크네와 필로멜라

이번에는 상당히 끔찍한 이야기다. 한 남자에게 배신당한 자매가 복수를 펼치는 내용이다. 아테나이가 어려운 전쟁을 하고 있을 때, 트라케 사람 테레우스Tereus가 군사를 이끌고 와 아테나이를 도왔고, 이에 감사하는 마음으로 판디온 왕은 그를 사위로 삼아 자기 딸 프로크네Prokne를 주었다. 처음에는 아들도 낳고 결혼 생활이 순조로운 듯했다. 한데 프로크네는 낯선 땅에서 생활하는 것이 답답했던지 자기 동생 필로멜라Philomela를 좀 데려오라고 졸라 대기 시작했다. 아내의 부탁을 받고

처가에 찾아간 테레우스는 처제를 보는 순간 그녀에 대한 욕망으로 불타오르기 시작한다. 아버지는 불길한 예감이 들었지만, 필로멜라까지 나서서 언니가 보고 싶었다고 졸라 대는지라 결국 딸의 여행을 허락하고 만다. 하지만 테레우스가 필로멜라를 데려간 곳은 숲 속의 헛간이었다. 그는 연약한 소녀에게 완력을 행사하여 자기 욕심을 채우고는, 필로멜라가 신들을 부르며 저주를 퍼붓자 그녀의 혀를 잘라 버린다. 그러고는 아내에게 가서 필로멜라가 여행 중에 죽었다고 거짓말을 지어 댄다.

진실이 언니에게 알려진 것은 그 후로 1년이 흘렀을 때다. 필로멜라는 옷감에 자신이 당한 일을 무늬로 새겨 넣어서는, 시녀를 시켜 왕비에게 전하게 한 것이다. 프로크네는 박코스Bakchos의 축제 때 하녀 무리를 이끌고 숲 속 헛간으로 가서 동생을 구해 낸다. 이제 남편에게 복수할 차례다. 둘은 프로크네의 아들 이튀스Itys를 죽여 요리해서는 아비에게 먹인다. 아무리 복수라지만 아들을 죽인다는 것이 부담스러웠던지, 오비디우스도 아들이 아버지를 빼닮았다고 해 놓았다. 음식을 잘 먹은 테레우스는 아들을 찾는다. 자매는 죽은 이튀스의 머리를 내보인다. 테레우스는 경악하고 절망하지만, 곧 정신을 수습하고는 그들을 죽여 복수하겠노라고 칼을 빼어 들고 달려든다. 둘은 달아나다가 새로 변한다. 추격하던 테레우스도 새로 변한다.

자매가 변해서 된 새는 제비와 밤꾀꼬리(나이팅게일)인데, 둘 중 누가 어느 쪽으로 변했는지는 약간 혼란이 있다. 필로멜라라는 이름이 '밤꾀꼬리'란 뜻이기 때문에, 보통 필로멜라가 이 새로 변했다고들 한다. 하지만 그녀는 혀가 잘렸기 때문에 아름답게 노래할 수 없으니, 밤꾀꼬리로 변한 것은 프로크네가 맞다는 주장도 있다. 보통 밤꾀꼬리는 밤에 구

프로크네와 필로멜라 자매는 복수를 위해 테레우스에게 그 아들을 먹게 하고 나중에 아들의 머리를 내민다. 페테르 파울 루벤스, 〈테레우스의 만찬Tereus' Banquet〉, 1636–1638년, 패널에 유채, 195×267cm, 마드리드, 프라도 미술관.

슬피 우는 것으로 되어 있어서, 자기 아들을 죽인 어머니가 변한 새라는 게 꽤 그럴싸하다. 테레우스가 변해서 된 새는 후투티인데, 이 새는 볏도 있고 부리도 길어서 투구와 칼을 갖춘 것처럼 보이니 트라케 전사의 모습과 꽤 닮았다.

한편 『오뒷세이아』에는 판다레오스Pandareos의 딸이 밤꾀꼬리가 되어, 죽은 아들 이튈로스Itylos를 애도하는 것으로 나와서 약간 혼란을 일으킨다. 그녀가 밤꾀꼬리로 변하기 전에 어떤 이름을 가졌는지는 나오지 않는데, 고대의 주석가들은 그냥 밤꾀꼬리를 가리키는 말을 고유명사로 여겨서 그녀를 아에돈Aedon('여가수')이라고 부르고 있다.

그녀는 테바이 성벽을 쌓은 제토스의 아내로서 아들이 하나뿐이었는데, 암피온의 아내 니오베가 자식이 여럿인 것을 시기하여 밤중에 그중 하나를 죽이려 들어갔다가 잘못해서 자기 아들을 죽였고, 새로 변해 자기 아들의 죽음을 탄식한다는 것이다. 이 이야기는 페넬로페가 자기 슬픔을 표현하기 위해 사용한 이래로, 희랍 비극 작가들의 비유에 자주 등장하게 되었다. 아들을 죽인 어머니가 새로 변해 슬피 운다는 설정이나, 아들 이름(이튀스-이튈로스)과 그녀의 아버지 이름(판디온-판다레오스)이 비슷한 것으로 보아 좀 더 널리 알려지고, 앞에서 우리가 자세히 살펴보기도 한 이야기의 이본異本이 아닐까 생각된다.

뤼카온, 필레몬과 바우키스, 에뤼식톤

사랑에 대한 이야기들이 아직 좀 남았지만 숨을 돌리기 위해, 이번에는 신들에 대한 경건과 불경건의 문제들을 좀 다루어 보자.

신들에게 오만하게 굴다가 벌을 받은 인물로 가장 대표적인 자가 아르카디아의 왕 뤼카온Lykaon이다. 그는 인간들의 세계를 시찰하러 온 제우스에게 인간의 고기를 먹이고, 밤중에 잠자리에서 그를 죽이려는 시도까지 한 인물이다. 제우스는 그를 늑대로 만들고 그의 집을 벼락으로 멸했으며, 인간들의 땅을 홍수로 쓸어버렸다고 한다. 현재의 인간들은 홍수에 살아남은 데우칼리온Deukalion과 퓌르라Pyrrha 부부가 등 뒤로 던진 돌에서 생겨난 존재들이다.

반면에 필레몬Philemon과 바우키스Baukis는 신들을 잘 대접한 사람들로 유명하다. 신들은 다시 인간 세계를 시찰하는데, 모두가 그들을 박

제우스에게 사람 고기를 먹이려던 뤼카온은 늑대로 변한다. 오른쪽 위에 벼락을 입에 문 독수리가 그려져서, 그 밑의 인물이 제우스임을 보여 준다.
얀 코시에르Jan Cossiers, 〈윱피테르[제우스]와 뤼카온Júpiter y Licaón〉, 17세기, 캔버스에 유채, 120×115cm, 마드리드, 프라도 미술관.

현재 인류는 홍수에서 살아남은 데우칼리온과 퓌르라 부부가 등 뒤로 던진 돌에서 생겨난 존재들이다.
조반니 마리아 보탈라Giovanni Maria Bottala, 〈데우칼리온과 퓌르라Deucalion and Pyrrha〉, 약 1635년, 캔버스에 유채, 181×206cm, 리우데자네이루, 리우데자네이루 국립미술관.

대한다. 가난하게 살고 있던 이 노부부만이 손님들을 자기들의 오두막으로 맞아들이고, 평소에 아끼던 얼마 안 되는 소박한 별미들을 모두 동원하여 접대한다. 도중에 필레몬이 거위를 잡으려 하자, 거위가 제우스의 품으로 달아났다는 유쾌한 일화도 끼어 있다. 상대가 신들인 줄 모르고 야박하게 굴던 이웃들은 갑작스런 물난리에 모두 물속에 잠기고 만다. 노부부는 신들의 충고에 따라 미리 몸을 피해 살아남았고, 신전지기로 남은 생을 보내다가, 마지막에는 죽음을 맞지 않고 나란히 선 두 그루 나무로 변한다. 고대의 작가 중 오비디우스 외에는 누구도 전하지 않은 이 이야기는, 구약성경 「창세기」에 롯이라는 사람이 인간들의 죄악상을 살피러 온 천사들을 자기 집에 모셔 접대하고 그로써 파멸을 피했다는 일화와 비슷하다.

 이와 같이, 스스로 깨닫지 못하는 가운데 신들을 접대한 이야기(theoxenia)를 주제로 사용한 작품이 바로 『오뒷세이아』다. 늙은 거지 모습의 오뒷세우스는 바로 이런 신의 역할을 수행한 것이다.

 곡물의 신 케레스Keres[데메테르]를 모욕했다가 걸신에 들려서 결국 자기 팔다리까지 뜯어 먹었다는 에뤼식톤Erysichthon도 이 부류에 넣어야 할 것이다. 오비디우스가 전하는 이야기에 따르면, 그는 케레스의 숲에서 여신에게 봉헌된 나무들을 베었고, 특히 나무의 요정이 애원하는데도 그것을 무시했기 때문에 결국 벌로 허기의 신에게 시달리게 되었다고 한다. 다른 작가들은 그가 식당을 만들기 위해 나무를 베었다고 하여, 왜 하필 음식과 관련한 벌을 받게 되었는지의 이유를 좀 더 보강해 놓았다. 오비디우스는 에뤼식톤 자신보다는 그의 딸에게 주목하여, 그녀가 아버지의 엄청난 식사 비용을 어떻게 충당했는지에 많은 지면을 할애하고 있다. 그녀에게는 특별한 재능이 있었다. 프로테우스처럼 모습을 바꿀 수 있는 능력이다. 그래서 그녀는 노예로 자신을 팔아 그 돈으로 아버지를 부양하고, 자신은 다른 모습으로 변하여 도망쳐 돌아오곤 했던 것이다. 나중에 오뒷세우스의 외할머니가 되었다는 이 소녀는 이름이 따로 언급되지 않는데, 다른 판본들에는 보통 므네스트라Mnestra로 되어 있다. 오뒷세우스의 외할아버지 아우톨뤼코스Autolykos('늑대 자체')가 거짓말과 도둑질의 달인으로 되어 있으니, 꽤 어울리는 짝을 만난 셈이다(하지만 『오뒷세이아』에 나오는 외할머니의 이름은 암피테아Amphithea다. 작가마다 다른 계보를 구성하고 있으니, 가장 유명한 것만 알고 있으면 되겠다).

소녀는 나중에는 여러 짐승의 모습을 취하여 새 주인에게서 도망을 쳤는데, 결국에는 에뤼식톤의 식욕이 도무지 감당할 수 없는 수준에 이르렀고, 딸이 비용을 마련할 때까지 기다릴 수 없었던지 결국 자기 팔다리를 뜯어 먹고 생을 마쳤다고 한다.

이 이야기의 이본異本을 전하는 가장 중요한 작품은 헬레니즘 시대 시인 칼리마코스Kallimachos의 「데메테르 찬가」다. 거기서 에뤼식톤은 체격이 엄청난 청년으로 자기만 한 동료들을 이끌고 데메테르의 숲을 베러 간다. 거인들에게는 거대한 식당이 필요하고 거대한 목재가 필요하다는 것이었다. 처음에는 나무의 요정들이 그들에게 애원하고, 도끼가

케레스 여신을 노엽게 한 에뤼식톤은 엄청난 허기에 시달리게 되고 딸마저 팔아 버린다. 그림 중앙에서는 한 부유한 사람이 에뤼식톤에게 돈을 주고 그의 딸을 노예로 사고 있다. 왼쪽 멀리 숲 속에 그려진 낚시꾼은 에뤼식톤의 딸이 주인에게서 도망치기 위해 모습을 바꾼 것을 그렸다고 보는 게 옳을 듯하다.

얀 하빅스 스텐Jan Havicksz Steen, 〈자기 딸을 파는 에뤼식톤Erysichthon verkoopt zijn dochter Mestra〉, 약 1660년, 캔버스에 유채, 66×64cm, 암스테르담, 레이크스 미술관Rijksmuseum.

나무를 찍기 시작하자 비명을 지른다. 그 소리를 듣고 여신이 나타난다. 처음엔 여사제의 모습으로 그들을 말리다가, 에뤼식톤이 계속 고집을 부리자 여신은 결국 본모습을 보이며 저주를 내린다. 그가 원하는 대로 큰 식사를 즐기게 될 것이라고. 그 후로 그는 엄청난 허기에 시달리게 되었고, 그의 부모는 그를 먹여 살리기 위해 집안 재산을 다 처분하지만, 그는 결국 자기가 아끼던 말과 애완동물까지 다 잡아먹고 마지막에는 길거리로 나앉아 음식 쓰레기를 구걸하는 데 이른다. 칼리마코스는 그가 어떻게 삶을 마쳤는지는 전하지 않는다.

비정상적인 사랑들

오비디우스는 비정상적인 사랑들에 대해서도 많이 전하고 있다. 이런 사랑들의 배경은 대체로 희랍 본토에서 멀리 떨어진 동방으로 설정되어 있다.

비교적 희랍인의 정서에 가까운 것은 휘아킨토스Hyakinthos 이야기다. 줄거리는 간단하다. 서풍 신인 제퓌로스가 아름다운 청년 휘아킨토스를 좋아했는데, 휘아킨토스는 그 사랑을 거절하고 아폴론과만 가까이 지냈다. 이를 질시한 서풍 신이 아폴론이 원반을 던질 때 그것을 휘아킨토스 쪽으로 날려서 청년을 죽게 했다는 것이다. 그는 죽은 후에 꽃이 되었다고 하는데, 보통은 히아신스Hyacinth가 그 꽃이라고 한다. 하지만 오비디우스에 따르면 그 꽃에 희랍어로 슬픔을 나타내는 감탄사(AI AI)가 무늬로 들어 있다고 하니, 히아신스는 아닌 모양이다. 그리고 이 이야기는 아마도 원래는 1년마다 죽었다가 살아나는 식물 신의 죽음을 그린 것으로 보이며, 어쩌면 아폴론이라는 외래 신이 도착하여 그 지역

아름다운 청년 휘아킨토스와 아폴론 사이를 시기한 서풍 신은 휘아킨토스가 아폴론의 원반에 맞아 죽게 만든다. 그림 오른쪽에, 친구의 죽음을 슬퍼하는 아폴론이 보이고, 그 곁에는 스러진 사랑을 슬퍼하듯 울고 있는 에로스가 그려졌다. 이들 뒤에 서 있는 악마 형상의 조각은 서풍 신의 악의를 보여 주는 듯하다. 쓰러진 휘아킨토스 주위에는 꽃들이 그려져 있어서, 이 청년이 꽃으로 변신했음을 암시한다.

조반니 바티스타 티에폴로, 〈휘아킨토스의 죽음The Death of Hyacinth〉, 1752–1753년, 캔버스에 유채, 287× 235cm, 마드리드, 티센보르네미사 미술관Thyssen-Bornemisza Museum.

에 이미 있던 풍요의 신을 흡수한 과정을 보여 주는 것일 수도 있다.

한편 이 이야기를 '비정상적인' 사랑에 넣는 것은 남녀 간의 사랑이 아니기 때문이다(과연 동성애를 비정상적이라고 하는 것이 '정치적으로' 올바른지에 대해 논쟁이 있을 수 있다. 그 문제를 여기서 다룰 수는 없으니, 그저 여기서 '비정상적'이라는 것은 '비교적 숫자가 적은'이란 뜻으로 생각해 두자). 오비디우스의 작품에는 고대에 널리 유행하던 동성애가 비교적 약하게 드러나고 있는데, 휘아킨토스 이야기 역시 학자들은 동성애 이야기였던 것으로 생각하고 있다. 사랑이라기보다는 그냥 우정 정도가 아닐까 생각하는 사람도 있겠지만, 아폴론은 평소에 자주 찾던 자신의 성지들도 찾지 않고, 평소 하던 일들도 게을리한 것으로 되어 있어서 그냥 우정으로 보기엔 정도가 심하다.

위의 이야기가 남성 간의 사랑이라면 이번에는 여성 간의 사랑을 그린 이야기를 보자. 크레테 태생의 이피스Iphis라는 아이에게 일어난 기이한 일이 주제다. 한 가난한 집안의 여인이 아이를 낳게 되었다. 그녀의 남편은, 집이 너무 어려워서 여자 아이까지 기를 형편이 아니니, 아이가 아들이면 그냥 기르고 딸이면 없애겠다고 했다. 출산이 가까웠을 때 곧 어머니가 될 여인의 꿈에 이시스 여신이 나타났다. 아무 걱정 말고 아이를 낳아 기르라는 것이다. 한데 아이를 낳아 보니 딸이었다. 어머니는 남녀 모두에게 쓰일 수 있는 이피스라는 이름을 딸에게 붙였다. 실제로는 여자지만 대외적으로는 남자로 되어 있는 이피스는, 아마도 다소간 중성적으로 보이는 미모였던 듯, 남자라 해도 잘생겼고 여자라 해도 예쁜 아이였단다. 드디어 이피스도 결혼할 나이가 되어, 이안테Ianthe라는 이름의 이웃 소녀와 짝을 짓게 되었다. 이안테도 그녀를 좋아했고, 이피스 역시 그녀를 열렬히 사랑했다. 하지만 결혼을 하게 되면 비밀이 드러날 터이니, 이피스도 그녀의 어머니도 애가 탔다. 여러 가지 핑계를 대며 미뤄 왔던 결혼이 하루 앞으로 다가왔을 때, 어머니와 아이는 이시스 여신의 신전으로 찾아가 도움을 청했다. 그들의 간절한 탄원을 여신이 들었고, 제단과 신전이 흔들려 여신의 뜻을 알렸다. 신전에서 나올 때 이피스의 보폭은 들어갈 때보다 넓어졌고, 피부는 좀 더 검어지고 얼굴선은 좀 더 날카로워져 있었다. 소녀로 들어갔던 그가 소년으로 신전을 떠난 것이다. 다음날 소년과 소녀는 행복한 결혼식을 올렸다.

행복한 결말이어서 읽는 사람을 흐뭇하게 만드는 이 이야기는 그냥 여자로 태어나 남자로 변한 기이한 운명에 대한 이야기만이 아니다. 여성이 다른 여성에 대해 품는 뜨거운 사랑을 그린 이야기이기도 하다(원문에, 이피스는 이루어질 수 없는 사랑이어서 자기 약혼녀를 더욱더 열렬히 사랑했다고 되어 있다. 이피스의 아버지는 릭두스Ligdus, 어머니는 텔레투사Telethusa인데, 너무 어려운 이름들이니 굳이 기억할 필요는 없다).

퀴프로스를 배경으로 하는 퓌그말리온Pygmalion 이야기 역시 우리를 즐겁게 한다. 그는 세상 여인 모두를 혐오하고, 자기만의 이상적 여성을 상아로 새겨서 그것을 사랑했던 인물이다. 늘 그것을 치장하고 포옹하던 퓌그말리온은, 마침내 그 조각상이 자기 아내가 되기를 희망하게 되었다. 기적은 베누스[아프로디테]의 축제일에 일어났다. 퓌그말리온은 여신께 제물을 바치며, 차마 입 밖으로 내기 어려운 자신의 소원을 마음으로 빌었고, 여신은 그것을 이루어 주었다. 그가 집으로 돌아와 언제나처럼 조각상에 입 맞추고 포옹할 때, 그것이 점차 따뜻해지며 살아

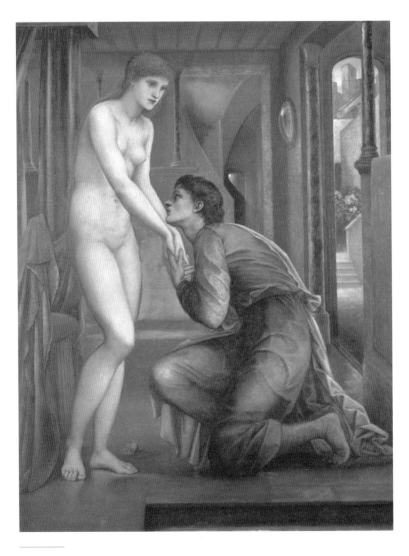

퓌그말리온은 자신의 조각과 사랑에 빠지고, 결국 그 조각을 사람으로 변하게 한다.
에드워드 번존스, 〈가슴속 열망, 퓌그말리온The Heart Desires, Pygmalion〉 4점 중 네 번째 작품, 1875-1878년,
캔버스에 유채, 버밍엄, 버밍엄 시립미술관Birmingham City Museums & Art Gallery.

사랑하는 오빠를 쫓아가던 뷔블리스는 샘으로 변한다.
윌리앙아돌프 부그로, 〈뷔블리스Biblis〉, 1884년, 48×79cm, 하이데라바드Hyderabad, 살라르 중 박물관Salar
Jung Museum.

있는 여인으로 변한 것이다. 이렇게 결말은 행복하지만, 그 사랑은 애
초에 사람 아닌 물건을 향한 것이니, 냉정하게 보자면 정상적인 사랑은
아니라 할 것이다.

오비디우스는 이런 비정상적 사랑의 극단에, 오라비를 사랑한 여인
이야기도, 아버지를 사랑한 딸의 이야기도 포함시키고 있다. 간단히 요
약하자면, 오빠를 사랑했지만 편지로 고백했다가 거절당한 뷔블리스
Byblis는 도망치는 오라비를 쫓다가 샘으로 변했다. 아버지를 사랑했던
딸 뮈르라Myrrha(또는 스뮈르나Smyrna)는 몰약沒藥, myrrh 나무로 변했고, 그
나무의 껍질이 갈라지면서 거기서 너무나도 아름다운 소년 아도니스
Adonis가 태어났다. 아도니스는 아프로디테의 사랑을 받다가 사냥터에

아도니스는 아프로디테의 사랑을 받다 멧돼지에게 죽는데, 그 후 아네모네 꽃으로 부활한다. 그림 왼쪽에 아르테미스가 짓궂은 미소를 띤 모습으로 그려져 있다. 가장 널리 알려진 판본에 따르면 멧돼지를 보낸 것은 아레스라고 하는데, 이 그림은 아르테미스가 아도니스를 죽게 했다는 판본을 따른 듯하다. 그의 사냥 솜씨에 질투가 나서, 혹은 아프로디테가 힙폴뤼토스를 죽게 한 것에 대한 복수로 그랬다는 것이다.
루카 조르다노Luca Giordano, 〈아도니스의 죽음Death of Adonis〉, 1684-1686년, 프레스코화, 피렌체, 메디치 리카르디 궁Palazzo Medici-Riccardi.

서 멧돼지에게 죽었다.

아도니스는 근동 지방에 널리 존재하던 '큰 여신에게 부속된 작은 남성 신'의 대표다. 이들은 대개 죽었다가 부활하는 식물의 신이다. 아도니스라는 이름의 '아돈Adon'이라는 요소는 '주인'을 뜻하며, 구약성경에서 신을 부르는 호칭 중 하나인 아도나이Adonai에도 들어 있다. 뮈르라는 단테의 『신곡』「지옥편」에서 신분 위조자들의 구렁에서 벌을 받고 있는 걸로 그려진다.

아이네아스와 로마의 건국 신화

앞에서 우리는 이미 『일리아스』와 트로이아 전쟁에 대한 이야기를 살펴보았다. 그리고 트로이아 쪽 영웅 아이네이아스가 살아남아 나중에 로마가 되는 나라를 건설했다는 것도 이야기했다. 기원전 1세기에 살았던 로마의 시인 베르길리우스는 그 이야기를 가지고 장대한 서사시를 만들었다. 이제 그 이야기를 좀 더 자세히 살펴보자. 옛 로마의 역사가들에게는 세계 역사를 연대기로 기록하는 것이 관행이었는데, 그 출발점은 대개 트로이아의 함락이다. 『아이네이스Aeneis』가 역사서는 아니지만, 트로이아 함락에 이어지는 이야기를 다루는 만큼, 우리는 여기서 신화와 역사가 뒤섞이는 것을 보게 된다.

작품이 로마의 것이라 신들의 이름도 라틴어식으로 되어 있으며, 작품 속에서 행동하는 것도 희랍의 신들과는 약간 다른 데가 있다. 그러니 되도록 라틴어식으로 적고 각 이름이 처음 나올 때만 희랍어를 함께 적겠다. 한 작품에 나온 이야기를 옮기는 것이기 때문에, 아무래도 다른 경우보다 작품 자체에 대한 언급이 많을 것이다. 하지만 작품에 나온 이야기를 그대로 따라가기보다는 시간에 따라 순서도 바꾸고 약간 이야기체로 정리하겠다.

우리가 여기서 다루려는 이야기를 전하는 가장 중요한 작품은 『아이네이스』라는 것인데, 그 뜻은 '아이네아스의 노래'다(아이네아스Aeneas는 『일리아스』에 아이네이아스Aineias라고 나온 사람인데, 라틴어에서는 이중모음이 짧아지는 경향이 있어서, 이런 식으로 표기되었다. 독자들은 두 이름 중 어느 것으로 불러도 상관없겠지만, 여기서는 그냥 작품에 나온 대로 아이네아스라고 적겠다). 이 작품을 쓴 사람은 베르길리우스Publius Vergilius Maro(영어식 이름은 '버질Virgil')로서, 서양 사람들은 그를 매우 존경해서 단테도 자기 작품 『신곡』에서 그를 저승 세계 안내자로 택했다(단테가 저승을 여행하는 데, 베르길리우스가 안내자로 등장한다).

『아이네이스』의 내용을 간단히 요약하면, 트로이아 전쟁에서 살아남은 아이네아스라는 영웅이 여러 곳을 방랑하다가 이탈리아 땅에 닿아 거기 정착하게 된다는 것이다. 아이네아스는 여신 베누스[아프로디테]와 인간인 앙키세스 사이에 태어난 아들로서, 이미 『일리아스』에서 앞으로 트로이아인들을 다스릴 사람이라고 예언되어 있던 인물이다. 이 작품은 전체가 12권으로 이루어져 있는데, 보통 말하기를 앞의 6권은 방랑이라는 점에서 『오뒷세이아』를 본받고, 뒤의 6권은 전쟁이라는 점에서 『일리아스』를 본받았다고들 한다. 시인은 자신의 전체 계획을 작품의 첫 두 단어로 드러내고 있다. 그 구절이란, '무구武具와 한 사내에 대해 나는 노래하노라arma virumque cano'라는 것인데, 여기서 '한 사내virum'는 『오뒷세이아』의 첫 단어인 '한 남자를andra'을 의식한 것이고, '무

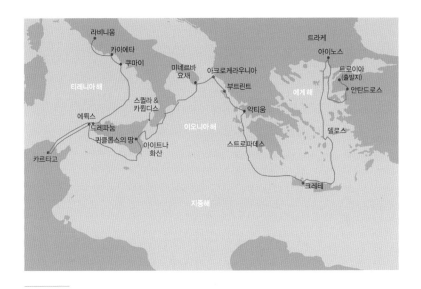

아이네아스 일행이 떠돌아다닌 경로. 그들은 희랍인들을 피해 서쪽으로 돌아서 이탈리아에 도착한다.

구'는 『일리아스』의 내용(전쟁)을 염두에 둔 것으로 보인다. 그러니까 베르길리우스는 호메로스의 두 작품을 본받으면서 그것을 넘어서려 한 것이다.

트로이아의 함락

사건이 일어난 순서를 따라서 내용을 살펴보면, 우선 트로이아 함락 장면으로 시작해야 할 것이다(작품에서는 2권의 내용이다). 전쟁 10년째에 희랍군은 갑자기 거대한 목마를 해변에 만들어 놓고는 배에 올라 트로이아를 떠난다. 성 밖으로 몰려나온 트로이아인들은 그것을 어떻게 처리할 것인지 의논한다. 바다에 던지자는 주장, 불에 태우자는 주장, 구멍을 뚫어서 안에 무엇이 있는지 보자는 제안 등이 있었는데, 이때 달려온 사람이 포세이돈의 사제인 라오코온이다. 그는 이 목마가 오뒷세우스의 계략일 것이라면서 그것을 향해 창을 던진다. 목마에서 창이 튕겨 나가면서 울리는 소리를 내자, 트로이아 사람들은 그 안이 비어 있다고 여겼지만 그것을 쪼개 볼 생각은 하지 못했다.

그때 한 포로가 잡혀 왔는데, 시논이라는 사람이다. 그는 자신이 원래 팔라메데스의 부하라고 주장했다. 팔라메데스는 희랍군 중에서도 오뒷세우스와 겨룰 수 있을 만큼 영리한 사람으로, 오뒷세우스가 전쟁에 가기 싫어서 미친 척하는 것을 적발했다는 이다. 오뒷세우스는 다른 영웅들이 자기를 데리러 왔을 때, 소와 말을 함께 묶어 밭을 갈고 씨앗이 아니라 소금을 뿌리면서 광기를 가장하고 있었다. 한데 그것을 꿰뚫어 본 팔라메데스가 오뒷세우스의 어린 아들 텔레마코스를 쟁기 앞 밭고랑에 데려다 앉히자, 오뒷세우스는 아이가 다칠까 봐 그를 비키게 했다. 이로써 오뒷세우스가 제정신이라는 것이 드러났다. 어쩔 수 없이 출전하게 된 오뒷세우스는 팔라메데스에게 앙심을 품었고, 결국 계략을 꾸며 그를 죽게 했다. 그의 막사 밑에 금덩이를 파묻고, 그가 트로이아 군에게 보냈다는 편지를 조작해서 모함했던 것이다. 편지와 금덩이는 팔라메데스가 배신했다는 사실의 증거로 채택되어 그는 결국 동료들의 돌에 맞아 죽었다. 시논은, 자기가 그 팔라메데스의 부하로 억울한 죽음을 당한 자기 주군을 위해 기회가 되면 복수하겠노라고 공언하고 다니다가, 오뒷세우스의 미움을 사게 되었다고 했다. 그러다가 전쟁이 너무 길어져서 귀향하기로 결정하고 목마를 만들었는데, 그때 폭풍이 불어서 신의 뜻을 물어 보니, 출항할 때 이피게네이아를 바쳤던 것처럼

희랍군 병사 시논은 자신이 동료들에게 버림받았다고 말하며 트로이아인들의 환심을 산다. 그림 왼쪽, 머리에 광배를 두른 인물은 트로이아 왕 프리아모스로 보인다. 그의 앞에 벌거벗은 채 팔이 뒤로 묶인 시논이 그려져 있다. 오른쪽에는 말이 그려졌는데, 마구까지 모두 갖춰져 있어서 목마라고 보기는 조금 어렵게 되어 있다. 주위의 트로이아인들은 거의가, 위쪽이 앞으로 구부러진 '프리지아 모자'를 쓰고 있다.
5세기, 『베르길리우스 로마누스Vergilius Romanus』에 실린 삽화, 바티칸시국, 바티칸 도서관Biblioteca Apostolica.

귀향을 위해서도 사람을 하나 바쳐야 한다는 신탁이 내렸단다. 오뒷세우스는 예언자 칼카스를 부추겨서 자신을 제물로 지목하게 했고, 의식을 위해 묶여 있던 자신은 밧줄을 끊고 도망쳐서 갈대밭에 숨어 있었

트로이아 사람들은 승리에 취해 목마를 성안으로 들이고, 목마 안에 숨어 있던 희랍군들은 트로이아를 함락한다. 그림 오른쪽에 목마의 실루엣이 보이고, 왼쪽 어두운 곳에는 아이네아스 가족이 탈출하는 모습이 그려져 있다. 도시 모습은 고전적이라기보다는 현대적인 분위기를 풍긴다.

요한 게오르크 트라우트만Johann Georg Trautmann, 〈불타는 트로이아Blick auf das brennende Troja〉, 1759년 또는 1762년, 캔버스에 유채, 54.5×68cm, 카를스루에Karlsruhe, 바덴 대공국Großherzogtum Baden 컬렉션.

다는 것이다. 그러면서 그는 자기를 불쌍히 여겨 달라고 탄원했다. 트로이아인들은 그를 풀어 주며, 목마를 만든 목적이 무엇인지 물었다.

시논은 그것이 아테네 여신의 노여움을 달래기 위한 것이라고 설명했다. 디오메데스와 오뒷세우스가 트로이아에 잠입해서 팔라디움[팔라디온]이라는 여신상을 훔쳐 낸 이후로 아테네 여신이 분노했다는 것이다. 그 신상은 이미 희랍 땅으로 옮겨졌는데, 예언자 칼카스의 말에 따르면 그것을 다시 가져오기 전에는 트로이아가 함락되지 않으리라고 했기에 일단 고향으로 돌아가려는 것이고, 아테네 여신의 분노를 진정시키기 위해 우선 이 목마를 만들었다고 전한다. 그리고 혹시 트로이아인들이 그것을 성안으로 끌어들여 경건하게 모시면 앞으로 성을 함락할 길이 없으니, 끌고 가지 못하게끔 거대하게 만들었다는 것이다.

트로이아 사람들이 이러한 말을 듣고 있는데, 바다에서 거대한 뱀 2마리가 나타나서 목마를 해치려 했던 라오코온을 기습했다. 조금 전에 목마에 창을 던졌던 이 사제는 제단에 제물을 바치고 있었는데, 거기에 2마리 바다 뱀이 들이닥쳐 그와 그의 두 아들을 잡아먹은 것이다. 이것을 보고 사람들은 그가 목마를 모독해서 벌을 받은 것이라고 생각했고, 목마를 성안으로 끌고 가기로 결정했다. 그들은 목마를 그냥 성안으로만 끌어들인 것이 아니라, 성안에 있는 요새까지 끌고 갔다. 그리고는 전쟁이 끝난 것을 축하하는 잔치를 열었다.

트로이아 사람들이 모두 잠든 한밤중에, 희랍군들은 배를 숨기고 있던 테네도스 섬으로부터 다시 트로이아 해안으로 돌아왔다. 그사이에 시논은 목마로 가서 그 안에 있던 전사들을 나오게 만들었다. 그들은 성문으로 달려가 파수병들을 해치우고 성문을 열어 바깥에 와 있던 희

트로이아의 패색이 짙어지자 아이네아스는 가족을 데리고 도시에서 탈출한다. 오른쪽 멀리 목마가 보이고, 왼쪽 앞에는 아들의 손을 잡고 아버지를 어깨에 얹은 아이네아스가 보인다. 아버지는 집안의 신상을 안고 있다. 그 뒤에 따라오는 아내의 시선은 오른쪽 아래의 들짐승에게 향하고 있는데, 표정에는 공포심이 어려 있다. 곧 가족을 놓칠 것 같은 분위기다. 아내가 조금 희미하게 그려진 것은 그녀가 곧 죽음을 맞이하기 때문일 것이다. 지롤라모 젠가Girolamo Genga, 〈트로이아에서 탈출하는 아이네아스Flight of Aeneas from Troy〉, 1507–1510년, 프레스코화, 126×138cm, 시에나, 시에나 국립회화관Pinacoteca Nazionale di Siena.

랍군을 불러들였다.

이때 아이네아스는 집에서 자다가 꿈에 헥토르의 모습을 본다. 그는 죽을 때의 모습으로 나타나서, 트로이아는 이미 함락되고 있으니 성물과 신상들을 모시고 탈출하라고 권한다. 하지만 잠에서 깨어난 아이네아스는 무기를 들고 뛰어나가 동료들을 모으고 적들과 싸운다. 그러나 트로이아 저항군은 결국 적들에 밀려 죽거나 흩어지게 된다. 아이네아스는 늙은 왕 프리아모스가 아킬레우스의 아들 네옵톨레모스에게 살해되는 장면을 목격하고 아버지가 걱정되어 집으로 돌아오게 된다. 아버지는 처음에는 도시를 떠나기를 거부하지만, 아이네아스의 아들 아스카니우스Ascanius의 머리에 신성한 불이 타는 것을 보고는 탈출에 동의한다. 하지만 도시를 빠져나가다가 아이네아스는 아내 크레우사Creusa를 잃게 된다. 그는 아내를 찾아 헤매지만 그가 마주친 것은 이미 죽은 아내의 혼령이었다. 아내는 그에게 어서 떠나기를, 그리고 이탈리아로 가서 새로운 나라를 건설하기를 촉구한다.

아이네아스의 방랑

아이네아스는 살아남은 사람들을 모아, 남쪽으로 내려가서 배를 지어 새로운 땅을 찾아 떠난다. 그들은 처음에는 트로이아에서 가까운 트라키아에 정착하려 한다. 그곳에 자기들 동맹국이 있기 때문이다. 한데 그들은 거기서 제단을 장식하기 위해 나뭇가지를 뽑다가 끔찍한 전조를 만난다. 뿌리가 찢기며 시커먼 핏방울이 떨어진 것이다. 그들이 놀라서 계속 나무를 뽑고 꺾자, 땅에서 신음소리가 나고 사람의 말소리가 들렸다. 프리아모스의 아들인 폴뤼도로스의 목소리였다. 왕은 자기 자식을 많은 금과 함께 이 나라에 맡겼는데, 트로이아가 함락되고 나라가 멸망하자 트라케 왕이 그를 창으로 무수히 찔러 죽였던 것이다. 거기 지금 있는 나뭇가지들은 그 창 자루에서 자라난 것들이었다. 이런 사연을 들은 트로이아인들은 이 범죄의 나라가 자기들의 새 나라 자리로 어울리지 않는다고 판단하여 죽은 왕자의 장례를 치러 주고는 그곳을 떠난다(이 사건은 단테가 『신곡』에서 여러 번 인용하고, 또 변형해서 사용한 것이다. 특히 「지옥편」 13곡에서 자살한 사람들이 가시나무로 변해 있고, 그것을 꺾으면 피가 떨어지며 비명을 지르는 대목이 그렇다).

그들은 어디로 가야 하는지 알기 위해 델로스 섬으로 향한다. 마침 그곳의 사제는 아이네아스의 아버지 앙키세스와 오랜 친구여서, 그들을 위해 신탁을 얻어 주었다. 신탁은 모호한 경우가 잦으며 이 경우에도 그랬는데, '옛 어머니를 찾아가라'는 것이었다. 그 말을 들은 앙키세스는 자신들의 조상이 크레테에 살았다는 것을 기억하고 그곳으로 가기를 권한다.

크레테에 도착한 그들은 도시를 세우고, 새로운 경작지를 조성하며, 젊은이들을 결혼시켰다. 그런데 이렇게 자리를 잡아 가고 있는데, 갑자기 사람들이 병들고 나무와 곡식도 말라죽기 시작했다. 다시 델로스로 가서 신탁을 구할 것인지 고심하던 아이네아스에게 밤중에, 트로이아에서 구해 내어 온 신상들이 충고한다. 그들이 갈 곳은 이탈리아라는 것이다. 그래서 일부만 거기에 남고 다른 이들은 이탈리아를 향해 떠난다.

도중에 그들은 스트로파데스Strophades 섬들을 지나는데, 거기에 눈먼 예언자 피네우스를 괴롭히다가 아르고호 영웅들에게 쫓겨난 하르퓌이아들이 살고 있었다. 이들은 아이네아스 일행의 음식을 빼앗으려다가 실패하고는 아이네아스에게 불길한 예언을 했다. 그들이 이탈리아에 도착하면 무서운 허기를 만나 식탁까지 갉아 먹게 되리라는 것이다(이 하르퓌이아들은 『신곡』 「지옥편」에서, 자살한 사람들이 변해서 된 가시나무를 뜯어 먹는 존재로 등장한다).

아이네아스 일행은 하르퓌이아들과 마주쳐 싸우게 된다. 그림 앞쪽에는 젊은이들이 하늘에 떠 있는 하르퓌이아들과 싸우는 모습이 그려져 있다. 그림 저 먼 곳에는 한 젊은이가 양을 끌고서 연기 나는 제단으로 다가가고 있는데, 그는 황금 양을 타고 콜키스로 날아갔던 프릭소스다. 그 황금 양의 털가죽을 얻고자 나선 아르고호 영웅들이 하르퓌이아들과 싸웠던 것처럼, 지금 이 트로이아인들도 같은 괴조들과 싸우고 있다는 뜻이다. 그러니까 '프릭소스 시대-아르고호 영웅들의 시대-트로이아 멸망 이후'로 이어지는 세 시대 중에 두 번째 시대를 빼고, 첫 시대와 마지막 시대의 사건을 함께 그린 게 이 그림이다.

프랑수아 페리에François Perrier, 〈하르퓌이아와 싸우는 아이네아스와 그 동료들Enée et ses compagnons combattant les Harpies〉, 1646-1647년, 캔버스에 유채, 155×218cm, 파리, 루브르 박물관.

하지만 그다음 행로는 별 탈 없이 지나, 일행은 희랍의 북서쪽 악티움Actium 부근에 상륙하게 된다(악티움은 로마의 첫 황제인 아우구스투스가 클레오파트라와 안토니우스에게 대항하여 해전을 치른 곳이다). 그들은 곧 에피루스Epirus에 들르게 되는데, 뜻밖에 거기서 헥토르의 아내였던 안드로마케와 헥토르의 형제인 헬레노스Helenos를 만난다. 원래 이들은 아킬레우스의 아들인 네옵톨레모스에게 노예로 배당되어 끌려갔다. 그런데 네옵톨레모스가 델포이에 갔다가 오레스테스에게 죽자(네옵톨레모스가 헬레네의 딸 헤르미오네와 결혼하자, 일찍이 그녀와 정혼해 있었던 오레스테스는 그를 불시에 기습하여 죽인다. 어떤 판본에 따르면, 네옵톨레모스는 자기 아버지 아킬레우스가 아폴론 때문에 죽었다고, 그것을 배상하라고 난동을 부리다가 델포이 사람들에게 죽었다고도 한다), 헬레노스가 그의 권력을 일부 물려받고, 안드로마케와 결혼하여 이곳에 살고 있는 것이다. 그들은 새로운 도시와 그 지역을 트로이아식 이름으로 부르며, 고국의 옛 도시를 본뜬 자그마한 도시국가를 유지하고 있었다. 헬레노스는 원래 예언자이므로, 아이네아스 일행을 위해 앞일을 예언해 준다. 그는, 이탈리아 땅이 가깝지만 그곳은 희랍인들이 차지하고 있으니 멀리 서쪽으로 돌아서 가야 한다고 충고하고, 앞으로 저승에 다녀와야 한다는 것도 가르쳐 준다. 그리고 시칠리아에서는 본토와의 사이 해협에 카륍디스와 스퀼라가 있으니, 그것을 피해서 섬을 한 바퀴 돌아 서쪽 항로로 가라고 지시한다. 또 쿠마이에 가면 예언녀가 있으니 그녀의 도움을 받으라는 조언도 한다.

그곳을 떠난 일행은 마침 아이트나 화산이 폭발하는 가운데 시칠리아에 상륙하여 야영을 하게 되는데, 거기서 희랍군 하나를 구출하게 된다. 그는 원래 오뒷세우스의 부하였던 아카이메니데스Achaemenides라는 사람으로, 오뒷세우스가 퀴클롭스의 동굴에서 탈출할 때 뒤처진 자였다. 이들이 이야기를 나누는 사이에 눈 먼 폴뤼페모스가 나타나 고함을 지른다. 다른 퀴클롭스들이 몰려오는 가운데 그들은 아카이메니데스를 데리고 배를 띄운다. 그들이 시칠리아 서북단의 드레파눔Drepanum에 닿았을 때, 아이네아스가 늘 의지하던 그의 아버지가 세상을 떠난다.

한데 그 지역을 다스리는 왕은 트로이아와 가까운 혈통이었다. 그래서 접대를 받으며 한동안 머물다가 다시 이탈리아를 향해 떠난다. 일행은 엄청난 폭풍을 만나게 되고, 결국 배 1척을 잃은 채 북아프리카 해안으로 떠밀려 가 카르타고에 닿게 된다. 『아이네이스』 작품 자체는 이 폭풍 장면에서 시작된다.

디도의 사랑과 죽음

그들이 닿은 땅을 다스리는 이는 여자로서, 그녀의 일행도 포이니케 Phoenice(페니키아)의 튀로스를 떠나 그곳에 정착한 지 얼마 되지 않은 상태였다. 이 여인 디도Dido는 쉬카이우스Sychaeus라는 사람과 결혼하여 행복하게 살고 있었는데, 그녀의 오라비인 튀로스 왕 퓌그말리온(조각상을 사랑했던, 더 유명한 퓌그말리온과는 동명이인이다)이 재산을 탐내서 쉬카이우스를 몰래 죽였다. 죽은 남편은 아내의 꿈에 나타나 재물이 숨겨진 곳을 가르쳐 주며 그것을 갖고 달아나라고 말한다. 그래서 그녀는 왕을 싫어하던 사람들을 모아 이곳으로 이주한 것이다. 그곳 권력자들은 그녀를 받아 주지 않으려 했지만, 그녀는 꾀를 써서 땅을 차지했다. 쇠가죽 1장으로 덮을 수 있는 만큼의 땅만 자신에게 팔라고 청하여 허락을 받고는, 쇠가죽을 가늘게 오려서 긴 줄을 만들고 그것으로 에워싼 넓이만큼을 차지한 것이다.

그녀의 땅에 도착한 아이네아스는 정탐을 나간다. 그의 어머니 베누스는 처녀 사냥꾼으로 변장하여 아들에게 디도와 카르타고의 사정을 일러 주고, 그를 안개로 둘러싸서 사람들 눈에 띄지 않게 해 준다. 아

아이네아스는 카르타고에 도착해서 여왕 디도를 만난다. 그림 중앙에 배를 수리하는 사람들이 보이고, 오른쪽에는 막 정탐을 떠나려는 아이네아스와 그의 시종이 보인다. 아이네아스는 트로이아인이라기보다는 근대 유럽인 같은 복장을 하고 있다.

도소 도시Dosso Dossi, 〈리비아 해안에 도착한 아이네아스와 아카테스Aeneas and Achates on the Libyan Coast〉, 약 1520년, 캔버스에 유채, 58.7×87.6cm, 워싱턴 D. C., 워싱턴 국립미술관National Gallery of Art.

이네아스가 트로이아 전쟁 내용이 그려진 벽화를 보고 있는 사이에 그곳으로 디도가 오고, 폭풍 속에 아이네아스와 헤어졌던 동료들이 그녀를 찾아와 도움을 청한다. 거기에 아이네아스가 모습을 드러내고 디도의 영접을 받게 된다. 베누스는 아이네아스의 아들 아스카니우스를 다른 곳에 잠들게 만들고 대신 쿠피도Cupido[에로스]를 소년의 모습으로 바꿔 디도에게 보낸다. 여왕이 소년을 품에 안고 귀여워하는 사이에, 쿠

아이네아스는 카르타고의 여왕 디도 앞에 나타난다. 그림 중앙에는, 풍랑 속에 아이네아스와 헤어졌던 트로이 아인들이 디도에게 도움을 청하고 있다. 오른쪽에서는 막 안개구름을 벗어난 아이네아스가, 지금 언급되는 아이네아스가 바로 자신임을 밝히고 있다. 왼쪽 보좌에 앉은 디도는 놀라는 듯한 몸동작을 하고 있다. 그림 오른쪽 위에는 구름 속에서 베누스가 쿠피도에게, 디도에게 화살을 날려 아이네아스를 사랑하게끔 만들도록 명하고 있다.
니콜라스 페르콜예Nicolas Verkolje, 〈디도와 아이네아스Dido and Aeneas〉, 18세기 초반, 캔버스에 유채, 90.2×117.5cm, 캘리포니아, J. 폴 게티 미술관.

피도는 그녀의 가슴속에 아이네아스에 대한 사랑을 불어넣는다. 디도는 트로이아가 어떻게 함락되었는지, 아이네아스는 어떻게 떠돌았는지 거듭 묻고 즐거이 듣는다. 그녀가 들은 내용이 이제까지 우리가 살펴본 내용이다.

그사이에 유노[헤라]와 베누스는 디도와 아이네아스를 짝지어 주기로 결정하고, 두 사람이 사냥 나갔을 때 폭풍우를 보낸다. 사람들이 저

디도와 살던 아이네아스는 메르쿠리우스의 경고를 듣고 떠날 결심을 굳힌다. 위 그림의 구름 속에서 메르쿠리우스가 유피테르의 명을 전하고 있다. 그 아래, 고뇌에 빠진 아이네아스의 발밑에는 남자의 기백을 상징하는 투구가 녹슬어 가고 있다. 아래 그림에서는 남겨진 디도가 저주를 하고 자결하고 있다. 디도의 몸을 깊숙이 관통한 칼은 그녀의 결연한 의지를 보여 준다. 그 곁에서는 디도의 여동생 안나가 언니를 나무라는 안타까운 몸동작을 보이고 있다. 하늘에서는 끝나 버린 사랑을 상징하듯 에로스가 떠나가고 있다.

위 : 조반니 바티스타 티에폴로, 〈아이네아스 앞에 나타난 메르쿠리우스Mercury Appearing to Aeneas〉, 1757년, 프레스코화, 230×145cm, 비첸차, 빌라 발마라나 아이 나니Villa Valmarana ai Nani.

아래 : 구에르치노Guercino, 〈디도의 죽음 La Morte di Didone〉, 1631년, 캔버스에 유채, 로마, 스파다 미술관Galleria Spada.

마다 비 피할 곳을 찾고, 두 사람은 같은 동굴 속으로 피하여 거기서 결합한다. 그 후로 아이네아스는 디도의 연인이 되어 새 도시가 건립되는 것을 도우며 시간을 보낸다. 그러자 읍피테르[제우스]는 메르쿠리우스[헤르메스]를 보내 그에게 경고한다. 그의 운명은 이탈리아로 가서 새로운 나라를 건설하는 것이기 때문이다. 아이네아스는 디도에게 뭐라고 말해야 할지 고심하다가, 모든 준비가 되면 떠나기 직전에 말을 하려고 생각한다. 하지만 디도는 그가 떠날 준비하는 것을 눈치채고는, 그를 불러 따지고 애원한다. 아이네아스는 자신이 떠나는 것은 운명과 신들의 뜻을 따른 것이지 자신의 뜻이 아니라고 변명한다. 그가 마음을 바꾸지 않자, 디도는 자기가 죽어서도 복수할 것이라고 경고한다. 디도는 자기 동생 안나Anna를 보내 그저 출발을 연기해 달라고 애원도 해보지만, 아이네아스는 양보하지 않는다.

디도는 죽기로 결심한다. 안나에게는, 아이네아스의 물건들을 태우고 그를 잊을 것이라고 거짓말을 하고는 장작더미를 준비한다. 한편 아이네아스는 또 한 차례 메르쿠리우스의 경고를 받고는 출항한다. 디도는 아이네아스 일행이 떠난 것을 확인한 순간, 저주를 퍼붓고 장작더미 위에 올라가 자결한다. 저주의 내용은, 아이네아스가 전쟁에 시달리게 해달라는 것, 나중에 자신의 민족과 아이네아스의 민족이 큰 원수가 되어 싸우라는 것이다(실제로 나중에 로마는 카르타고와 3차례 큰 전쟁을 치른다. 특히 한니발이 로마 근처까지 진격해 왔을 때는, 국가 존망의 위기였다).

저승 여행

아이네아스 일행은 이탈리아로 향하던 도중 다시 시칠리아에 들러서,

앙키세스의 1주기를 기념하며 운동경기를 치른다. 한데 그사이에 여자들이 유노가 보낸 광기에 사로잡혀, 시칠리아에 그냥 주저앉고자 배들 중 일부를 불태운다. 아이네아스는 일시적으로 절망에 빠지지만, 곧 정신을 수습하여 떠돌이 생활에 지친 사람들을 그곳 에뤽스 왕의 도시에 남기고 힘과 의지가 남은 사람들만 떠나기로 결정한다. 그들이 순풍을 받아 이탈리아에 거의 닿았을 때, 이제까지 그들을 인도하던 키잡이 팔리누루스Palinurus가 바다로 떨어져 죽는다.

이들이 닿은 곳은 이탈리아 중부의 쿠마이Cumae라는 곳이다. 상륙하자마자 아이네아스는 여자 예언자인 시뷜라Sibylla를 찾아간다. 이미 헬레노스가 그녀를 찾아가라고 충고한 데다가, 아버지 앙키세스의 혼령이 나타나서 그녀의 도움을 받아 저승으로 자신을 찾아오라고 했기 때문이다. 그녀는 그에게 저승을 여행하려면, 숲 속에서 황금가지를 꺾어오라고 요구한다. 아이네아스는 베누스가 보낸 비둘기들의 안내를 받아 큰 어려움 없이 황금가지를 구해 시뷜라에게 돌아간다. 필요한 제사를 드리고 그들은 동굴 속으로 들어선다.

저승의 초입에는, 헤시오도스의 계보에서 밤(뉙스)과 불화(에리스)가 낳은 것들과 같은 온갖 부정적인 추상개념들이 있다. 복수의 여신들과 불화의 여신도 거기 있다. 그리고 거대한 느릅나무가 한 그루 있는데, 그 잎마다 거짓 꿈들이 매달려 있다. 그다음엔 온갖 신화적 괴물들, 그러니까 켄타우로스, 스퀼라, 휘드라, 키마이라, 고르고들, 하르퓌이아들, 게뤼온 등도 있는데, 이들은 실물은 아니고 모두 허상들이다. 그런 다음 강에 도착하는데, 뱃사공 카론이 사자死者들을 선별하여 배에 태운다. 장례를 치르지 못한 사람들은 100년 동안 거기서 기다려야 한다.

아이네아스는 시뷜라의 도움으로 저승의 뱃사공 카론의 배에 오른다. 시뷜라 여사제의 손에 황금가지가 들려 있다.

주세페 마리아 그레스피Giuseppe Maria Crespi, 〈아이네아스, 시뷜라, 카론Enea, Sibilla, Caronte〉, 1695년 또는 1705년, 캔버스에 채색, 129×127cm, 빈, 미술사박물관.

아이네아스가 카르타고에 도착하기 전 바다에서 잃은 동료들도 거기 있었다. 그리고 그는 거기서 이탈리아 도착 직전에 죽은 팔리누루스를 만난다. 이 여행에서 아이네아스는 자기 과거를 돌아보게 되는데, 그것

아이네아스는 저승에서 디도와 마주치나, 그녀는 알은척도 하지 않는다. 이 그림에서는 지옥에서 벌받는 존재들 한가운데에 아이네아스와 시빌라가 보인다. 베르길리우스의 『아이네이스』에는 길이 둘로 갈라져, 왼쪽 길로 가면 벌받는 존재들의 영역으로 가고, 오른쪽으로 가면 복받은 자들이 안식을 누리는 영역으로 가는 것으로 되어 있다. 아이네아스는 그중 오른쪽 길로 접어들기 때문에, 왼쪽 길로 가면 어떤 장면이 펼쳐지는지는 그냥 시빌라의 설명으로만 제시되어 있다. 하지만 이 그림의 작가는 마치 아이네아스가 왼쪽 길로 들어선 것처럼 그렸다.

얀 브뤼헐 1세, 〈저승을 방문한 아이네아스와 시빌라Aeneas and a Sibyl in the Underworld〉, 약 1600년, 동판에 채색, 36×52cm, 빈, 미술사박물관.

은 가까웠던 사람 셋을 잇달아 만남으로써다. 지금 마주친 팔리누루스가 그 첫 인물이다. 팔리누루스는 자기도 건너가고 싶어 하지만, 시빌라의 꾸짖음을 듣고는 곧 포기하면서, 자기 시신이 있는 곳을 가르쳐 주고 장례 치러 줄 것을 당부한다.

(단테는 『신곡』에서 이 사건을 여러 번 언급하고 암시하는데, 특히 연옥을 통

과하는 도중에 단테가 안내자 베르길리우스에게 질문을 던지는 대목에서 그렇다. 연옥에서 단테와 마주친 많은 사람들이, 이승으로 돌아가거든 자기를 위해 기도해 달라고 부탁하는 것 때문이다. 시빌라는 팔리누루스에게 "이 일에서는 간청[기도]이 쓸모없다"고 했는데, 이 사람들이 기도를 청하는 이유는 무엇인가 하는 질문이다. 그에 대해 베르길리우스는, 예수께서 태어나신 이후로는 사정이 달라졌다는 의미의 답을 준다.)

그러고는 그들은 카론에게 가서 배에 태워 주기를 요구한다. 카론은 처음에는 거부하지만, 황금가지를 보자 두말없이 그들을 태운다. 강을 건너자 바로 저승 개 케르베로스가 있다. 예언자는 그것에게 꿀 케이크를 던진다. 개는 그것을 먹고 잠든다. 저승의 재판관 미노스가 재판을 하고 있는 곳을 지나서, 사랑 때문에 죽은 여인들이 머무는 숲으로 간다. 아이네아스는 거기서 디도와 마주친다. 그는 그녀를 떠난 것이 자기 뜻이 아니었다고, 자신이 그녀에게 그토록 큰 고통을 줄 줄 몰랐다며 말을 건다. 하지만 그녀는 그를 쳐다보지도 않고 자기 전 남편 쉬카이우스 쪽으로 가 버린다(이 장면은 『오뒷세이아』에서 아이아스의 혼령이 오뒷세우스에게 아무 말도 하지 않고 가 버리는 대목을 본뜬 것이다).

다음엔 트로이아에서 죽은 자들과 마주친다. 트로이아 사람들은 그를 보고 기뻐하나, 희랍인들은 두려워 비명을 지른다. 그는 거기서 특별히 프리아모스의 아들 데이포보스를 만난다. 그는 파리스가 죽은 다음에 헬레네의 남편이 되었는데, 트로이아가 함락되는 날 참살당해 아직도 흉측한 얼굴을 하고 있다. 그는 자기가 죽은 사정을 설명하고, 아이네아스에게 더 나은 운명이 있기를 기원한다.

거기서 길은 둘로 갈라지는데, 왼쪽에는 죄지은 자들이 벌받는 도시

아이네아스는 저승에서 아버지를 만나 자신의 미래에 대해 전해 듣는다. 그림 아래쪽에는 춤과 음악, 대화를 즐기는 인물들이 그려졌고, 그림 위쪽에는 시뷜라와 동행한 아이네아스가 아버지에게서 미래에 대해 듣고 있다. 알렉상드르 위벨레스키Alexandre Ubeleski, 〈저승에서 만난 아이네아스와 앙키세스Aeneas and Anchises in Hades〉, 17세기, 캔버스에 유채, 149.8×223.5cm, 개인 소장.

와 타르타라Tartara(타르타로스)가 있고, 오른쪽에는 사자들이 행복을 누리는 엘뤼시움Elysium이 있다. 시뷜라는 왼쪽 도시에서 어떤 자들이 어떤 벌을 받는지 설명하고는, 아이네아스를 오른쪽 길로 이끈다. 그들은 아름다운 엘뤼시움에 도착하여 옛 조상들과 사제들, 예언자, 시인, 발명가들을 본다(단테는 반대로 잠깐 옛 위인들이 머무는 림보에 들렀다가, 벌받는 자들의 영역으로 들어간다. 베르길리우스와 단테 모두가 좋은 저승과 나쁜 저승을 나란히 보여 주었다).

그들은 이어 무사이우스Musaeus의 안내를 받아, 앙키세스를 만나게 된다. 앙키세스는 아들을 기쁨으로 맞이하고는, 우선 영혼들이 어떻게 환생하는지를 설명한다. 저승에서 이승으로 오기 전에 마신다는 망각의 강(레테Lethe)도 거기 있다. 그들은 거기서 로마의 역사를 이끌어 갈 인물들을 보게 된다. 먼저 아이네아스의 집안이 직접 다스릴 나라인 알바 롱가Alba Longa의 왕들을 본다. 아이네아스는 이탈리아 땅에서 새 아내 라비니아Lavinia를 얻게 될 터인데, 그녀에게서 태어날 자식 실비우스Silvius도 지금 보는 무리 가운데 포함되어 있다. 다음으로 알바 롱가를 뒤이을 나라인 로마의 건립자 로물루스가 특별히 길게 소개된다. 로마의 첫 황제 아우구스투스도 꽤 길게 소개된다. 그렇게 로마 역사를 개관하고는 로마의 뛰어난 인물들이 소개된다. 아이네아스는 이들을 보면서 앞으로 얻게 될 명성에 대한 욕망에 불타게 된다. 앙키세스는 또 아들에게 그가 치를 전쟁과 주변 도시들의 상황도 가르쳐 주고, 위기들에 대처할 방법도 일러 준다.

이제 돌아올 때다. 저승에는 꿈이 통과하는 문이 2개 있는데, 그중 하나는 뿔로 만들어진 것으로 진실한 꿈이 통과하는 문이고, 다른 하나는 상아로 만들어진 것으로 거짓된 꿈이 통과하는 문이다. 아이네아스는 상아로 된 문을 통해 이승으로 돌아온다(그래서 얼핏 생각하면 아이네아스가 받은 예언이 '거짓된 꿈'으로 보이기 때문에, 학자들은 이 문제를 해결하기 위해 고심했다. 보통의 설명은, 이것은 예언 내용의 참-거짓과 관련된 언급이 아니라, 그가 이승으로 돌아온 시간을 지시하는 구절이라는 것이다. 옛사람들은 초저녁에 꾸는 것은 거짓된 꿈이고 새벽에 꾸는 게 참된 꿈이라는 믿음을 갖고 있었는데, 여기서 아이네아스가 거짓된 꿈의 문으로 통과했다는 건 자정 전에 이승으로 돌아왔음을 뜻한다는 것이다).

유노는 복수의 여신 알렉토를 불러내 아이네아스의 앞길을 방해한다. 그림 왼쪽에는 황금의 보좌에 앉은 유노가 보이고, 오른쪽에는 짐승의 입으로 형상화된 저승에서 복수의 여신 알렉토가 나오고 있다. 알렉토의 머리카락은 뱀으로 되어 있다. 유노의 하체가 황금 별로 가려진 것은 그녀가 인간이 아니라 신이라는 사실을 보여 준다.

『아이네이스』의 거장Master of the Aeneid, 〈알렉토를 불러내는 유노Juno, Seated on a Golden Throne, Asks Alecto to Confuse the Trojans〉, 약 1530~1535년, 동판에 채색, 22.9×20.3cm, 뉴욕, 메트로폴리탄 미술관.

이탈리아인들과의 전쟁

아이네아스 일행은 좀 더 북상하여 티베리스 강 하구 라티움Latium 지역에 도착한다. 이들은 식사 도중에 음식이 모자라서 그릇처럼 사용하던 얇은 케이크까지 먹게 되는데, 아스카니우스가 자기들이 식탁까지 먹고 있다고 농담을 하고, 그 말을 들은 사람들은 하르퓌이아의 예언이 이루어졌음을 알아차린다.

한편 그 지역 왕인 라티누스Latinus는 신들로부터, 자신의 딸을 이방인과 결혼시키라는 명령을 받았다. 그러면 그의 자손이 온 세상을 다스리게 되리라는 것이다. 그래서 아이네아스가 보낸 사절단이 도착했을 때, 그는 예언된 사윗감이 왔음을 알고 아이네아스를 자신의 딸 라비니아와 결합시키고자 한다. 하지만 왕비인 아마타Amata가 그것을 반대하고 나선다. 유노가 저승에서 복수의 여신 중 하나인 알렉토Alecto를 불러냈고, 알렉토가 왕비의 가슴속에 뱀을 집어넣어 광기에 사로잡히게 한 것이다. 알렉토는 라비니아의 유력한 구혼자인 투르누스Turnus를 찾아가 그의 가슴속에도 햇불을 던져 넣는다. 그 역시 광기에 사로잡혀 전쟁을 갈망하게 된다.

한편 그사이에 아스카니우스는 실수로 라티움 사람들이 아끼는 사슴을 죽이고 그것 때문에 싸움이 벌어져, 이탈리아 사람 몇이 죽는다. 그러자 왕비와 투르누스의 부추김을 받은 사람들은 전쟁을 요구하고, 라티누스 왕은 통치를 포기해 버린다. 이제 전쟁은 기정사실이 되어, 이탈리아 쪽 동맹군들이 엄청나게 모여든다.

전쟁을 피할 수 없게 된 아이네아스는 동맹군을 얻으러 나중에 로마가 자리 잡게 되는 지역을 방문한다. 거기서 에우안드루스Euandrus 왕

구름으로 하체를 가린 베누스가 아이네아스의 손을 잡고 무구 쪽으로 인도하고 있다. 왼쪽 구석에는 물동이를 가진 강물의 신이 함께 그려졌다.

제라르 드 래레스Gerard de Lairesse, 〈아이네아스에게 무구를 건네는 베누스Venus Presenting Weapons to Aeneas〉, 17세기 후반, 캔버스에 유채, 161.8×165.8cm, 안트베르펜, 마이어 반 덴 베르그 박물관Museum Mayer van den Bergh.

의 영접을 받고, 아직은 소박하지만 나중에 대제국의 수도가 될 도시를 구경한다. 그사이에 베누스는 불카누스[헤파이스토스]에게 청하여 아들을 위해 무구를 새로 준비한다. 에우안드루스는 자신의 아들 팔라스에게 군대를 맡겨 아이네아스와 함께 보내고, 에트루리아인들에게도 가서 군대를 청하라고 조언한다. 아이네아스는 에트루리아로 가던 길에 어머니 베누스를 만나고, 신이 만든 무구들을 선물로 받는다. 특히 그가 얻은 방패에는 로마의 역사가 새겨져 있다. 무엇보다도 아우구스투스가 결정적 승리를 얻는 악티움 해전이 자세히 그려져 있다. 아이네아스는 그림들을 보지만 당연히 그것이 무슨 의미인지 알지 못한다. 그러나 감탄하고 기뻐하며 그것을 들어 어깨에 멘다.

한편 아이네아스가 없는 사이, 투르누스는 트로이아 진영을 공격하고 있다. 하지만 트로이아인들은 아이네아스가 사전에 지시한 대로, 진영을 지키며 밖으로 나오지 않는다. 투르누스는 그들의 배를 불태우기로 결정한다. 여기서 배들이 모두 요정으로 변하여, 물속으로 헤엄쳐 가 버리는 놀라운 일이 일어난다. 이 배들은 원래 트로이아 동쪽 이데 산의 나무로 만들어진 것인데, 그 산을 다스리는 퀴벨레 여신이 자기 산에서 비롯된 배들이 불에 타는 것을 원치 않았기 때문이다. 이렇게 하루가 지나고 밤이 되자 이탈리아 군은 진영을 포위하고 화톳불을 피워 놓은 채 지킨다. 그러자 트로이아 젊은이 둘이 아이네아스에게로 가서 현재 상황을 전하겠다고 나선다. 니수스Nisus와 에우뤼알루스Euryalus라는 이 젊은이들은 서로 사랑하는 사이였다. 그들은 적진을 뚫고 가며 상당한 전공을 세우지만, 에우뤼알루스가 적에게 빼앗아 쓴 투구가 달빛을 반사하는 바람에 발각된다. 에우뤼알루스가 먼저 죽고 그를 위해 복수하려다가 니수스마저 희생된다.

날이 밝자 이탈리아군은 공격을 재개한다. 격렬한 전투가 벌어지고 아스카니우스도 첫 공을 세운다. 한데 이번에는 무모한 젊은이들이 진영 문을 열고 나가 싸우다가 그리로 투르누스가 뛰어들어 트로이아군

연인 사이인 니수스와 에우뤼알루스는 아이네아스에게 아군의 소식을 알리려다 발각되어 죽는다.
니수스는 목숨이 떠나가는 순간, 이미 죽은 에우뤼알루스의 시신 위에 자기 몸을 던진다. 이 조각
에서는 위쪽에 새겨진 인물을 니수스로 보아야 할 것이다.
장밥티스트 로망Jean-Baptiste Roman, 〈니수스와 에우뤼알루스Nisus et Euryale〉, 1827년, 대리석,
167×140×80cm, 파리, 루브르 박물관. ⓒ Jastrow

투르누스는 팔라스를 죽이고 그의 가죽띠를 빼앗는다.
자크앙리 사블레Jacques-Henri Sablet, 〈팔라스의 죽음La Mort de Pallas〉, 1778년, 종이에 유채, 47.6×
35.6cm, 개인 소장.

이 큰 타격을 입는다. 하지만 투르누스는 전투에 도취해서, 뒤에서 문이 닫힌 것을 그냥 두고 싸우다가 결국 숫자에 밀려 강으로 뛰어들어 퇴각한다.

다음날 동틀 무렵 아이네아스가 새로 얻은 동맹군을 이끌고 돌아온다. 이제 본격적인 전투가 벌어지고, 그 와중에 에우안드루스의 아들인 팔라스가 투르누스에게 죽는다. 투르누스는 젊은이의 가죽띠를 빼앗아 자신의 몸에 두른다. 하지만 그는 곧 전장을 떠나게 된다. 투르누스의 누이이자 요정인 유투르나Juturna가 자기 동생을 구하기 위해 다른 데로 빼돌린 것이다. 그는 자기 누이가 만들어 놓은 아이네아스의 환영을 쫓아가다가 배에 실려 엉뚱한 곳으로 떠밀려 간다. 한편 그사이 이탈리아 쪽에서는 메젠티우스Mezentius라는 에트루리아의 포악한 왕이 아이네아스와의 대결에서 패하고, 그를 지키려다가 그의 아들 라우수스Lausus도 죽는다. 메젠티우스도 마지막에 꽤 훌륭한 모습을 보이며 삶을 마친다.

두 군대는 장례를 위해 일시적으로 휴전하고, 아이네아스는 장엄한 행렬을 갖춰 팔라스의 시신을 아버지에게로 보낸다. 에우안드루스 왕은 자기 아들의 죽음을 복수해 달라고 당부한다. 라티움 쪽에서는 다시 휴전하자는 주장과 그에 반대하는 의견이 맞서는데, 아이네아스가 군대를 이끌고 다가오자 다시 싸우는 쪽으로 결정되고 만다. 여기서 두드러진 활약을 보이는 것은 카밀라Camilla라는 여성 전사다. 홀로 된 아버지가 정성 들여 키운 이 처녀는, 마치 트로이아에 참전했던 아마존 여전사 펜테실레이아처럼 용맹스레 싸우다가 쓰러진다. 투르누스는 아이네아스를 기습하기 위해 매복해 있다가, 카밀라의 죽음을 전해 듣고 급히 매복 장소를 떠난다. 그러자 곧 아이네아스가 그곳을 지나간다.

투르누스는 동맹자 카밀라가 죽었다는 소식을 듣고 매복 장소를 떠난다. 이것이 아이네아스에게 절호의 기회
가 된다. 이 그림은 전투가 시작되기 전 상황을 그린 것이다.
프란체스코 데 무라Francesco de Mura, 〈카밀라와 투르누스의 동맹Accordo tra Camilla e Turno〉, 1765년, 비첸
차, 레오니 몬타나리 궁 갤러리Gallerie di Palazzo Leoni Montanari.

아이네아스가 투르누스에게 최후의 일격을 가하려는 참이다. 그림 오른쪽 손에 횃불을 들고 하늘에 떠 있는 늙은 여성은 읍피테르가 보낸 복수의 여신 디라Dira로, 투르누스의 임박한 죽음을 상징한다. 그녀의 아래쪽에서 투르누스의 누이인 요정 유투르나가 안타까워하고 있다. 구름 속에서는 읍피테르가 그들을 내려다보고 있다. 자코모 델 포Giacomo del Pó, 〈아이네아스와 투르누스의 대결The Fight between Aeneas and King Turnus, from Virgil's Aeneid〉, 약 1700년, 동판에 유채, 로스앤젤레스, 로스앤젤레스 카운티 미술관Los Angeles County Museum of Art.

투르누스는 감정이 격하여 좋은 기회를 놓친 것이다.

작품 마지막 권인 12권에서는 그동안 모든 진행 과정이 다시 한 번 되풀이된다. 우선 양 진영의 대표 전사인 아이네아스와 투르누스가 단독으로 대결해서 그 결과를 따르자는 협정이 이루어진다. 하지만 유노의 지시를 받은 유투르나가 이탈리아 쪽에 유리한 전조를 보내고, 그것에 고무된 예언자가 트로이아 쪽으로 창을 던져 한 젊은이를 쓰러뜨리는 바람에, 군중 전투가 재개된다. 아이네아스는 어떻게든 단독 대결을 성사시키려 하지만 어디선가 날아온 화살에 부상을 입는다(부상당한 곳이 어딘지 확실히 나오지는 않지만 다리 부분인 것으로 보인다). 이 사건을 계기로 다시 격렬한 전투가 벌어진다. 베누스는 특별한 약초를 가져다 아들의 상처를 치료해 준다. 기력을 회복한 아이네아스는 전투를 수행하다, 아예 라티누스의 도시 자체를 공격하는 것이 낫겠다고 생각한다.

한편 투르누스는 누이 유투르나가 인간으로 가장하여 몰고 있는 전차에 탄 채 다른 곳에서 싸우고 있다가 도시가 공격당하는 것을 보고는 돌아온다. 그사이 왕비 아마타는 자신이 총애하는 투르누스가 죽은 것으로 생각하여 목숨을 끊는다. 투르누스는 다른 사람들에게 싸움을 그치라 명하고, 약속했던 대로 단독 대결에 나선다. 몇 번의 타격 끝에 투르누스는 부상을 입고는 아이네아스에게 간청한다. 자신을 살려 주면 고향 도시로 돌아가 아버지를 돌보겠다는 것이다. 아이네아스는 점차 마음이 흔들리다가 거의 살려 주는 쪽으로 기우는 순간, 투르누스가 어깨에 두르고 있는 팔라스의 가죽띠를 발견한다. 그는 격정에 사로잡혀 상대의 가슴에 칼을 꽂고, 투르누스의 생명은 저승으로 떠나간다.

여기서 살펴본 작품 후반부는 내용도 비교적 간단하고 중요 인물도 몇 되지 않는다. 다시 요약하자면, 트로이아에서 온 사람들과 이탈리아 본토 사람들이 결혼으로 결합하려다가 분쟁이 일어나고, 양쪽이 동맹군을 모아 전투하다가 특히 젊은이들이 많이 희생되었으며, 저항의 중심 인물인 투르누스와 아마타도 죽는다는 이야기다.

『아이네이스』의 결말 부분에서 우리는 이야기가 완결되었다기보다는 갑자기 중간에 끊어졌다는 인상을 받는다. 이제까지 감정을 자제해온 주인공이 갑자기 분노를 폭발시켜, 상대 쪽 영웅(투르누스)을 죽이는데서 작품이 그냥 끝나기 때문이다. 라비니아와 아이네아스의 결혼은 어떻게 되는지, 두 민족의 화해와 통합은 어떻게 되는지, 짧게라도 언급할 수 있었을 텐데 그냥 거기서 끝을 맺는다. 어쩌면 이런 단절이 여기 어울리는 것일 수도 있다. 이 서사시가 다루는 부분은 역사의 완결이 아니라, 앞으로 계속 이어질 로마 역사의 시작 부분이기 때문이다. 앞에 말한 것처럼 신화와 역사가 섞이고 거기에 허구가 가미되어, 온전한 의미의 신화는 아니라는 인상을 준다. 하지만 이것도 일종의 건국 신화로 넓은 의미의 신화에는 들어갈 것이다.

작품을 직접 읽으면 신들의 회의 장면이나 신들끼리 협상하는 내용도 나오지만, 여기서는 생략했다. 그것까지 들어가면 로마 제국의 성립과 그것의 세계 지배를 합리화하는 인상이 강해질 텐데, 그런 것은 작품 자체를 다루는 것이 아니라 거기 담긴 이야기를 살펴본다는 우리의 필요에 잘 부합하지 않아서다. 아이네아스의 적대자들이 보이는 광기와 그에 대비되는 아이네아스의 경건함pietas도 강조하지 않았다. 이런 것을 맛보고자 하는 분은 직접 작품을 읽으시기 바란다.

부록

부록 1: 신들의 계보도

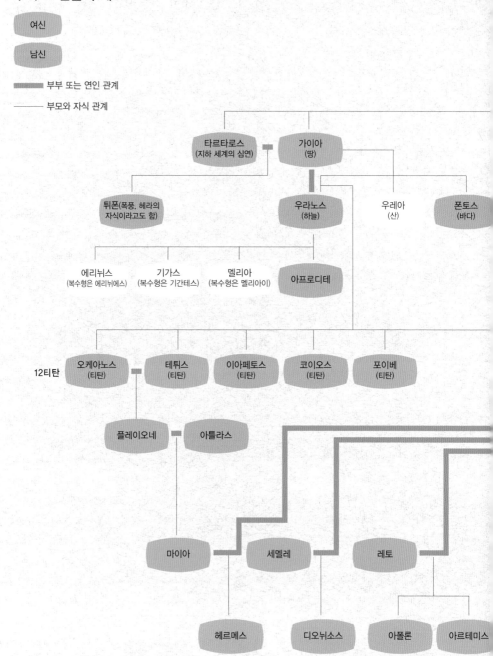

여신

남신

부부 또는 연인 관계

부모와 자식 관계

타르타로스
(지하 세계의 심연)

가이아
(땅)

튀폰(폭풍, 헤라의
자식이라고도 함)

우라노스
(하늘)

우레아
(산)

폰토스
(바다)

에리뉘스
(복수형은 에리뉘에스)

기가스
(복수형은 기간테스)

멜리아
(복수형은 멜리아이)

아프로디테

12티탄

오케아노스
(티탄)

테튀스
(티탄)

이아페토스
(티탄)

코이오스
(티탄)

포이베
(티탄)

플레이오네

아틀라스

마이아

세멜레

레토

헤르메스

디오뉘소스

아폴론

아르테미스

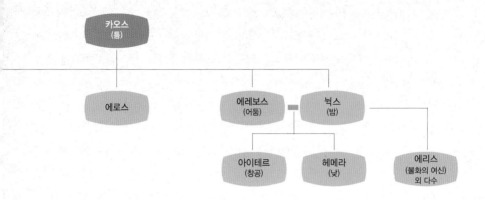

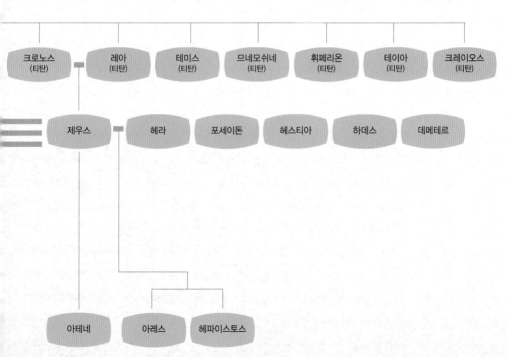

부록 2: 찾아보기

신 명칭은 그리스식으로 표기하고 꺾쇠표([]) 안에 로마식을 병기했습니다.

이 책에 실린 도판 중 일부는 저작권자를 찾지 못해 사용 허가를 받지 못했습니다.
저작권자를 확인하는 대로 사용 허가 절차를 밟겠습니다.

그림이 있는 옛이야기 1
그리스 로마 신화

초판 1쇄 발행 | 2017년 12월 1일
초판 5쇄 발행 | 2023년 9월 29일

지은이 강대진
발행인 강혜진 · 이우석

펴낸곳 지식서재
출판등록 2017년 5월 29일(제406-251002017000041호)

주소 (10909) 경기도 파주시 번뛰기길 44
전화 070-8639-0547
팩스 02-6280-0541
블로그 blog.naver.com/jisikseoje
네이버 포스트 post.naver.com/jisikseoje
페이스북 www.facebook.com/jisikseoje
트위터 @jisikseoje
이메일 jisikseoje@gmail.com

디자인 모리스
인쇄 제작 두성P&L

ISBN 979-11-961289-2-0(04100)
        979-11-961289-1-3(세트)

• 잘못된 책은 구입하신 곳에서 바꾸어 드립니다.
• 책값은 뒤표지에 있습니다.